KB261259

우석훈, 이제 무엇으로 **희망을 말할 것인가**

우석훈, 이제 무엇으로 희망을 말할 것인가

지은이 | 우석훈
인터뷰 | 지승호
펴낸이 | 김성실
편집 | 박남주 · 천경호
마케팅 | 이동준 · 이준경 · 이유진
디자인 · 편집 | (주)하람커뮤니케이션(02-322-5405)
인쇄 | 중앙 P&L(주)
제본 | 대흥제책
펴낸곳 | 시대의창
출판등록 | 제10-1756호(1999. 5. 11)

초판 1쇄 발행 | 2008년　2월 18일
초판 3쇄 발행 | 2008년　11월 11일

주소 | 121-816 서울시 마포구 동교동 113-81 4층
전화 | 편집부 (02) 335-6125, 영업부 (02) 335-6121
팩스 | (02) 325-5607
이메일 | sidaebooks@hanmail.net

ISBN 978-89-5940-094-2 (03300)
값 13,500원

인터뷰
지승호

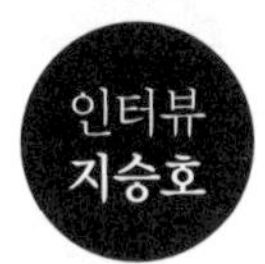

우석훈, 이제 무엇으로 **희망을 말할 것인가**

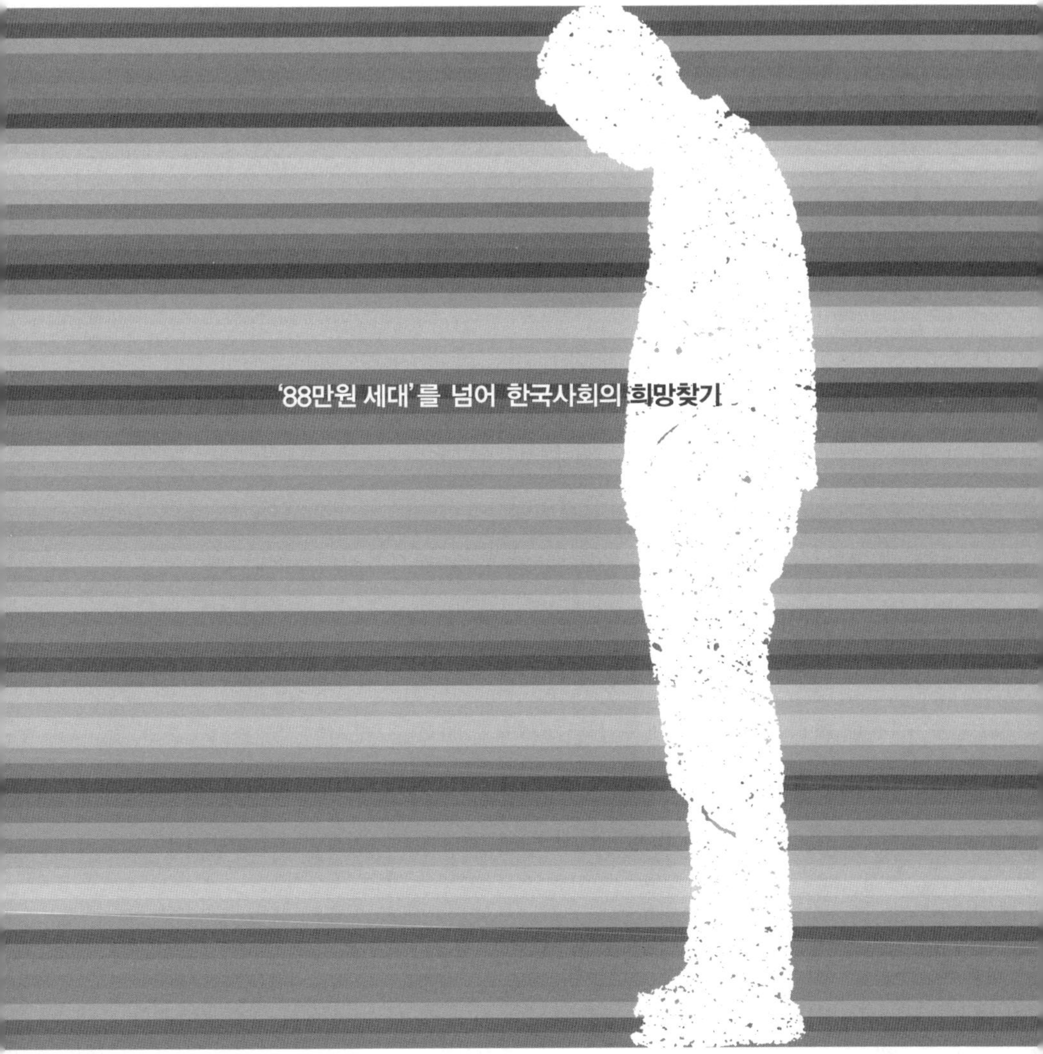
'88만원 세대'를 넘어 한국사회의 희망찾기

시대의창

우석훈, 더불어 시대를 고민하고 싶어지는 **'명랑한 좌파'**

비극이긴 하지만 '88만원 세대'는 이제 고유명사가 되었다. 신문·방송은 물론이고 입 터진 사람이라면 몇 번쯤은 다들 입에 올렸을 상징어가 되어버렸다. 여기에는 보수와 진보가 따로 없어 보인다. 그만큼 20대 삶의 문제가 심각하다는 얘기다. 작가 김영하도 장편소설 《퀴즈쇼》에서 20대를 다뤘다.

우석훈과 박권일이 쓴 《88만원 세대》는 이 시대와 함께 호흡하면서 진화하는 생물 같은 책이다. 아무도 제기하지 못했던 20대의 문제를 사회·경제적인 차원에서 전면적으로 제기한 것이다. 그래서 2007년 한국사회를 가장 뜨겁게 달궜던 책이 되었을 터이다.

'절망의 시대에 쓰는 희망의 경제학'이라는 부제를 달고 나온 이 책은 "20대여, 토플 책을 덮고 바리케이드를 치고 짱돌을 들어라"고 선동(?)한다. 또 "지금의 20대는 상위 5퍼센트만이 '온전한' 직장을 가질 수 있고, 나머지는 비정규직의 삶을 살게 될 것이며, 그들의 평균임금은 88만 원쯤 된다"는 끔찍한 전망을 담고 있다. 나아가, 탈출구가 없는 승자독식 게임을 받아들인 20대에게 새로운 삶의 방식을 고민할 것을 제안한다. 아울러 기성세대에게는 "20대가 그들을 착취(?)한 기성세대에 굴복해 그대로 개미지옥에 빠진다면 우리 사회에 미래는 없다"고 경고한다.

우석훈은 《88만원 세대》뿐 아니라 활발한 저술 활동을 통해 우리 경제와 농업, 생태환경 문제의 뿌리를 진단하는 성찰과 그 진단에 따른 처방을 끊임없이 내놓는다. 그는 "농업을 살리는 문제는 단순하게 농촌경제의 회생 문제가 아니라 우리 삶의 근본을 고민하고 태도를 결정하는 것에 맞닿아 있다"거나 "생태 문제를 고민하지 않고서 경제만 생각해서는 경제 문제를 풀 수 없다"고 진단한다. 또 그는 "정치인들이 말하는 민생경제라는 것이 과연 사람들의 삶의 질과 얼마만큼 연관되어 있는지 생각해볼 일이다. 환경 파괴와 착취를 하면서도 이것이 지속가능할 것인가를 끊임없이 고민해봐야 할 것"이라고 일갈한다.

《세계에서 빈곤을 없애는 30가지 방법》(다나카 유 外, 2007)이라는 책에 보면 이런 이야기가 나온다.

선진국 사람들이 아등바등 일하는 것을 보고 남태평양 주민이 물었다. "무엇 때문에 그렇게 아등바등 일하죠?" 그러자 선진국 사람이 대답했다. "돈을 벌기 위해서죠." 다시 남태평양 주민이 물었다. "그렇게 돈을 벌어서 어디에 쓰나요?" 선진국 사람이 대답했다. "돈을 많이 벌어서, 그 돈으로 매일 바다에 와서 느긋하게 지내려고요." 그러자 남태평양 주민은 이상하다는 듯이 다시 물었다. "우리는 돈을 벌지 않지만 매일 바다에 와서 느긋하게 지내요. 당신도 와서 당장 이렇게 살면 되잖아요?"

사람들은 도대체 왜 일하는지도 모르면서 일을 하고, 또 생존의 벼랑으로 내몰리면서도 "어쩔 수 없는 것 아니냐?"고 자조하는 대신 새로운 방식의 삶이 있을 수도 있다는 생각을 하지 못한다. 이미 사람들은 경제동물이 아니라 경제기계로 만들어지고 있다. 최소한 동물들은 자기 보금자리를 그렇게 무식하게 파괴하는 짓은 하지 않는다. 그런데 지금 한국 사람들 대다수는 그런 일을 개발과 발전이라는 이름으로 자행하고 있다. 개발이 안 될까봐 천연기념물 서식지에 불을 지르는 짓까지 서슴지 않고, 돈으로 값어치를 매길 수 없는 개펄을 시멘트로 메우고 있다. 그래서 경제기계라고 할 수밖에 없는 건데, 이 경제기계를 운영하는 프로그램마저 심각한 버그가 있는 것으로 보인다. 우리가 다른 삶을 살 수 있거나 방향을 돌릴 수 있을 거라고 생각할 수 없는 이런 상황에서 우석훈만큼 절실한 작가는 없다. 영화 평론가 정성일은 우석훈을 이렇게 말한다.

"우석훈은 자신을 명랑한 좌파라고 부른다. 그는 전혀 동의하지 않겠지만 나는 그의 글을 읽으면서 방점을 좌파가 아니라 명랑한, 에 놓고 싶어진다. 명랑한 비판, 명랑한 진지, 명랑한 전술, 명랑한 선동, 명랑한 테제, 명랑한 투쟁, 명랑한 전위정당, 명랑한 헤게모니, 명랑한 일보 전진, 명랑한 인민. 우석훈은 명랑하게 싸운다. 하지만 그렇게 함으로써 우리는 명랑한 승리를 거둘 수 있을까? 그건 알 수 없다. 하지만 적어도 이 책을 읽고 나면 당신은 포기하지 않을 것이다."

그렇다. 불편한 우석훈의 글을 읽다보면 그래도 포기할 수 없다는 투지가 생긴다. 그의 블로그를 보면 하루에 대여섯 개씩의 글이 올라오기도 하는데, 그 생산성을 보면서 또 한 번 놀란다.

그런 그와 인터뷰하는 것은 쉽지 않은 일이었다. 스스로 말하듯이 대인기피증세도 좀 있는 데다가 까칠한 그의 성격에 나름대로 내 작업을 존중해서 불편함을 감수하겠다는 그의 태도가 오히려 엄청나게 부담스러웠다. 자신이 글을 쓰는 사람인데, 이 책으로 뭔가 새로운 얘기를 끌어낼 수 있을지, 과연 의미가 있는 작업이 될지를 고민할 때마다 '내가 이걸 왜 하려고 했나?' 하는 생각이 들곤 했다. (이미 《장하준, 한국경제 길을 말하다》를 내놓고 엄청난 스트레스를 받은 터이다.)

하지만 이 책이 부족하다고 해도, 그는 어차피 전작全作으로 읽어야 할 작가이므로 이 책이 입문서가 되어도 좋고, 아니면 '부족하기 때문에 우석훈의 책을 다 찾아 읽어야겠다'고 해도 좋을 것이라는 생각으로 작업을 했다. 우석훈의 글들은 "포기할 뻔한 좋은 세상에 대한 의지를 다시금 불태"우게 해준다. 그런 의미에서 많은 사람들이 우석훈의 글을 읽고, 그와 같은 고민을 하면서 연대했으면 한다.

돌아보면 '난 세상이 어떻게 운영되는지 알아' 이렇게 생각하는 사람들은 많다. 나도 잠시 그런 착각을 한 적이 있다. 오해였다. 세상은 훨씬 더 복잡하고 알 수 없는 구조로 되어 있다. 그래서 나는 악착같이, 다양한 사람들을 만나서 이 구조가 어떻게 되는지 이해하고 싶을 뿐이다.

많은 시간이 걸릴 것이고, 어쩌면 불가능한 일인지도 모르겠다. 평생을 해도 모자랄 일일 것이다. 하지만 '난 세상이 어떻게 운영되는지 알고 있어'라고 하는 사람이 세상을 바꾼 것을 본 적이 없다. 어떤 지적이 나오면 '나는 왜 이 당연한 생각들을 하지 못했을까?' 하거나 '알고 있었는데, 실천하지 못했던 것을 지적해줘서 고마워. 우리 같이 하자'고 하는 사람들이 세상을 바꾸는 거 아닐까? 이 책을 통해 그런 고민을 같이 하게 되는 계기가 되었으면 좋겠다.

《세상의 빈곤을 없애는 30가지 방법》이라는 책에는 이런 이야기도 나온다.

"너는 왜 신발을 신지 않지?" 외지에서 온 친구가 이렇게 물어보자 타이티 아이가 대답했다. "맨발이면 강의 흐름을 알 수 있어. 땅의 따뜻함을 알 수 있어. 바람을 느낄 수 있어. 그래서 내 할머니와 어머니는 신발을 신지 않았어. 그래서 나도 신발을 신지 않아. 너는 왜 신발을 신지?"

꼭 신발이 필요한 건지, 신발을 신어야만 행복한 건지 같이 한 번 고민해보는 것은 어떨까?

지승호

CONTENTS

A New Vision :
How to Create New Hopes in Korea Seok-Hoon Woo

CHAPTER 03

우리 이제 무엇으로 희망을 말할 것인가

노무현의 '동시다발적 FTA'를 뒤집어보면, 미국을 등에 업고 작은 제국주의

하겠다는 제국주의 노선 아닌가요? 개방과 경쟁력만으로 이 규모를 유지할 수 없는

순간이 오면 결국 직접 지배를 지지하는 세력들이 등장하게 됩니다. 그런데 한국은

제국주의를 할 만한 준비와 체계가 없습니다. 부동산 거품으로 무너진 국민경제의

기반을 개방이라는 형식을 띤 공격적인 해외진출로 메우려 하겠지만,

현 시스템에서는 2~3년 이상 못 버팁니다. 여기에 한국경제의 주기적 위기가

맞물리는 시점에서 마치 1970년대의 아르헨티나가 붕괴했던 것과 같은 큰 붕괴를

겪을 가능성이 높아 보이거든요.

CHAPTer 01

일그러진 **욕망**,
시장 만능 시대의 **절망**

우리 안의 **파시즘**, **막다른** 골목

폭주를 멈출 안전장치가 보이지 않는다

지승호(이하 **지**)   《88만원 세대》가 발간 두 달 만에 1만 부를 찍게 된 것을 두고 새로운 현상이 벌어지고 있다고 해석하셨는데요. 그런 면이 큰 것 같습니다. 신생 출판사인데도 불구하고, 순전히 책의 메시지를 통해 이만큼 왔는데요. 그런 걸 보면 기존의 출판사들이 얘기하는 마케팅이니 하는 개념이 무색하다는 생각도 듭니다. 그런데 영화 〈원스〉와 비교하면서 "그 영화가 뜬다고 해서 독립영화가 전반적으로 부활하는 경향으로 이어질 것 같지는 않다"는 댓글도 있던데요.

우석훈(이하 **우**)   사회과학은 영화랑은 달리 주체들이 좀 있는 것 아닙니까? 영화는 영화끼리 대화하기가 어렵거든요. 영화를 찍기 시작하여 나오는 데까지 2~3년 격차가 있잖아요. 다음

것을 보고 하는 게 아니고, 따로따로 가거든요. 사회과학은 한두 달 차이는 아닌데, 보통 6개월에서 1년 정도 사이니까 여러 방식으로 소통하잖아요. 저자끼리도 대화하고, 매체끼리도 대화하고 그러잖아요. 그러니까 공간을 열면서 뭔가를 만들어갈 가능성이 영화보다는 많죠.

지 그런 흐름이 있긴 있는 것 같더라구요.

우 시대가 위기라는 그런 인식이 좀 있는 것 같아요. 노무현 초·중반만 해도 기다리면 잘될 거라고 생각했잖아요. 한나라당만 망하면 모든 게 좋아질 거라고 생각했는데요. 지금은 길이 없다는 데 대해서는 다들 공감하는 것 같아요. 그러면 돌파해야 한다는 생각들이 자연스럽게 나오지 않겠습니까? 답은 없는데, 답이 없다고 하는 책이 잘 팔리는 거죠. (웃음)

지 왜 《88만원 세대》를 쓰셨는지 궁금합니다. 그 책에 담고 싶었던 것은 무엇인가요?

우 지금의 10대와 20대에 대해서 너무 궁금하기도 하고, 도대체 어떤 경제적 조건이 있었기에 지금과 같은 황당한 상황이 벌어졌는지 알고 싶었습니다. 《한미FTA 폭주를 멈춰라》 작업하면서, (한미FTA는) 지금의 10대와 20대에게 더 피해가 많을 것 같은데, 일부 열광적인 지지자들과 만나서 얘기하면서 그들(10대와 20대)의 삶과 생각을 규정하는 구조에 대해서 더 알고 싶었어요. 그들이 '슈퍼마켓에서 인사하는 직업'이 아닌 보다 나은 대안을 가질 수 있게 해주고 싶다는 생각이 조금은 있었죠. 이런 생각으로 막상 작업을 시작했는데, 다른 나라의 20대와 비교하는 작업, 특히 독일과 영국의 세대 경험을 비교하면서 저도 완전히 기존에 알던 경제학 틀을 버리고, 이미 썼던 것을 두 번 버리고 다시 시작했습니다. 적어도 유럽 수준이나 그보다 나은 대안이 지금의 20대에게 열리지 않는다면, 우리 모두에게 미래는 없다는 말을 하고 싶었다고나 할까요?

지　세대 문제를 제기한 이유는 무엇인가요?

우　우리나라만큼 세대 현상이 특징적으로 나타나는 나라도 없습니다. 세대 의식의 유무와 상관없이, 나이로 구분하면 통계적으로 유의미한 현상들이 나타납니다. 세대, 계층, 지역 그리고 직업별 분석이 모두 필요할 것이라고 생각했는데, 일단은 가장 특징적이고 최근 드라마틱한 변화가 나타난 세대 문제가 지난 10년 동안의 변화 그리고 앞으로의 전망을 예측하는 데 나름대로 방법론적으로 유용한 도구라고 생각했습니다.

지　'88만원 세대'를 위해 시급히 개선해야 할 것은 무엇이라고 보십니까?

우　우선순위를 따지자면, 여러 가지 견해가 있을 수 있겠지만, 정책적인 것과 사회적인 것을 구분해야 할 것 같습니다. 정책적으로는, 정당 대표들을 비롯한 이른바 50대들에게 이 문제를 해결하지 않으면 더 이상 그 자리에 있을 수 없도록 압력을 가하는 것이 가장 손쉽고 빠른 방법일 것 같아요. '정치과잉'인 한국에서 그보다 빠른 개선책이 있겠습니까? 그러나 사회적인 해법을 위해서는, 단지 몇 개의 기금을 만들거나 정책 일부를 손질하는 것만이 아니라 사회적인 연대감 그리고 연대의 원칙들을 세우는 것이 실제로는 중요한 일일 것 같아요. "나만 살면 된다"는 식으로 하다가 일제한테 나라도 빼앗긴 것 아닌가요? '공공선公共善'을 만들어내기 위한 대화 같은 것이 오히려 (장기적인 비전으로 보면) 지금 당장 급한 일인 것 같습니다.

지 《88만원 세대》를 통해 처음으로 '윗세대가 20대를 착취하는 문제'를 제기하셨는데요. 지금 20대는 버라이어티 프로그램을 보면서 시간을 보내고 있는 것 같습니다. 예전에는 20대를 위한 방송이 많았지 않습니까? 지금은 '불후의 명곡'이나 '옛날 TV' 등을 통해 1980~90년대의 문화를 소비하는 것이 대세가 된 것 같은데요.

우 〈모래시계〉가 마지막이었던 것 같은데요. 그때까지는 20대가 주인공이었잖아요. 지금도 〈모래시계〉에 나왔던 사람들이 나오니까요. 조금씩 바뀌다가 2000년 넘어가면서부터는 거의 마케팅으로의 전환 같은 것이 끝나서 구매력대로 따라가는 것 같습니다.

지 "황우석 사태, 디워 사태, 이런 것들은 아무것도 아닙니다. 1~2년 내에 한국 경제의 장파동에 해당하는 본격적인 실물공황을 겪으면, 한 번은 한국에도 '리부팅'이라는 형태의 재건 과정이 생겨날 것"이라고 하셨는데요. 앞으로 도대체 어떤 일들이 벌어지는 겁니까?

우 해방 이후 우리나라 경제는 장파동(롱 웨이브)이라는 면에서 보면 (딱 맞다고 볼 수는 없지만) 1980년과 1997년에 한 번씩 두 번의 공황을 겪었죠. 1980년 공황 이후에는 전두환 세력이 들어와서 박정희 리듬이 깨진 거구요. 1998년 이후에는 김대중 정권으로 넘어간 것 아닙니까? 그렇게 리듬이 바뀌었는데, 11년, 12년, 보통 15년 사이에 한 번 있었는데요. 부동산 문제나 금융 이런 것을 보면 조정되지 않은 큰 공황 같은 것이 한 번 더 올 가능성이 있거든요. 공황을 거치고, IMF 때는 거품 빼기나 이런 얘기를 많이 하면서 "이것을 잘 겪으면 좋아질 것"이라고 했지만, 다음번 공황이 왔을 때는 더 심각한 파시즘 형태로 나타날 것 같습니다. 1929년 세계대공황 났을 때 러시아나 이탈리아에서 다 파시즘으로 넘어갔거든요. 그때랑 비슷한 과정이 나올 가능성이 굉장히 높다고 생각하구요.

제가 《88만원 세대》에서 다뤘던 것은 5~10퍼센트 정도가 희망적인 것이고, 나머지 90퍼센트는 어렵다는 건데요. 그 5~10퍼센트도 역시 길게 보면 10년 있다가 짤릴 거라는 겁니다. 어쩌면 그렇게까지도 오래 못갈 것 같고, 다음번 공황이 났을 때는 기업들도 많이 넘어가고 그럴 거거든요. 그러니까 국민경제라는 시스템이 움직이면서 조정되지 않은 위기가 늘 생기는데, 지금처럼 각개로 움직인다고 하면 파동이 더 클 거구요. 그 속에서 보수화가 크게 일어날 것 같습니다. 사실 황우석 사태 때는 한 건 없잖아요, 마음만 있었던 거고. 〈디워〉 논란 때도 재미없는 영화 하나 본 것밖에 없는데요. 이게 진짜로 경제적 행위로 이어지면 특정 계층이나 지역에 대한 배타적인 법안 같은 것이 만들어질 수도 있구요. 제도는 바뀐 것이 없이 사람들만 떠돌았던 건데, 그때 되면 진짜로 제도를 만들거나 해외 진출을 쉽게 하기 위한 제도 변화들을 생각해볼 수 있겠죠.

지 "미래의 희망인 젊은이들에게 주유소나 주차장에서 인사나 하게 하는 그런 나라는 희망이 없다"고 말씀하셨는데요. 우리나라는 좀 특수한 게, 자동으로 티켓을 뽑게 만들어놓고 그 옆에서 티켓을 뽑아주는 20대 여성을 채용하는 형태였는데요. 한미FTA 등을 통해 외국 회사들이 들어오게 되면 그런 일자리조차 없어지지 않겠습니까?

우 그래도 워낙 싸니까요. (웃음) 유럽이나 이런 데서 보면 조금 다르겠지만, "사람의 손 값을 얼마 쳐줄 것이냐" 하는 게 사회적 합의 같은 거거든요. 지금은 조금만 쥐야겠다고 생각하니까 그런 게 생기는 거구요. 불황 때도 프랑스에서는 20대가 인사하고 그러지 않았거든요. 1990년대 중반에 프랑스 실업률이 20퍼센트 가까이 갔었는데, 그때도 이러지는 않았습니다. 그래서 뭔가 인간에 대한 예의 같은 게 필요하다고 생각한 거죠.

지 지금 상황을 보면 여러 가지 제도나 이런 것보다 철학이나 이런 문제와도 관련 있는 것 같은데요. 민주화운동 세력이 독재에 저항해서 뭔가를 만들어놓긴 했지만, 그 힘을 완전히 극복하지도 못했기 때문에 결국 적대적 공생관계를 만들어서 힘의 균형을 유지하고 있는 게 아닌가 하는 생각도 드는데요. 그러다보니까 그 피해가 20대에게 고스란히 전가되는 거구요. 그래서 20대를 무능한 세대로 매도해서 착취하는 것이 아닌가 싶은데요.

우 결국은 체제로 치면 우리 안의 파시즘 비슷한 건데요. 큰 거 하나 무너뜨린다고 해서 아무것도 해결되지 않거든요. 그런 딜레마에 갇혀 있는 것 같아요. 여전히 한나라당만 없으면 해결될 것이라고 생각하는데, 자본주의라는 시스템은 훨씬 복합적입니다. 자본주의라는 것은 늘 잔인해질 수 있고, 포악하게 변하거나 이럴 수가 있는데요. 선진국을 보면 다른 식으로 막아가면서 고쳐 쓰는 것 아닙니까? 그런데 고치려는 노력이 없고, 이제 된 거라고 하면 원시적인 자본주의 정글의 모습을 그대로 드러내게 되는 거겠죠.

지 《한미FTA 폭주를 멈춰라》에서도 노무현 정권이 일정하게 보수적이 될 것이라고는 예상했지만, 한나라당보다 더 오른쪽으로 갈지는 몰랐다고 하셨는데요. 노무현 정부가 한나라당보다 더 열렬한 개발론자가 된 데는 도덕성에 대한 자신감도 포함된 것 같습니다. 골프장 건설만 해도 독재정부 같으면 조심스럽게 했을 것을 너무도 당당하게 '개혁'이라는 이름으로 밀어붙이거나 '대중 스포츠'라는 말로 호도하고 있지 않습니까?

우　거기서 말하는 대중이 5퍼센트 정도의 대중을 말하는 거거든요. 영국에서도 골프는 5퍼센트 정도 칩니다. 그런데 이제 담론이라고 할까요, 대화의 문제가 생긴 건데, 5퍼센트는 대중이 아니잖아요. 그런데 그 5퍼센트가 모든 것을 독점하니까요. 그 안에서 보면 그게 다인 것처럼 보이는 거죠. 사는 공간이라든가 문화라든가 경제적 활동 같은 게 갈라서는 겁니다.

　어느 동네든 그 동네의 강남이란 게 있거든요. 대구에 가도 대구의 강남이라는 데가 있고, 제주도에 가도 있거든요. 그렇지 않은 5퍼센트가 분리되는 과정에 있는 거고, 그런 경제 내에서는 약자는 힘들어지는 건데, 20대가 거기서 마찬가지로 약자라는 거죠. 여성, 지방대, 20대, 장애인, 외국인에게 다 가혹하잖아요. 거기서 하나의 일반 원칙 같은 게 있을 것 같다는 생각을 한 거죠.

지　김병준 씨 사례를 들어서 참여정부가 반성이 부족하다고 지적하셨는데요. 노무현, 황우석, 심형래 동맹 이런 자체를 국민들 대다수가 지지했는데요. 그런 무모함이나 객기를 지지하는 에너지가 아직도 남아 있는 것 같습니다. 다시 그런 계기가 나타나면……

우　계속 오겠죠. 그러니까 다중성이랄까, 다원적인 축이 무너지고 나니까 남는 것은 스펙터클밖에 없는 거죠. 황우석도 기술을 이해했다기보다는 기술의 이미지, 그러니까 스펙터클 같은 것을 원한 거거든요. 그러니까 큰 광장에서 박수치고 싶은 것인데, 경제는 그것보다는 복잡하거든요.

참여정부에서는 경제도 세계적인 경쟁구도에서의 스펙터클 같은 것으로 생각한 것 같아요. 잘 준비하고 하면 된다는 것은 층위가 하나만 있을 때 하는 얘기구요. 아무리 국민경제라도 굉장히 복잡하잖아요. 그런 복잡성이라든가 하는 것은 잘 이해하지 못한 것 같아요.

지 그런 것에 20대가 계속 동원되다보니까 파시즘으로 갈 수 있다는 우려를 하고 계신 것 같은데요. 거기에 대해서 일부에서는 "좌파들이 호들갑을 떨고 있다. 그게 좌파의 낡은 담론 아니냐?"고 얘기하고 있거든요.

우 두 가지가 있겠죠. 적극적인 동조가 있을 수 있구요. 미필적고의가 있을 수 있겠죠. 사회가 바뀌어나가는데, 보통은 20대나 10대가 막아서는 역할을 하고, 4,50대가 보수적인 역할을 하거든요. 지금은 이런 변화가 있다고 할 때 20대가 적극적으로 뭘 할 수가 없잖아요. 그런 일부의 얘기대로 하면 "적극적인 동조는 안 할 텐데, 미필적고의는 그런 데 있는 것 아니냐"는 걸 텐데요. 시스템을 보면 결국 이 사회가 빨리 보수화된다고 할 때 그 다음의 안전장치가 어디 있을 거냐를 따져보면 그게 잘 안 보인다는 거죠.

지 《크리스마스 캐럴》의 스쿠루지 영감 얘기를 빌려서 "반성하는 스쿠루지가 많아져야 한다"고 하셨는데요. 그것도 쉽지 않아 보이거든요. 지금 사람들의 자기반성 능력이 굉장히 결여되어 있다는 생각이 드는데요.

우 출발점 같은 것을 생각해본 건데요. 어디서부터인가는 문제가 있는데, 출발점을 세우기가 참 어렵잖아요. 말씀하신 것처럼 지금 너무 늦은 것이 아닌가 하는 생각을 할 수도 있을 텐데요. 만약에 공황 같은 것이 한 번 더 온다고 생각하면 그래도 우리나라가 돈이 있을 때, 그러니까 개인적인 그리고 사회적인 부가 좀 있을 때 준비해야 한다는 거죠.

그러니까 이걸 모아서 기금을 만든다든가 보조를 준다든가 하는 것을 지금 할 수 있는데, 2~3년 후가 되면, 이를테면 IMF가 다시 온다고 하면 가난한 사람이나 힘든 사람은 뭘 못하거든요. 지금은 뭐를 해보기 위한 마음의 여유가 아직은 남아 있는 때고, 진짜로 어려워져서 양극화가 완전히 진행되어서 경제가 끝나면 그때는 이런 얘기도 못해볼 거라는 생각이 들었죠.

동의되지 않은 권력을 행사하려다보니 근엄해진다

지　《88만원 세대》에 대한 20대의 반응은 어떤가요? 알라딘 인터뷰를 보니까 20대 독자 비율이 25퍼센트 정도 된다고 하신 것 같은데요.

우　초기에 그랬구요. 수치는 안 따져봤는데, 지금은 20대가 절반 가까이는 되는 것 같아요. 그들은 공포경제학이라고 하더라구요. (웃음) 원래도 제 별명이 공포특집이었는데, 호러 경제학, 공포경제학이라고 하죠. 초고는 굉장히 슬펐던 책이에요. 슬프고 눈물 나는 것은 많이 뺐어요. 운다고 해결되는 일이 아니어서 안 슬프고 웃기게 하려고 많이 바꿨더니 공포라고 하더라구요. 저는 사실 공포를 별로 안 좋아하는데요.

지　현실을 직시하게 되면 굉장히 답답하고 그래서 그럴 텐데요. 《명랑이 너희를 자유케 하리라》 같은 책을 보면 즐겁게 읽을 수가 있는데요. 내용은 역시 비관적이지만, 명랑하게 문제 제기를 하려고 하셨고, 스스로도 '명랑 공산주의자'라는 별명으로 부르셨잖아요.

우　좌파들이 보면 유머가 없어요. 근엄하잖아요. 《장미의 이름》을 보면 요르게라는 사람이 나오는데요. 요르게가 상징하는 것은 웃음의 반대거든요. 그 사람도 나쁜 사람은 아니거든요. 종교적인 의미에서의 정의 같은 것을 지키려는 사람인데, 코미디가 나타나는 것을 막으려고 하다보니 살인자가 되는 것 아닙니까? 중세를 깨는 공간이 《장미의 이름》에서는 웃음으로 되어 있거든요. 지금 생각해보면 근엄주의 같은 것이 현실 사회주의를 굉장히 무섭게 만든 것 같기도 하고, 어떤 전체주의로 가게 만든 것 같아요. 자본주의도 전체주의로 갈 수 있고, 사회주의도 갈 수 있는데, 그 지름길이 근엄 같은 것 때문이더라구요. 근엄은 계속 깨야 한다는 생각을 갖고 있는 거죠. 폼 잡는 거 못하게 해야 한다는 생각도 가지고 있구요.

생태주의도 보면 엄청 근엄해요. 근엄하다는 것은 누구한테 뭘 지시하고 싶은 거거든요. 권위인데, 동의되지 않는 권력을 행사하고자 하면 근엄해지는 것 같습니다.

지 사회과학 시장이 최대 2만 명이라고 하셨는데, 《88만원 세대》가 그걸 넘어설 기세 아닙니까? 그게 어떤 의미를 가진다고 생각하십니까?

우 일반인들이 본 거죠. 특히 학생들이 많이 본 것 같아요. 2만 명은 상당히 재미없는, 심각한 책들에 대해서 생각해본 거구요. 《88만원 세대》는 사회과학 시장을 좀 넘어서 외연을 확대한 것 같아요. 그렇다고 독자가 늘었냐 하면 그렇지는 않고, 여전히 한 2만 명쯤 되는 것 같아요. 그게 4~5만 명쯤 되면 출판이나 이런 데서 질적인 전환이 올 것 같은데요. 딱히 늘었다고는 생각지 않고, 짧은 동안에 변하리라고는 보지 않아요. 그 뒤에 잇달아 나온 다른 책들이 팔리는 것 같지 않거든요.

지 《88만원 세대》가 고유명사가 됐고, 20대 문제에 대해 고민한 계기가 된 것 같은데요. 희망이 있다고 보시나요?

우 희망은 거저 있는 게 아니라 만들어야 하는 거죠. 가끔 저는 일제강점기 1920~30년대에 제가 지식인이었으면 어떻게 했을까, 생각해보거든요. 그렇다면 갑갑했을 것 같아요. 20대가 갈 길이 없다고 생각하는데, 왜정 때 생각해보면 그렇게 절박한 것은 아니잖아요. 하자고 하고, 필요하다고 사람들이 공감하면 답을 찾을 수 있거든요.

그런데 정부가 일제 정부였다고 하면 갑갑할 것 아닙니까? 우리가 우리 돈을 쓸 수 있는 것도 아니고, 쌀은 일본에 공수되고 있고, 저도 가끔 그때의 문학책이나 이런 것도 많이 보거든요. 지금 우리야 힘들어도 해보면 되죠. 그땐 뭘 해보려면 사할린부터 가서 뭘 했어야 하는 것 아닙니까?

지 20대가 토플 책은 많이 봐도 다른 교양서적은 거의 안 본 세대라는 문제를 지적하셨는데요. 예를 들어서 설명하려고 해도 20대가 그 책을 안 읽어서 설명하기가 어렵다는 말씀도 하셨는데요.

우 전환기였던 것 같은데요. 10대 때 IMF라는 상황을 겪으니까, 그 사람들 10대 때 책 사줄 여건도 아니었구요. 그때가 한국 사회과학이 망하는 기간이었거든요. 오히려 지금은 규모는 줄어들었어도 이거 내에서 또 다른 균형이 생긴 경우인데, 그때는 진짜 아무것도 없었잖아요. 사회적인 요소도 있고, 문화적

으로도 황폐했던 것 같아요. 지금 다시 만들어야 하는 상황이구요. 지금부터 보면 되죠. (웃음)

지 박사님 책을 읽다보니까 분노와 절망 속에서 뭔가를 바꾸기 위해서 움직여봐야겠다는 에너지와 힘은 생기는데요. 열 관리가 잘 안될 경우에는 생각이 다른 사람들과 인간관계가 깨지는 부작용이 있더라구요. (웃음)

우 저는 다원성, 다양성 같은 것을 생각하거든요. 정책적인 방법만 몇 가지 예시했고, 어떤 게 길이라는 얘긴 안 했거든요. 만약에 그걸 제시하면 로드맵이 되는 거거든요. 참여정부에서 로드맵을 지네끼리 만들어서 "이게 길"이라고 하는 것에 정말 질렸거든요. 로드맵이라는 것은 같이 만들어가는 거잖아요. 그래서 공간을 열었거든요. 열린 것이라고 생각했는데, 그러다보니까 답이 없는 것처럼 보이는 거예요.

지 우리 정부가 초기에 스웨덴 모델도 생각해보고, 네덜란드 모델도 생각해봤구요. 박사님께서는 스위스 모델도 따로 검토해봤어야 한다고 하셨는데, 거기서 미국식으로 급선회한 이유는 뭘까요?

우 그 시점에서 정부가 부패했을 거라고 생각하는데요. 공무원들이 생각하는 우리나라의 답이 그것인 것 같습니다. 우리나라는 일본 모델로 세운 나라거든요. 그것을 미국식으로 바꾸는 것이 개혁이었어요. 공무원들이 생각하는 개혁은 미국식을 많이 넣는 건데요. 그게 유효했던 시기가 이미 끝났는데, 노무현 정권이 들어서면서 그게 다시 결합하게 되었거든요.

공무원 중에서 부패한 사람들이 계속 더 강한 미국식을 주장했고, 정부 내에서는 자기네 비전은 못 만들었고, 공무원들 중에서 고위급이 주장했던 미국식을 받아들인 거죠. 서로 이용했다고 생각했는데, 제가 보기에는 공무원들이 정부를 이용한 거구요. 정부 안에서는 아무런 콘텐츠도 철학도 없었기 때문에 그 시점에서는 누가 누구한테 지시하는 거냐 하는 관계가 역전된 것 같아요.

지 뭐라고 할까, 그런 분석도 많이 하셨던 것 같은데요. 대통령의 기질적 문제와 관련된 부분도 있지 않습니까? 토론 공화국이라고 하면서도 토론이 없었고, 참여정부라고 하면서도 참여가 실종되었는데요. 관료들과 얘기를 하면서 그 관료들을 설득할 능력이 없으니까 '내가 얘들 얘기를 듣고 하는 게 아니라 내 신념을 가지고 추진하는 거야. 얘들한테 설득을 당한 게 아냐'라고 스스로를 세뇌시켰다는 생각이 드는데요.

우 우스갯소리로 "이해가 안 되면 외우라"는 말이 있는데요. 외우는 정도가 아니고 찬양했던 것 같아요. 다른 나라 같으면, 가령 일본만 해도 "유럽식으로 하자, 미국식으로 하자, 일본 모델을 찾자"는 논란이 굉장히 많았거든요. 어느 하나가 다수가 되지 않고, 경쟁하고 균형을 찾거든요. 미국도 마찬가지죠. 극단적인 리버럴리스트도 있고, 굉장히 완고한 우파도 있는데,

계속 충돌하면서 토론도 되고, 싸움도 하면서 새로 만들어가는 거거든요. 그 시기에 우리나라에서는 토론이라든가 하는 게 존 재하지 않았다는 생각도 들어요. 그런 면에서 "기다리면 모든 것이 좋아질 것"이라고 했던 그런 사람들 책임이 큰 것 같아요.

지 "경제정책의 일관성과 국토생태를 포함한 종합적인 시각 에서 보자면, 노무현 정부의 정책 기조는 사실 박정희의 유신 경제보다도 더 성장 이데올로기에 가깝게 다가와 있다"고 하셨 습니다. 그런데 그나마 그때는 우리 경제의 체질 같은 것을 일 정하게 파악한 후 일관되게 시행해온 정책 기조라는 게 있지 않았습니까?

우 좋은 건지는 모르겠는데요. 박정희는 그야말로 홀리즘이 라고 할 수 있는 전체적인 시각을 가지고 있었고, 책임감도 좀 있었던 것 같아요. 물러날 생각은 없었던 것 같구요. (웃음)

지 그 책임감이라는 것이 자기 왕국이라고 생각하니까 생긴 것일 수도 있을 거구요. (웃음)

우 그 당시에 조림造林 같은 것은 굉장히 적극적으로 했거든 요. 그린벨트 같은 걸 굳이 안 만들어도 되는데 꼭 해야겠다고 해서 박정희가 했거든요. 지금에 와서는 그게 없었으면 큰일 났을 것 같지만, '과연 박정희가 자기 통치로만 보면 그때 그린 벨트를 꼭 만들었어야 하는가' 하는 생각은 들거든요. 자기가 보기에 왕처럼 위에서 내려다보면서 '이것은 꼭 필요하다'는 생각은 했던 것 같아요. 그런 레토릭하고 비슷한 게 한미FTA인데요. 노무현 대통령이 보기에는 꼭 필요하다고 해서 하는 건데, 박정희랑 비교해보면 균형적인 사고가 약했다는 생각이 들어요. 박정희는 사후에 자기가 어떻게 평가될 건지에 대해서는 생각하지 않았던 것 같아요.

지　"내 무덤에 침을 뱉어라"라고 했으니까요.

우　(노 대통령은) 쇼맨십도 강했고, 누군가가 자기를 어떻게 평가할까에 대한 강박관념도 많았던 것 같아요. 경제학자가 볼 때 정치는 가만히 있는 게 도움이 될 때도 많거든요. 그건 꼭 우파 입장에서 하는 얘기도 아니구요. 인위적으로 개입해서 잘못 흔드는 것보다는 잘 모를 때는 가만히 있는 게 오히려 나을 수도 있습니다.

　전두환 때 그랬던 것 같아요. 그때 경제에 대해 한 것이 없어요. 경제 관료들과 기업가한테 맡겨놨거든요. 그렇다고 해서 지금처럼 시장주의냐 하면 그게 아니라 계획경제였거든요. 정치권에서 개입하는 게 적었어요. 잘 안다면야 적극적으로 개입하는 것도 한 방법이겠지만 모르면 가만히 있는 것도 한 방법인데, 좀 이상하게 개입한 게 노무현 때 벌어진 일이 아닌가 하는 생각도 듭니다.

지　"경제 라인의 주축이 재무부 인맥들로 변하면서 실물경제에 대한 정부의 상황파악 능력이 극히 악화되었다"고 하셨는데요. 그 이유 가운데 하나로 '순환보직제'를 지적하셨는데요. 이 상황을 어떻게 개선할 수 있나요? 엄청난 협상을 하면서도 아무것도 모르는 사람들이 테이블에 앉는 경우가 많았다는 건데요.

우　협상 팀 같은 경우에는 스탠딩 바디라고 해서 늘 하는 사람들이 있잖아요. 그걸 만들어야 하는데, 두 가지 문제가 있죠. 우리나라 같은 경우 잘못 만들게 되면 거기가 세력화가 되거든요. 견제하면서 전문성도 키울 수 있는 것을 어떻게 만들 것인가가 우리나라에서는 숙제입니다. 미국은 행정, 사법, 입법을 완전히 분리시켜서 셋이서 견제하게 만들면서 돌아가잖아요. 우리나라도 그런 방식으로 견제를 하면서 전문성이 높아지는 것을 도입해야 할 것 같은데, 노무현 대통령은 정부 내에 이견이 있는 것을 싫어해요. 이를테면 환경부나 건교부는 싸우게 되어 있거든요. 싸우는데, 그 끝에서 어떻게 조율할 거냐 하는 게 문제인데요. 정부에서는 늘 합의가 되었다는 것을 보이고 싶어 해요. 그러고들 있는데 어떻게 진정한 합의가 되겠어요. FTA도 외교부랑 다른 데가 마찰이 있게 마련이거든요. 그게 당연한 건데, 마치 모든 것이 조율된 것처럼 연출을 하려다보니까 결국 이견을 말하지 못하게 되는 거죠.

지　우스갯소리로 "변호사 출신이라 그런 게 아닌가" 하는 분들도 있던데요. 정치는 다자간의 첨예한 이해관계를 조정해나가는 과정인데, 그걸 두 사람의 합의, 그것도 강요된 합의를 통해서 해결하려고 하니……

우　개인적인 성향까지야 잘 모르겠구요. 하여간 이견이 나온다는 건 당연한 거거든요. 그런데 좌파나 우파나 이견이 많은 것을 국론분열이라고 해서 싫어하거든요. 원래 국론은 많을수록 좋은 거거든요. 그걸 많게 하자고 하는 것이 민주주의잖아요. 그것을 참여정부도 안 받아들이려고 했던 것 같아요. 섭섭한 것도 있었겠죠. 모두가 일치단결해서 자기를 팍팍 밀어줄 것으로 알았는데, 별로 그러지 않았으니까 섭섭한 마음도 있었을 거예요.

지　그것 역시 독선 아닐까요? 노동자나 다른 지지 세력들도 섭섭한 마음이 있었을 텐데요.

우　대통령이 선험적으로 자기가 맞다, 옳다고 생각하면 위험하거든요. 이런 것에 대한 견제장치가 정상적으로 작동하지 못한 것 같아요. 제도 문제는 아닌 것 같고, 이를테면 대통령제라 그런 것만은 아닌 것 같아요.

지　"한미FTA처럼 국민들한테 큰 영향을 주는 것에 대해서도 국민투표를 붙일 수 없다는 것이 87년 체제의 모순"이라고 하셨는데요. 많은 국민들이 국민투표를 바라는데요. 가령 스위스는 20만 명 정도가 서명을 하면 국민투표에 부칠 수 있다고 하는데, 우리는 전혀 그럴 수가 없지 않습니까? 대통령이 자신의 재신임 때나 개헌 논의 때는 국민투표 얘기를 하다가 지금은 전혀 그런 이야기를 하지 않는데요.

우 제도가 그렇게 되어 있으니까, 결국 양쪽 힘이 부딪히는 수밖에 없거든요. 대표적으로 방폐장 문제인데, 부안에서 힘 대 힘으로 부딪혔거든요. 경주에서 할 때는 주민투표를 했잖아요. 그러니까 시대가 굉장히 바뀐 거죠. 지금은 지자체 단위에서는 소환제도도 있고, 다 하잖아요. 하다못해 제주도 개발 어떻게 할 거냐, 방폐장 어디다 놓을 거냐를 두고도 그렇고, 하남 같은 경우에도 투표하자는 거잖아요. 이를테면 장의 시설을 어떻게 할 거냐, 그런 것도 다 투표를 하는데, 국가 단위에서는 아직까지도 제도가 비어 있는 거거든요. 학교에서도 학교 운영위원회에서 하다가 필요하면 투표도 하자는 그런 얘기까지 하고 있는 거잖아요. 하부 단위에서는 이미 진도가 나가 있는데, 헌법과 관련해서는 구멍이 뚫린 거죠. 외국에서는 반대로 헌법에서 먼저 주고, 밑으로 내린 거거든요.

지 지역 단위의 문제와는 달리 한국에서는 "국가에서 결정한 것을 뒤집는 건 안 된다"고 하는 국가주의적 인식이 좀 있지 않습니까?

우 대통령하고 국민하고 관계랑, 지자체 단체장하고 주민의 관계는 똑같죠. 그게 대통령제에서 가지고 있는 권력위임관계와 다를 게 하나도 없거든요. 오히려 더 중요한 것이 아니냐는 거죠. 헌법이라는 것은 국민들이 권한을 준 거잖아요. 그런 위임관계에 서 있는 것이라, 국민들이 하고 싶다고 하면 하는 게 당연한데, 부의권을 대통령에게 독점적으로 준 데서 문제가 생기는 거죠. 몇 줄이나마 단서조항이 있었더라면 좋았겠다 싶어요. "누구(가령 국회의원)의 권고를 받아"와 같이 한 줄도 안 되는 문장으로 처리할 수가 있는데요. 87년 당시에는 이런 문제가 생길 것으로 예상하지 못했던 거죠. 그때는 대통령은 직선해서 뽑는 거니까, 국민들이 볼 때 우리 편이라고 생각한 거죠. 다음에 있을 쿠데타 세력이라든가 반대세력으로부터 보호하기 위해 한 것이었는데, 대통령이 국민들의 말을 안 들을 것이라는 예상을 했다면 한 줄만 넣으면 되는 거였습니다. 지금도 사람들이 길거리로 많이 나오면 (국민들 뜻대로) 하게 되죠. 정치라는 것은 규정으로 움직이는 게 아니라 현실적 힘 관계인데, 그런 면에서는 87년과 달리 지금은 직접적인 정치행위의 공간이 막혀 있는 게 사실이죠.

지   어떻게 보면 예전에는 뭔가 이런 상황이 벌어지면 돌이킬 수 있는 힘이 있었던 것 같은데, 지금은 많이 약화되고 분산된 것 같은데요.

우   그 당시에 학생, 대학생이라는 집단이 사회 일반인들에게 순수하다고 느껴졌거든요. '쟤네들은 돈도 안 나오는데, 순수해서 하는 일'이라고 생각해서 지나가면 길거리에서 아주머니들이 김밥도 주고, 음료수도 줬는데요. 지금 우리 사회에서는 순수하다고 믿을 만한 집단이 없어진 거죠. 우리를 위해서 뭔가를 해준다고 생각할 만한 사람이 아무도 없는 거잖아요.

브레이크가 **고장난**
욕망의 폭주기관차

'시대적 욕망'에서
'욕망'만 남아 시대를 망치고 있다

지 어느 글에서 박근혜 (한나라당) 전 대표에게 스위스에 한 번 가보시라고 권유하시지 않았습니까? 스위스 모델에서 어떤 부분들을 가져올 수 있을까요?

우 일단 우리나라와 자연조건이 비슷해요. 국토의 70퍼센트가 산에다가 자원도 별로 없구요. 우리나라 초등학교 교과서에 "우리나라 국토는 70퍼센트가 산이고, 가진 것은 사람밖에 없다"고 나오는데, 스위스 교과서도 똑같이 거기서부터 시작하는데요.

우리나라가 지역감정 문제를 쉽게 해결하지 못하는 편인데, 거기는 사용하는 언어가 네 가지예요. 언어권이 완전히 다른 지역들을 하나의 국가로 만들어서 움직이거든요. 그런 데서 여러 가지로 배울 점이 많고, 강대국들 틈에 끼어서 강소국 모델을 지향하는 것도 비슷하구요. 독일, 프랑스, 이탈리아 사이에 끼어서 어떻게든 흡수되지 않고, 하나의 단위를 유지하는 모델이라고 생각합니다. 스웨덴이나 네덜란드, 스위스에 막상 가서 비교해보면요. 스위스 사람들이 제일 행복해 보이더군요. 스웨덴 사람들은 우울증이 많아요. 편해 보이지도 않구요.

지 세계에서 복지가 제일 잘되어 있다는데, 왜 그런가요?

우 그건 잘 모르겠고, 스위스처럼 지역공동체 같은 게 잘 되어 있으면, 보수적이기는 한데 대화가 많고 그래요. 사람들이 많이 떠들고.

지 스위스는 1인당 공업 생산량이 세계에서 제일 많다고 하던데요. 우리는 스위스에 대해 관광, 은행 등을 떠올리면서 우리와 다르다고 얘기하지 않습니까?

우 GDP 비율로 보면 관광은 프랑스보다 낮아요. 프랑스가 관광의 비율이 높은 거고, 스위스 중에서는 알프스 지역 일부가 높은 거죠. (관광은) 스위스 전체로 보면 유럽 평균보다 많이 높다고 보기는 어렵고, 금융이 조금 높은 편이죠. 금융 비율이 15퍼센트 정도 되는데, 엄청나게 높아서 그걸로 먹고 산다고 할 정도는 아니구요. 일반적인 공업국가가 가지고 있는 비율과 비슷하게 나와요. 농업에 종사하는 사람이 8퍼센트 정도니까, 선진국 중에서도 농민은 적은 편인데, 농업에서 파생되는 가공품이 높은 편이죠.

지　공업으로 생긴 경쟁력으로 농업을 보호하고 있는 편인데요. 우리는 지금 농업을 아예 포기하려는 것 아닙니까? 잘하는 것도 못 지키면서 농업은 아예 버리고 가자는 건데요.

우　스위스는 북부 쪽이 공업지역이고 남부 쪽이 농업지역인데요. 한 1세기 전에 깨질 뻔했어요. 굳이 한 국가에 있을 필요는 없잖아요. 말도 다르거든요. 그런데 북부 쪽에서 남부를 지원하는 것으로 해결을 봤어요. "어떤 식으로든 우리가 도와줄 테니 독립하지 마라"는 건데, 우리나라는 거꾸로 되어 있잖아요. 서울로 모으잖아요. 니네는 서울 사람 되고 싶지 않느냐고 하는 건데, 그렇게 되면 못사는 지역은 계속 못살게 되어 있거든요. 못사는 지역이 농업지역이잖아요. 스위스는 우리와 거꾸로 갔던 거죠.

지　'새로운 사회를 여는 연구원'은 베네수엘라 상황에 주목하는 것 같은데요.

우　여러 가지 요소를 다 생각해볼 수 있을 텐데요. 베네수엘라 모델이 일부는 유의미할 텐데, 거기도 강력한 쇼비니즘 아래서 돌아가거든요. 전체주의가 굉장히 강해요. 국가주의도 굉장히 강하구요. 이를테면 1인 카리스마 모델이잖아요. 실제로 이명박이 나와서 하면 그렇게 될 수도 있을 것 같은데요. (웃음)

일그러진 욕망, 시장 만능 시대의 절망

스위스에서는 대통령이 누군지 아무도 몰라요. 7명인가 최고위원이 있는데, 주요 장관 중에서 호선을 해요. 6개월마다 바꾸거든요. 사람 사는 데 아무 지장이 없어요. 베네수엘라 모델에서는 누가 대통령이 되는지가 굉장히 중요하죠.

지 "우리나라가 뭘 가지고 어떻게 먹고 살 것인지에 대한 철학이 굉장히 중요하다. 우리가 그 틀을 세워놓고 가야 하는데, 안 하고 있다"는 얘기도 하셨는데요. 386세대의 책임도 크다고 생각합니다. "스웨덴이 어때?" "베네수엘라는 어때?" "스위스는 어떨까?" 하는 질문들이 "당연히 우리와는 다르지만, 그 안에서 어떤 것들을 가져와서 우리 것을 만들어낼까?" 하는 얘기인데, 대부분의 386이 "거긴 우리와 상황이 달라"라는 단순하고 부정적인 대답으로 논의를 차단해버리지 않습니까?

우 그건 장하준 교수가 진짜 잘 얘기했는데요. 미국은 우리나라보다 인구가 6배가 넘고, 국내시장도 비교가 안 되는데, 미국식으로는 가자면서 다른 데는 못 간다는 게 말이 되냐는 건데요. 턱도 없는 얘기죠. 한국 고유 모델을 찾아야 한다는 건 맞는데요. 굉장히 많은 요소들을 가지고 통합하려는 노력이 있었어야 하는데, 그게 빠져 있는 거죠.

지 "386의 정치적 자기 결집은 어느 사회의 어떤 세대보다 강했지만, 그 긍정적 효과를 다음 세대에 부여하지 않은 일종의 역사에 대한 배신을 행한 세대"라고 하셨는데요. 지금 청와대에 들어간 386들의 독선이 여러 가지 문제를 만들고 있다는 분석도 있지 않습니까?

우 　정치 엘리트들의 문제도 있을 건데요. 그들이 부패한 거죠. 만약 그 또래의 대중들이라고 얘기한다면, 제가 쭉 지켜본 바에 따르면 이른바 원정출산에서 자립형 특목고 논의까지, 그게 다 386이 부모가 되면서 생긴 거거든요. 부동산 투기라고들 비난하는데, 그것도 다 그들이 하고 있거든요. 사회에서 문제가 된다고 하는 것들을 없애기 위한 노력이 거의 없습니다. 아주 일부가 이런 걸 얘기할 수 있겠죠. 대안학교 같은 것을 만들려고 했던 노력의 일부가 그 안에 있었는데, 말하자면 두 세력이 경쟁을 한 건데요.

　결국 대안학교 같은 것을 만들면서 또 다른 것을 만들려고 했던 세력이 밀리고 전멸당한 과정이 아니었나 싶어요. 시대적 욕망이라고 생각하면 결국 욕망밖에 남은 게 없는 거죠. 그 안에서 우리가 뭘 했다고 한다면 그건 20년 전 얘기구요. 과연 지금은 뭘 하냐는 겁니다. 윗세대하고 싸우는 것은 지금도 하죠. 하는데, 어느덧 권력이 되어버린 거예요. 이제 나이로 치면 대부분 과장, 부장 정도가 되어 있을 텐데, 점점 더 큰 권한을 갖게 되겠죠. 적극적으로 열고 이런 것을 할 생각이 사라진 게 문제인 것 같습니다. 아무도 몰랐죠. 386들이 어른이 되었을 때 토플 시험 보자고 할 줄 몰랐죠. 딱 그 사람들이 하는 거잖아요. 회사 내에서 인사나 조직 담당을 다 그 사람들이 하는 건데요. 지들이 언제부터 영어를 그렇게 잘 했다고? (웃음)

지　영어에 한이 맺혀서 그런 걸까요? (웃음)

우　그러면 시험을 보면 20대랑 다 같이 보자는 거죠. 막상 시험 보면 잘 하지도 못하는 사람들이, 자기가 영어를 못한 한을 풀어주고자 한 건데, 과잉보호이면서 폭력적인 방식으로 나타난 거죠.

지　지금의 20대를 "처음으로 승자독식, 무한경쟁에 노출되어서 성장한 세대"라고 하셨는데요. 그래서 "지금의 20대에게는 생협(생활협동조합)도 대안 모델이 되기 어렵다. '돕는다'거나 '같이 잘 산다'는 개념을 이해하고 받아들이지 못하기 때문"이라고 하셨는데, 그런 개념을 어떻게 만들어갈 수 있을까요?

우　공유된 경험이라는 표현을 쓰면요. 4.19라든지, 87년 6월 항쟁이라든지 하는 우리 정치의 격동기에 같은 세대가 공유한 경험들이 많았던 나라잖아요. 지난 20년을 놓고 보면 지금 20대가 공유한 경험은 붉은악마 같은 것밖에 없거든요. 모이는 것 자체가 나쁜 것은 아닌데요. 붉은악마가 가진 특징이 옆 사람하고는 아무 관계도 없는 거잖아요. 나하고 얘하고는 아무 상관도 없고, 스크린 속의 스타 또는 경기와 나와의 관계거든요. 그러니까 모여서 옆에 있는 애랑은 얘기할 게 없는 거예요. 쟤랑 나랑 원하는 게 똑같구요. 뭔가 부딪히거나 싸우거나 토론을 하거나 어떤 방식으로든 결론을 내려본 경험이 없다는 게 특징이라고 보는 거죠. 이게 약간 모호하기도 한데, 내가 하면 다른 사람도 따라서 할 것이라는 믿음 같은 게 있어야 자기도 용기를 낼 거 아닙니까? 혼자서 나갈 수 있는 용기를 가진 인간은 별로 없거든요. 같이 해보니까 되더라는 경험이 있어야 하거든요. 그런데 지금의 고등학생들은 다를 것 같아요. 두발이나 교복 문제에 민감하게 반응하기 시작했거든요.

지 그것도 몇 년 전 "우리는 털 깎이는 양이 아니"라고 저항했던 그런 움직임이 좀 약해진 것 같은데요.

우 판단하기는 좀 어려운데, 오히려 10대들이 토론을 더 많이 하는 것 같아요. 책 제목을 정할 때 '막장세대'라는 느낌이 딱 왔는데, 못 붙인 이유가 두 가지 있었어요. 하나는 슬프잖아요. 저한테 후배에 해당하는 세대인데, 그런 이름을 붙이는 것은 안 좋을 것 같아서 꺼려지기도 했구요. 지금 18세, 19세는 자기들을 막장인생이라고 불러요. '막장세대'라고는 안 하는데, 하여간 막장이라고 부르거든요. 이 친구들이 이를테면 '죽음의 트라이앵글'이라는 말을 만들고, 자기들한테 이름을 붙이는 10대거든요. 20대는 그거보다 더한 게, 자기네 이름도 못 붙였거든요. 만약 10대가 막장세대라면, 20대는 정확하게 말하면 끝장인 거예요. 서로 웃으면서 놀리는 그런 것도 못하는 거거든요. 그러니까 아이덴티티 같은 것을 만들지도 못하는 상태니까 전형적인 '죄수의 딜레마'에 빠지는 거죠. 또래집단만 있는 건데, 한 번도 안 본 사람들하고도 얘기해봐야 할 것 아닙니까? 그런 것이 실종된 것 같아요.

일그러진 욕망, 시장 만능 시대의 절망

지　교육의 문제도 있는 것 같은데요. 프랑스도 갔다 오셨으니까 그쪽 교육을 보실 기회도 있었을 텐데요. 거긴 어린아이들을 유치원에 데려다가 그냥 같이 놀게 한다고 하더라구요. 같이 놀기도 하고 싸우기도 하면서 같이 어울리는 법과 갈등을 조정하는 법을 배우게 된다는 건데, 이오덕 선생님 지적대로 우리는 어릴 때부터 달리기 경쟁을 시키는 사회 아닙니까?

우　우리나라는 그래도 단절이 생겼잖아요. 위에서 기획해서 만들어주기는 어려울 것 같구요. 저는 20대에게 그들이 처한 상황을 알려주고 싶었던 거예요. 알리면 그 안에서 의도하지 않았던 자발적 질서 같은 게 나타날 수 있거든요. 교육이 그렇게 되어 있다고 하면 사실 할 말이 없잖아요. 10대나 그 미만에서는 교육을 바꾸자고 할 수 있는데, 20대는 이미 교육이 끝난 거잖아요. 그러니까 자각한다거나 분노한다거나 하는 모든 게 종합적으로 있을 텐데, 그 속에서 목소리가 나와야 한다는 거죠. 그것이 하나의 목소리일 필요는 없고, 다양한 목소리가 나와야 하는데, 아무 소리도 없으면 사실 아무도 몰라요. 이명박이나 이런 몇 사람들이 있잖아요. 20대의 목소리가 있다면 "지금처럼은 안 하겠다, 뭘 하겠다"는 공약을 내세울 텐데…….

지　투표도 많이 안 하니까…….

우　쟤네들 보니까 별거 아니라는 판단을 내린 거잖아요. 그러면 당하죠. 예전에 정동영이 노인 발언 했다가 호되게 당했잖아요. 비슷한 거거든요. 툭 쳐도 아무 일 없으면 신경도 안 쓰죠.

지　예전에는 계급의 문제를 세대의 문제로 치환했던 적이 있지 않습니까? "니네는 젊으니까 모든 것을 할 수 있잖니. 부러워. 젊음은 좋은 거"라고 했는데, 그렇게 포장했던 매스컴들의 행동은 기성세대의 사기였다고 볼 수 있는 건가요? 희망고문일 수도 있는 거구요.

우　세대간의 갈등이라기보다는 마케팅 세력들이 있는 거잖아요. 386세대 중에서 일부가 악질적인 장사를 하는 거구요. 50대 중에서도 악질이 있는 거죠. 소수 악질이 전체를 이상하게 만드는 건데요. 명품 소비를 이렇게 많이 하는 나라는 우리나라밖에 없거든요. 많이 해서가 문제가 아니고, 많이 하게 만드는 과정이 어떻게 되어 있느냐가 문제죠. 몇 사람만 프라다니 뭐니 하는 핸드백을 들려고 한다면 문제가 안 생기는데, 너도나도 죄다 그걸 들고자 하면 국민경제도 안 돌아갈 뿐더러, 그렇게 돌아가는 나라가 없거든요.

지　생협도 하나의 대안이 될 수 있다고 하셨는데요. 20대가 그런 것을 통해 스스로 일자리를 만드는 것도 필요할 텐데요. 하지만 그들은 스타벅스를 선호하지 않습니까?

우　우리나라 대학 생협은 1990년대 학번들이 만들었어요. 1980년대에는 없었구요. 생협운동이 본격적으로 시작된 것은 한살림 이후부터거든요. 1990년대 중반 이후인데, 그게 서울대부터 다 있었거든요. 다 있다가 하나씩 무너지는 과정인데요. 이대가 무너지고, 서울대가 마지막으로 버티고 있거든요. 그런 면에서 말레이시아를 보면요. 말레이시아도 비슷하게 가난한데, 고등학교에 생협이 다 있다고 하더라구요. 그 학교에 오면 다 조금씩 돈을 내서 가난하거나 부유하거나 다 밥을 먹는다는 겁니다. 잘 사는 집 애들은 돈을 내고, 못사는 집 애들은 배식을 담당하는데, 아무튼 점심은 다 먹는다는 거죠. 그걸 국가 차원에서 해결할 만큼의 부가 안 되니까, 굶은 애들이 생기는 걸 그런 식으로 해결하는 거거든요. 말레이시아가 앞으로 커지면 굉장히 잘될 거라고 보고 있습니다. 지금 미국이나 유럽도 마찬가지인데, 전체 경제의 20~30퍼센트는 생협을 포함한 그런 부분에서 움직이거든요. 그게 움직여야 자영업도 사는 거고, 중소기업도 버티는 건데, 우리나라는 그게 무너지고 있거든요. 그것은 지금만 문제가 되는 게 아니고, 앞으로도 쭉 문제가 될 거라고 봅니다.

지　박정희부터 전두환 시절까지를 "한국경제 영광의 30년"이라고 표현하셨는데요. 독재체제에서 어떻게 그런 번영을 누리게 됐을까요? 그렇다면 외국의 모델도 모델이지만, 그때 우리가 잘한 부분을 가져올 것도 있을 텐데요. 민주화 과정을 거치면서 "예전에 했던 것은 다 나쁜 거"라고 치부하거나 한나라당 역시 "그때 경제는 좋았다"고 하면서도 그때 잘한 것을 이야기하지 않고, 개방을 확대한다든지 규제를 없앤다든지 하는 얘기만 하고 있거든요.

우　그때 제일 튼튼했던 것은 고용의 안정성이었거든요. 일단 노동 과정 내에 들어오면 돈은 조금 받을 수 있지만, 20대가 되면 뭐가 될지, 40대가 되면 뭐가 되어 있을지, 50대에는 어떤 자리에 있을지 예측할 수 있었잖아요. 적어도 자기 인생을 계획할 수는 있었는데, 지금 20대는 자기 인생을 계획하지 못해요. 그러니까 뭐가 자기한테 부족한지, 뭘 더 해야 할지 종합적으로 생각해볼 수 있는 기회가 없는 거거든요. 사람이 기계가 아니라서 미래에 대한 안정성이 떨어지면 마음이 황폐해지잖아요. 그걸 채우려다보니 유희산업 같은 것이 많아질 수밖에 없거든요. 그러니까 압축성장이라고 했는데, 그 안에서 그나마 사람들이 생각보다 덜 미치고 온 겁니다. 노동 과정에서의 안정성 같은 게 보완해줬다고 생각하는데요.

만약 박정희 시절에 지금처럼 비정규직이 확대되었다면 사람들이 집단으로 자살하고, 난리도 아니었겠죠. 그땐 먹고 살 건더기도 별로 없는데, 불안하기까지 하다면 어떻게 살아요.

그런 면에서 경쟁은 높아져도 되는데, 경쟁을 보완할 수 보완장치라든가 안정성을 만들 수 있는 요소를 계속 만들지 않으면 경쟁만 많아지거든요. 그런데 보완장치를 못 만든 거잖아요. 최저소득 계층, 노인들에 대한 장치 몇 가지는 만들었는데, 20대에 대한 안전장치는 못 만들었거든요. 지금 경제생활 시작하는 연령이 30대로 늦춰진 거 아닙니까. 외국에서는 어떻게 하느냐? 걔네는 자기 모델을 만든 건데, 우리는 20대면 다 컸다고 여기고 보다보니까 하나가 빈 거죠. 잠깐 있다가 사라질 거면 상관없는데, 이 상태에서 굳어져버릴 가능성이 높습니다.

지　스웨덴은 성인이 되면 2000만 원씩 나눠줘서 그걸로 해외 여행을 하든지, 뭘 사든지 마음대로 하게 한다면서요. 거기는 학비도 안 드는데, 우리는 자기 돈으로 등록금 내기도 힘든 상황이잖아요.

우　다른 나라 모델을 조금씩 가져와 붙이다보니 통합적인 모델이 안 생긴 거예요. 그게 20대 비정규직 문제에서 구멍이 확 뚫린 거죠.

지　그런 것들을 어떻게 풀어가야 할까요? 장하준 교수는 사회적 대타협도 하나의 방법이 될 수 있다고 얘기하지 않습니까?

우　그것도 한 방법인데, 대타협도 옵션이 있어야 옵션을 놓고 타협을 할 것 아닙니까? 중소기업이 거의 무너진 상태라서 타협을 한다고 해도 대상으로 올릴 게 별로 없거든요. 제 생각으로는, 임금 수준을 전체적으로 조금 낮추는 대신에 노동의 안정성을 높이고, 일자리 나누기와 중소기업에는 더 많은 지원이 있어야 할 것 같아요.

그런데 이것은 4, 50대의 눈으로 봐서는 20대한테 떼어주는 것이거든요. 20대가 뭐라고 하지 않으면 떼어줄 이유가 없잖아요. 중소기업도 마찬가지죠. 중소기업이 자기네들끼리 모여서 뭔가 의사결정을 할 수 있는 단위가 되면 대기업과 중소기업 사이에 뭔가가 나왔을 거예요. 그런데 마찬가지로 각개격파당한 거거든요. 경제적 약자라는 면에서 같은 운명인 거죠. 유일하게 그 중에서 뭉친 게 여성인 것 같아요. 여성은 그래도 목소리를 모아냈잖아요. 그래서 유일하게 개선이 된 거구요. 원래 자본이라는 게 달라고 안 하면 안 주거든요. 수요에는 요구demand란 뜻도 있잖아요. 달라고 그러라고 해서 수요인 거죠.

지　여성, 특히 20대 여성의 비정규직 비율이 높은데요. 여성이 많이 얻어낸 게 정치적인 부분에 한정된 게 아닌가 하는 생각도 드는데요.

우　상징적인 것들을 많이 얻었는데요. 그것을 구체화할 수 있는 경제 프로그램이 중요해요. 우리나라의 민주화는 구호로는 다 얻었잖아요. 그것을 구현할 수 있는 프로그램들이 같이 움직여야 했는데, 그게 없었거든요. 그런 점에서 경제학 했던 사람들의 책임이 크죠. 이를테면 어떤 자유다, 그러면 그것을 어떻게 구현할 것인지를 제시하지 못한 거죠. 이를테면, 지역감정이 있다는 것만으로 끝나면 안 되고, 이것을 없애기 위해 시스템을 어떻게 바꿔야 하고, 조세 제도는 어떻게 할 거냐는 것을 계속해서 만들어야 했는데, 개발만 시켜주면 끝난다고 생각했잖아요.

지　조만간 큰 공황이 닥칠 거라고 예상하고 있는데, 현재 우리 경제정책에서 가장 큰 문제는 뭐라고 보시나요?

우　워낙 중첩된 일이기는 한데 딱 두 가지만 꼽으라고 하면, 부동산 거품과 경제의 대외의존도 문제를 꼽고 싶습니다. 건설자본을 먹여 살리느라고 지난 10년 동안 한국의 재원을 다 썼거든요. 노무현 정부 때 만들어놓은 국책사업과 공공건설만 해도, 5년간 앞으로 사용해야 할 재원을 넘어서는 것 같습니다. 이런 상태에서 나머지 사람도 먹고 살아야 하니까, 결국 죽어라고 수출하는 수밖에 없고, 우리 경제 규모를 수출만으로 만들려고 하면, 누가 대통령이 되어도 점차적으로 제국주의 경제로 나가는 수밖에 없습니다.

노무현의 '동시다발적 FTA'도 뒤집어보면, 미국을 등에 업고 작은 제국주의 하겠다는 제국주의 노선 아닌가요? 개방과 경쟁력만으로 이 규모를 유지할 수 없는 순간이 오면 결국 직접 지배를 지지하는 세력들이 등장하게 됩니다. 그런데 한국은 제국주의를 할 만한 준비와 체계가 없습니다.

부동산 거품으로 무너진 국민경제의 기반을 개방이라는 형식을 띤 공격적인 해외진출로 메우려 하겠지만, 현 시스템에서는 2~3년 이상 못 버팁니다. 여기에 한국경제의 주기적 위기가 맞물리는 시점에서 마치 1970년대의 아르헨티나가 붕괴했던 것과 같은 큰 붕괴를 겪을 가능성이 높아 보이거든요. 그 시절, 아르헨티나가 세계 6강이었는데, 이렇게 무너질 거라고 누가 예상했습니까? 지금 우리를 기다리는 것은 그런 큰 붕괴 같아 보입니다.

오로지 '잘살아야 한다'는 담론만 남은
사회의 비극

지 노무현 정권이 들어서면서 제일 많이 했던 얘기가 "이제 절차적 민주주의는 거의 완성된 것 아니냐"는 거였는데요.

우 절차하고 경제가 분리된다고 생각한 것 자체가 말장난이었다는 생각이 들어요. 분리될 수 있는 성격이 아니거든요. 그런 의미에서는 압축성장이 갖고 있던 비애 같은 것인지도 모르죠. 실패는 없는데, 제도만 확 나가버린 것들이 있거든요. 그것은 구현이 안 되거든요. 역효과가 날 수도 있구요.

어쨌든 최근의 그런 흐름을 보면 너무 환원주의 같은 얘기일 수도 있는데, 철학의 빈곤인 것 같아요. 잘살아야 한다는 것 외에는 철학이 없잖아요. 그런데 미국이나 일본을 비롯한 선진국에서는 정치나 모든 담론이 오로지 "잘살아야 한다"는 것만으로 구성되어 있지는 않아요. 미국, 일본이 그거예요. '세계 평화에 기여해야 한다'고 생각합니다. 제국주의 하는 나라가 무슨 턱도 없는 얘기를 하느냐고 할 수 있는데, 자기들은 그렇게 생각하거든요.

지 철학의 빈곤에다가 어떻게 보면 박정희 식으로 '하면 된다'는 정신이 너무 강한 것 같습니다. 지금 노무현 대통령이 한미FTA 하자는 게 마치 효도르와 붙어서 싸우다보면 격투기 기술이 좋아질 것이라고 하는 것과 같은데요.

우　거기는 심판이라도 있잖아요. (웃음) 너무 많이 맞아서 죽을 것 같으면 멈추게 하잖아요. 유엔이나 이런 데는 심판 안 봐줘요. 그러니까 더한 거죠. 격투기는 맞아서 다친다고 하면 바로 끝내잖아요. 멕시코 보면 답이 없는 것 아닙니까?

지　"한미FTA를 하게 되면 4인 가족 기준 연봉 6000만 원 미만 소득자는 이민가는 게 좋을 거"라고 권고하셨잖아요. 이민이라는 게 쉽지 않을 거라는 전제도 하셨구요.

우　이민이 쉽진 않죠. 답도 아니구요. 2~3년 후에 버블 공황 같은 게 온다는 계산에서 그런 얘기를 한 거죠. 차라리 지금은 못살겠다고 하면 이민이라도 갈 수 있잖아요. 그런데 IMF 같은 버블 공황이 다시 오면 원화 가치가 절반으로 떨어진단 말이죠. 그러면 가고 싶어도 못가는 거잖아요.

지　"멕시코보다 더 심각하고 곤란한 잠김 현상을 경험할 가능성이 높다. 세계 최고 수준이라고 하는 멕시코의 대학과 학자들이 한국에는 없기 때문"이라고 하셨는데요. 우리에게 그런 학자가 없어 보이는 면도 있지만, 학자나 지식인에 대한 경멸 같은 것이 있지 않습니까?

우　그래도 전체적으로 보면 우리에겐 아직 학자라고 하면 깜박 죽는 게 있는 것 같아요. 더 당해봐야 합니다. 유럽 같으면 '교수'라고 해봐야 아무것도 아닙니다. 그 사람이 굉장히 좋은 책을 썼거나 뭘 했다고 하면 그게 쌓여서 학자 대접을 받는 거

지, 파리 몇 대학 교수라는 것은 아무것도 아녜요. 우리나라는 싸잡아서 학자 대접을 받는 분위기가 있어서 그런데요. 교수 사회에 대한 존중은 아직도 높은 것 같아요. 일본도 그냥 동경대 아닌 다른 교수들은 직업으로밖에 안 보거든요. "지가 뭘 안다고 떠들어?" 하는 식으로 거긴 워낙 오타쿠オタク(특정 분야나 취미에 열중해 있는 사람 _편집자)라는 게 강해서 교수가 일반인들보다 잘 몰라요. 우리나라는 아직도 이른바 전문가나 교수의 권위가 높죠.

지　한미FTA 문제는 어떻게 풀어가야 할까요?

우　제가 생각했던 가장 좋은 것은 두 번 투표를 하지 말고, 대선 때 칸 하나만 더 끼워서 하자는 거였어요. 지방선거 때는 페이지가 넘어갈 정도로 여러 가지를 놓고 투표를 하잖아요. 노무현 정부에서 쓱싹 해치우고 싶은 마음이 더 강한 것 같아요. 한국 사람들이 사는 게 괴롭잖아요. 빨리 잊어버리고 싶은 것도 좀 있는 것 같구요.

지　완전히 독재 아닙니까? 그렇게 크고 중요한 결정을 대통령이 마음대로 한다는 것이. 절차와 원칙을 중요시한다는 분이 왜 그렇게 엄청난 결정을 독단적으로 할까요?

우　견제장치가 죽은 것 같아요. 사실 제도만으로는 어느 개인이나 특정 집단의 독재를 다 막을 수는 없거든요. 아무리 제도를 잘 만들어놔도 기어이 하겠다고 마음먹으면 그걸 어떻게 하겠어요? 우리는 사회를 너무 단조롭게 논의하는 데 익숙한 것 같아요. 맞다 *vs* 틀리다, 한나라당 *vs* 반한나라당, 친노 *vs* 반노 하는 식인데, 세상은 이런 단순한 이분법적 논리보다는 훨씬 복잡할 것 같은데요. 복잡한 것을 다룰 수 있는 이론적 틀이라든가 논리 훈련이라든가 생각하는 방식에 익숙지 않은 것 같습니다. 마초 논쟁 같은 것이 나올 때 보면 굉장히 단순하거든요. 남자들 가운데도 페미니즘 지지하는 사람들이 있는데, 그러면 페미니즘 반대하는 마초들은 그것을 이해하지 못하거든요. 배신자로만 생각하는 거죠. "파병, 우리나라 잘되려고 하는 건데 왜 반대하느냐?"면서 배신자로 몰아대는데, FTA도 똑같은 거거든요.

지　이런 상황에서 양심적 병역거부에 대한 대체복무제도가 생기는 걸 보면 놀라울 지경인데요.

우　지난 5년 동안 법원의 판결을 평가해보면요. 좋은 결정도 있고 나쁜 결정도 있는데, 법원의 변화가 제일 빨랐던 것 같아요. 국회의원이나 학자들은 예나 지금이나 똑같은 것 같구요. 법원에서 몇 가지 좋은 판결들이 나온 게 그나마 우리 사회를 많이 끌고나왔거든요. 그런 점에서는 사법부가 아직까지 (미흡하다고 해도) 나름대로 구심점 역할을 해준 것 같구요. 법원 판단은 받아들이겠다는 정도는 된 거잖아요. 사회가 더 성숙하려면 법정에 가지 않아도 해결될 수 있는 일들이 많아져야 하는데요. 하지만 앞으로 법원도 무너질 것 같습니다.

지 그게 문화적 분위기인 것 같기도 한데요. 법관들은 자기 판결이 계속 판례로 남으니까 그나마 그 정도로 미래지향적인 사고를 하는 것 같은데요. 정치인들은 그런 생각을 거의 안 하고 있는 것 같거든요. 예전에 이회창 후보에게 "사법살인을 했다"고 했던 잣대를 현재의 개혁세력은 자기 자신에게는 전혀 들이대지 않았던 것 같습니다.

우 그런 면에서는 철저하게 이중잣대였죠.

지 하다못해 친일파라고 하면서 그렇게 단죄를 시도했다면 '우리가 하는 행동이 후대에는 친미적인 행동으로 손가락질 받지 않을까?'라는 역지사지易地思之의 생각을 한번쯤 해봤으면 어떨까 싶거든요.

우 그런 점에서는 철학자들이 많은 질문을 했어야 하지 싶어요. 남미가 막 바뀔 때 보잖아요. 맨 앞에 있는 사람들이 예술가들이에요. 힘들어 죽겠다고 하면서 그림을 몽환적으로 그리거나 조각도 황당하게 하거든요. 그 다음에 소설가들이 막 들어가서 쓰고 그래요. 이렇게 예술 하는 사람들이 맨 앞에서 가면 그 다음에 경제학 하는 이론가들이 가서 "우리는 종속"이라는 식으로 목소리를 높이는 거죠. 상황보다는 예술가들이 먼저 움직이거든요. '시대의 전위'라는 말이 그래서 나온 거잖아요.

어떻게 보면 철학과 예술이 죽은 지 5년은 된 것 같아요. 이창동 감독이 문화부 장관 하면서 뭐했냐는 거죠. 그 사람이 장관 하던 시절에 성인 오락실인 '바다 이야기' 같은 것들이 성행했

일그러진 욕망, 시장 만능 시대의 절망

는데요. 영화는 못 살리더라도 그런 것은 막았어야죠. 거기 앉아서 도대체 뭐했냐는 겁니다. 영화인들이 영화를 이야기할 수 있는 조그만 정책연구소 하나쯤 만들어주는 정도는 해줄 수 있는 것 아녜요. 장관이 굳이 하자고 들면 그 정도는 하지 말라고 말릴 사람도 없을 텐데.

지　다들 정부에만 들어가면 그렇게 되는 것 같은데요.

우　아니에요. 그 사람들이 나빠서 그런 거죠. (웃음)

지　정부에 들어가고 나면 사람들이 개발주의자로 바뀌는 것 같더라구요.

우　제가 정부에 한 5년 있어봤는데요. 그거는 제가 봤던 사람들, 노무현 정부 초기에 들어갔던 사람들이 유독 나빴던 것 같아요. 그런데 문화계 인사 중에는 강성이거나 철학이 있는 사람들이 있었거든요. 그런 사람들을 안 데리고 갔다는 것이 하나의 구조적 문제였어요.

지　독립영화계에 대한 지원 얘기하면 "극장 100개를 지어주겠다"는 식의 발상을 하지 않습니까?

우　《탈무드》에 보면 "고기를 주지 말고 고기 잡는 법을 가르쳐주라"는 게 나오는데요. 길게 봐서 종합적인 사유방식을 주라는 거거든요. 농업이 그렇잖아요. 돈 좀 준다고 해결되지는 않거든요. 그렇게 그냥 주는 것은 저도 반대해요. 20대한테도 마찬가지예요. 시스템을 만들면서 갈 수 있게 해야지, 당장 돈 몇 푼 준다고 해결될 일이 아니거든요. 어떤 자본주의도 그렇게 돈 줘서 움직일 수 있는 자본주의는 없어요.

지　시대의 전위로서의 예술가의 역할을 말씀하셨는데요. 그것도 1960~70년대에나 해당하는 것 같거든요. 그런데 지금은 김수영 같은 시인도 없고, 그나마 팔리는 소설가나 시인들이 무력하거나 사회의식이 별로 없거나 보수적인데요.

우　그런 면에서는 세대지체世代遲滯 같은 것이 결정타였다고 생각하는데요. 원래 예술가들이 나이 먹고 돈 벌면 보수적이 되잖아요. 그러면 젊은 사람들이 나타나서 "저거 다 가짜"라고 해야 하는데, 지금 너무 숨도 못 쉬는 것 아닙니까? 백남준 얘기를 사람들이 그렇게 한다구요, 위대하다고. 그런데 백남준이 처음부터 인정받으면서 한 것도 아니잖아요. "저 거지 깽깽이, 저건 예술도 아니"라는 얘기 들으면서 새롭게 만들 때, "다 나쁜 놈들"이라고 얘기하면서 시작한 거거든요. 제가 백남준에게 학위를 받으려고 독일로 간 사람을 만났는데요. 백남준이 있는 대학을 갔다는 거예요. "공부하러 왔다"고 하니까 슬리퍼로 탁탁 치면서 한국 사람은 안 받는다고 쫓아버리더라는 겁니다.

지　왜요?

우　너무 당했던 거죠. 그런데 그런 백남준을 백화점 앞에 걸어놓고서 극우파 아이콘으로 쓰거든요. 백남준은 그런 사람 아

일그러진 욕망, 시장 만능 시대의 절망

니거든요. (한국이) 너무 너무 싫어서 떠난 사람이잖아요. 이를 테면 정부기금 받아서 이렇게 저렇게 하라고 시키는 대로 하는 식으로는 백년 가야 백남준 같은 인물이 못 나오는 거죠. 백남준이 여기가 그렇게 싫어서 떠났고, 거기서 양식을 찾는다는 것은 그 사람이 그만큼 고통스러웠다는 거거든요. 기존에 있는 것을 못하겠다고 해서 새로운 양식도 만들고 한 건데요. 예쁘게 잘 그리는 정도 가지고는 20대가 50대한테 승부가 안 되죠. 파격적인 소설이라든가 시 같은 게 그런 것을 거부하면서 나오는 거 아닙니까?

따져보면 지금까지 4~5년 동안에 양식 논쟁 같은 것도 한번 안 나왔거든요. 인디 밴드들을 놓고 보더라도 그래요. 1990년대 후반에 브리티시 팝이라고 하면서 (사실 정확하게 말하면 브리티시 팝도 아닌데) 그런 코드를 가져와서 홍대 앞에다 인디 밴드 틀을 만들었거든요. 그 코드 그대로 10년을 간다니까요. 자기가 불편해서 박자를 바꾼다거나 코드를 바꾸는 경우는 없었구요. 힙합도 마찬가지예요. 누가 더 원본과 비슷하게 카피할 것인가 하는 것만 있지, 그 안에서 어떻게 양식을 창출할 것인지 하는 고민 같은 건 없잖아요.

지　그나마 아티스트라고 불릴 수 있는 집단도 없어졌구요. 블로그에 쓰신 것처럼 여성 아티스트로 유일하게 평가할 만한 이상은의 최근 앨범에서도 좀 지친 듯한 모습이 보이는데요.

우　이상은은 너무 밀실하고 작업장에만 오래 있었던 것 같아

요. 얘기하자면 예술가들에게는 삶이라든가 사회가 현장이잖
아요. 그런 현장을 다니면서 보고 느끼고 그러면서 뭔가 나오
는 거라고 생각하는데요. 직업처럼 바뀌어버린 거 같아요. 너
무 밀실에 갇혀 있는 것 같구요.

지 판을 내면 구매력 있는 소비자들이 일정한 소비를 해줘야
하는데요. 이승환 같은 가수조차 "앞으로는 CD를 발매하지 않
을 것 같다"고 선언하지 않았습니까? 젊은 세대들의 힘든 상황
과 맞물리는 것 같은데요.

우 10년 전 프랑스에서 까페 씨어터라는 것을 만들었거든요.
그게 왜 생겼냐면, 1940~50년대 프랑스 연극이 위기였거든요.
그러니까 정부에서 돈을 대서 큰 극단을 만들고, 돈을 막 돌린
거예요. 이렇게 하면 좋아지지 않겠냐는 취지였죠. 그때도 얘
기는 뭐냐면 "브로드웨이 뮤지컬들한테 당할 수는 없지 않느
냐"고 해서 당시에는 기쁘게 시작했는데, 10년 지나서 평가해
보니까 국가 이데올로기 장치가 되어버린 거예요. 그래서 안
되겠다 싶어서 까페 씨어터 같은 것을 만든 겁니다. 큰 것도 필
요하고, 국가가 하는 것도 필요하지만, 아닌 것도 필요하고, 그
런 것들이 싸우고 경쟁하면서 뭔가 나오는 거거든요. 우리나라
에서 보면 이제 그런 축이 무너진 거죠.

지 안 그래도 무너져가고 있는 상황에서 노무현 대통령의 무
모함이 그것을 더 부추기는 것 같은데요. EU 같은 데서도 할리

우드 영화와의 경쟁은 힘들다는 현실을 인정하고, 문화다양성 협약 같은 국제협약을 통해 EU헌법에 그것을 명시하는 방식으로 자국 문화의 보호를 꾀하고 있지 않습니까? 그런 제도적 장치를 마련하고 있는데, 우리는 확보하고 있는 스크린쿼터조차 다른 협상을 위한 카드로 써먹느라 축소하지 않았습니까? 장하준 교수 말로는 "지금 영국 비디오 가게에서 인기 있는 외국 영화로는 한국, 중국, 프랑스 정도가 있다"고 하던데요. 아까 말씀하신 예술가의 선도적 역할을 시대가 죽이고, 정치가 죽여오지 않았는가 하는 생각도 듭니다.

우　그런 면에서 지식인들도 잘못했다는 생각이 드는 게, 오페라 하우스만 달려갈 게 아니라는 거죠. 동네 조그만 데서 하는 것도 중요하고, 대중음악도 중요하고, 꼭 무슨 한류가 아니더라도 그런 얘기를 많이 해줬어야 하는 거거든요. 롤랑바르트 같은 사람은 자기 글에서 샹송 가사나 영화 같은 것을 예로 들잖아요. 그러니까 텍스트가 굉장히 풍부해요. 멋도 있구요. 정치적인 얘기를 할 때도 그런 것을 많이 쓰거든요.

　우리나라 지식인들은 예술 얘기 하라고 하면 오페라 하우스에 갔던 얘기만 하는데요. 사실 그건 천박하고 무식한 티를 내는 거거든요. 음악도 듣고, 연극도 하고, 그런 다양한 얘기를 해야 하는데 말이죠. 조그만 것들이 죽어가는 거잖아요. 하나씩 죽으니까 큰 거만 남았거든요. 크고 센 것만 남으면 생태계가 돌아가지 않거든요. 가난한 사람을 도와야 한다는 데까지만 이해를 하고, 왜 다양한 게 공존해야 하는지 그것까지는 미처 생각을 못했던 거죠. 그나마 영화 하시는 분들이 그런 얘기를 하면서 다양성이라는 개념이 숨 쉴 공간이 생긴 거잖아요. 더 많이 고민을 해야 할 것 같아요. 일본이 분화分化를 해서 문화를 살린 데거든요. 취미가 너무 많잖아요. 그리고 만화도 다달이 1000종 이상 나오구요.

지 그런 식으로 경쟁을 하니까 별의별 상상력을 가지고 만드는 만화가 경쟁을 하고, 거기서 살아남은 만화가 문화상품으로 생명력을 갖게 되는 걸 텐데요. 우리나라는 그런 면에서 여러 가지 규제도 많고, 기성세대들이 그런 표현에 대해서 억압을 많이 하지 않습니까?

우 그런 면에서는 표현의 자유를 막는다는 것은 정말 황당한 일이죠.

일그러진 욕망, 시장 만능 시대의 절망

토건국가는 20대의 미래가 아니라 재앙이다

지　우리나라 정치인들은 개발주의 같은 프레임에서 벗어날 수 없는 것 같은데요. 강금실 전 서울시장 후보도 공약으로만 봐서는 오세훈 후보보다 더 개발주의적이었다는 지적도 하셨지 않습니까? "계층과 지역의 눈을 넘어 세대의 눈으로 본다면 대규모 토목사업은 실제로 20대의 삶과는 상관이 없으며, 오히려 그들이 지불했을 세금이 윗세대에게 이전되는 효과를 발생시킨다"는 얘기도 하셨구요.

우　한번에는 안 풀릴 것 같은데요. 뭐가 나쁘다고 하는 것으로는 잘 안 풀리는 것 같아요. 저도 종종 토건국가 얘기를 하는데, 해보니까 그게 나쁘다는 것만으로는 행위를 바꾸기는 어렵거든요. 좋은 것을 자꾸 제시해야 할 것 같아요. 그렇게 안 하고도 이렇게 하면 좋다는 것을 자꾸 제시해야죠. 오페라 하우스가 나쁘다? 사실 나쁜 것은 아닌데, 모든 지자체가 모든 돈을 털어서 오페라 하우스만 만드는 건 문제죠. 조그만 공연장을 여러 개 지어서 초등학생들도 사용할 수 있게 해줘야 하는데, 오페라 하우스만 짓다보면 그럴 돈이 없잖아요. 이걸 나쁘다고 하기 전에 좋은 것을 만들어서 가도록 해야 하는 건데, 그런 면에서는 상상력이 너무 부족했죠. 물론 반대 자체도 불필요하다고 할 순 없는데, 반대만으로는 우리가 원하는 결과가 구현되지 않는 것 같아요.

　그러니까 가령 "월드컵이 너무 쇼비니즘으로 간다"는 식의 비판만 할 게 아니라 평소에 재밌는 것을 많이 만들어가는 것이 더 필요하고 중요하다는 얘기죠. 축구 응원하는 것보다 훨씬 재밌고, 자기가 생각하기에도 뿌듯한 것들을 많이 만들어야죠. 문화가 풍부해야 한다는 게 "아무것도 놀게 없으니까 내가 거기 가서 4년을 박수친들 뭐가 나빠?" 그러면 할 말 없는 거거든요. 그러니까 재밌는 것을 많이 만들어서 "더운데 아직도 거기서 박수치고 있냐?"고 해야 하는 거죠. (웃음) 그러니까 반대를 할 때는 그 반대하는 현실을 개선할 대안을 만들어서 가야 그 반대가 의미를 갖는 것 아닌가요? 이를테면 〈디워〉가 나쁘다, 재미없다고 얘기할 필요가 없는 거죠. 어떻게든 재밌는 영화들을 만들어놓으면 그거 보라고 등 떠밀어도 안 보거든요.

지 한국 정치인들이 건설주의를 극복하지 못하는 이유는 무엇이라고 보시나요?

우 비겁해서 그렇죠.

지 우리 사회는 그런 분위기가 강한 것 같거든요. 이를테면 최장집 교수의 의견이 다 옳지는 않더라도 그 정도 학자가 어떤 얘기를 하면 어떤 의미에서 그런 얘기를 했는지 조금이라도 고민해보고 반론하는 것이 아니라 낡은 좌파, 시대에 뒤떨어진 노인네 취급을 해버리거든요.

우 유럽이나 미국도 좀 그런 면이 있긴 하지만 좌파, 우파 초월해서 존경받는 사람들이 좀 있거든요. 가령 촘스키는 아나키

즘에 가까운 것 같은데, 촘스키가 얘기하면 누구든지 듣잖아
요. 촘스키한테 니가 뭘 아냐고 하긴 힘들죠. (웃음) 아인슈타인
도 사회적 발언을 많이 했거든요. "핵폭탄 만드는 데 기여한 것
은 내 인생의 최대 과오"라는 얘기도 했구요. 아인슈타인이 얘
기했다고 하면 한번은 듣잖아요. 우리나라를 보면 황우석 박사
말고는 다들 함께 인정하는 사람이 없었던 것 아닙니까? (웃음)
그런 면에서는 같이 존경할 수 있는 어른이 없는 게 좌파, 우파
다 불행한 거구요. 20대한테도 불행한 거고, 늙은 세대한테도
불행한 거죠.

　남재희 전 장관이 제 책에 추천사를 썼거든요. 여러 가지 맥
락이 있는데, 어떤 문제는 좌파가 잘하는 것이 있고, 어떤 문제
는 우파가 잘하는 게 있을 겁니다. 그리고 어떤 문제는 좌파와
우파가 같이 노력해야 하는 것이 있을 텐데요. 저는 세대 문제
같은 걸 그렇게 보거든요. 좌파에서 나오는 것은 "계급적인 것
이 본질"이다, 그건 금방 알 수 있잖아요. "그래서 어쩌라고?"
그러면 그 다음에 프로그램들이 나와야 하는데요. 좌파는 그런
프로그램을 만드는 데 익숙하지 않거든요. 그런데 우파는 문제
가 뭔지 잘 몰라요. 그러면 문제가 뭔지 가르쳐주면 뭔가 해볼
수가 있잖아요. 돈도 우파에서 가지고 있구요. 그러면 양쪽이
다 뭔가 이 문제를 같이 풀자고 얘기해야 할 거라고 생각했어
요. 그래서 홍세화 선생, 남재희 전 장관에게 추천사를 받았는
데요. 그 정도가 책 발간 준비하면서 양쪽 다 얘기할 수 있고,
존경받을 수 있는 최소한이라고 생각했거든요. 그렇다고 홍세

화 선생이 우리나라 우파에게 존경받는 사람도 아니구요. 남재희 전 장관도 좌파에게 존경받지 못하죠.

그 분들보다 더 공유할 수 있는 그런 사람들이 있었다면 이 문제를 푸는 게 훨씬 더 쉬웠을 겁니다. 《한겨레》 보는 사람이 《조선일보》 안 볼 거고, 《조선일보》 보는 사람은 《한겨레》 안 보겠죠. 그럼 같이 볼 수 있는 신문은 뭐냐 하면, 없거든요.

지 사람들이 많이 힘드니까 경제에서 대안을 찾으려는 것 같은데요. 장하준 교수나 우석훈 박사의 글을 보면 좌우를 넘어선 대안을 찾으려고 노력하는 것 같은데요.

우 경제학자들은 기본적으로 보수적이에요. 이렇게 보시면 됩니다. "가장 보수적인 사회학자도 가장 진보적인 경제학자보다 더 진보적"이라고 표현하는데요. 경제라는 게 연속성이 있잖아요. "한번은 하고 나서 다시 해보자"는 게 없거든요. 성장률로 보면 1퍼센트 바뀌면 많이 바뀌는 거거든요. 그러니까 좀 보수적이죠. 그런 면에서는 보수적인 사람하고 대화하기에는 경제학이 편할 수도 있겠죠. (웃음)

지 있는 현상을 가지고 나중에 해석하는 학문이기 때문에 보수적이라고 하신 것 같은데요. 진보적인 주장도 많이 하고 계시지 않습니까?

우 물론입니다. 다 바뀌어야 한다고 생각하는데, 1~2년 내에 바뀌지 않거든요. 대선 같은 것도 아무리 빠른 변화라도 5년은 걸리잖아요. 결정을 번복하기는 쉬운데, 시스템이 바뀌는 건 되게 오래 걸리잖아요. 지금 자기계발이라든가 돈 버는 법 같은 책의 숫자에 비하면 진보적인 경제학자들이 하는 것은 그 1퍼센트도 안 됩니다. (웃음) 아마 발간되는 책 수라든가, 쓰려고 하는 예비저자도 1퍼센트도 안 될 겁니다.

지　이름 자체가 존재를 규정하는 부분도 있는데요. 건설교통부라는 이름을 명랑국토부로 바꿔야 한다고 하셨잖아요. 극단적으로는 건설교통부를 폐지해야 우리나라 경제발전이 시작될 것이라는 견해도 밝히셨구요.

우　프랑스는 국토정비부거든요. 정비한다는 개념을 씁니다. 지금 이 이름이 좀 공격적인 건설 시대의 이름이긴 해요. 그렇다고 그 부서가 그것만 하고 있으라는 건 아닌데, 아무래도 이름이 그러면 그 안에 있는 공무원들도 저래야 하나보나 생각하겠죠. 프랑스도 1970년대에 그것을 많이 했는데, 오일파동 때 거기도 버블 파동이랑 비슷한 것을 겪었어요. 그래서 '전 국토를 정비하는 것'이 된 거죠.

지　교육인적자원부도 사람을 그저 자원으로 본다는 비판이 있는데요.

우　인적자원이라는 개념 자체가 경제학에서는 인간적인 얘기였거든요. 그런데 맥락이 떨어져 나가서 교육에 붙어버리니까 무서운 얘기가 되어버린 거죠. 원래는 자본, 노동, 기계 그런

속에서 인간을 좀 생각하자는 얘기였는데요. 교육에 갖다 붙여
버리니까 무서운 용어가 된 거죠.

지 〈디워〉 논쟁 때 진중권 교수가 대중들이 몰려다니면서 누
군가를 공격하는 현상을 지적한 것은 잘한 것 같거든요.
우 그건 잘한 거죠. 아무도 안 했으면 아마 저라도 했을 것 같
아요. (웃음)

지 〈디워〉 사태도 386에 대한 포스트386의 저항이라는 분석
도 있었는데요.
우 〈디워〉를 봤던 사람들이 20대가 주가 아니었다는 게 제 생
각이거든요. 20대만 그것을 봤으면 그게 맞을 텐데, 제가 개인
적으로 확인해본 바로는 50대부터 다 봤거든요. 그 윗세대도
있었구요. 그래서 실제로 20대가 얼마나 봤는지에 대한 자료가
나오면 현상이 있으니까 본질을 분석할 수 있는데요. 《조선일
보》의 그때 기사는 전체에서 20대가 차지하는 부분이 그렇게
많지 않던데, 왜 그렇게 얘기했을까 하는 생각이 들어서 할 말
이 없었어요.

지 계속 담론의 연장선상 같은데, 지난번 대선 때 조갑제가
"50대가 20대의 용돈을 끊어서라도 견인해야 한다"면서 386과
분리시키려는 움직임들이 있었는데요.
우 그런데 그것은 현실적으로 벌어진 일이구요. 386이 어떻

일그러진 욕망, 시장 만능 시대의 절망

게 대응할 건지가 문제죠. 386이 열어서 20대가 같이 가는 형태
가 되면 좋겠지만요. 세대로 보면 50대와 20대가 부모 자식 관
계이고, 40대랑 10대가 부모 자식 관계거든요. 거기 내에서 격
차를 가진 세대 갈등은 미국에서는 굉장히 심해요. 저는 이것
을 두세 개로 봤는데요. 요즘 분석은 미국에서는 5~6개로 세
대를 나눠서 분석하거든요.

　열린 질문인 것 같아요. 그런 측면도 있구요. 법을 만드는 능
력이 큰 게 아직도 50대잖아요. 그래서 3,40대가 연대할 공간이
있는 거구요. 단일하게 선을 긋기는 어렵습니다. 세대라는 말
자체가 위험한 말인데요. 특징을 포착하기에 좋은 장점이 있어
서 쓰긴 쓰는데, 그게 구성원의 50~60퍼센트밖에 설명을 못하
거든요. 나머지 40~50퍼센트는 그것과 상관없이 가니까요. 늘
그런 개념을 쓸 때는 포착되지 않는 다른 다양한 성격에 대해
서 조심해야죠.

잘못 끼워진 단추,
지워진 세대의 **비애**

이대로 가면 20대는 지워진 세대가 될 것이다

지 젊은 세대에 관심을 갖게 된 계기 같은 건 있는가요?

우 장기 예측을 하려고 하는 편인 것 같아요. 20~30년 후에 한국이 어떻게 될 것인가 하는 질문을 하다보면 지금 10대가, 또 20대가 어떻게 변할 건지를 놓고 모델링한 거잖아요. 그러다보니 지금 20대가 어떤가 하고 보게 되는 건데, 생각보다 훨씬 열악해서 놀랐어요. 워낙 뭘 알았던 건 아니고, '왜 이렇게 20대들은 인사나 하고 살아야 하나?' 하고 막연하게 생각하다가 들어와서 분석해보니까 보통 일이 아니라는 생각이 들었죠.

지 "아마 20대는 지워진 세대가 될 것"이라고 말했습니다. 곧, 별로 희망이 보이지 않는 20대에게 기존 세대들이 오랫동

일그러진 욕망, 시장 만능 시대의 절망

안 권력을 넘기지 않고 자리를 차지하고 있다가, 지금의 10대들에게 바로 넘길 가능성이 높다는 것입니다. 제게 이 얘기를 해준 사람은, 각 세대별 다큐멘터리를 1년 정도 준비하다가 결국 너무 절망적이라서 포기한 사람"이었다고 《88만원 세대》에서 쓰셨는데요. 그와는 달리 20대 역시 10대를 착취하게 될지 모른다는 전망도 하셨지 않습니까?

우 열린 질문인데요. 우리나라에서 좌파랑 우파랑 다 동의하는 것은 지금의 10대는 책을 엄청 읽게 된다는 것은 다 아는 얘기거든요. 자기들이 원하는 책을 읽는지는 모르겠지만, 어떤 책이든지 10대는 책을 많이 보게 되어 있거든요. '그 10대가 20대가 됐을 때 다른 식의 세대가 나올 거냐, 지금의 반복형이 될 거냐'에 따라서 분기점이 확 갈릴 거란 말이죠. 아직까지는 반반인 것 같아요.

지 수능총파업과 농민총파업도 제안하셨는데요. 가능하다고 보십니까?

우 시점은 지금 딱 나올 시점인데요. (웃음) 그런 결정을 하기까지 논의가 몇 년씩 더 필요한 건 아니라고 봐요. 사회에 딱 필요한 행위가 나오는 시점하고 진짜 나오는 시점이 차이가 생기거든요. 언젠가 프랑스에서 그랬던 것처럼 우리나라에서도 다들 수능을 안 보겠다고 하면 시스템이 바뀔 것 아닙니까? 제가 생각해볼 수 있는 가장 평화로운 방법입니다. 어디 나가서 집회를 할 필요도 없고, 전체적으로 누가 조율해줄 필요도 없고,

서로 얘기를 하다가 조금 희생하면 되거든요. 집단으로 재수 한 번 하는 셈 치자고 결정하면 되는 건데요. 그러면 30~40퍼센트 정도는 가서 볼 거고, 60~70퍼센트는 실제로 안 보기는 할 텐데요.

지　그 정도만 안 본다고 하면 합의가 이뤄질 것 같긴 한데요.

우　그건 누가 시켜서 되는 것은 아니거든요. 자연스럽게 중·고등학교 내에서 '이게 지금 과연 옳은 것이냐, 이렇게 살아서 미래가 어떨 것이냐?' 이런 것을 생각해야 하거든요. 대학의 행태를 바꿔달라고 할 때, 그저 등록금만 문제 삼으면 시혜 차원에서 한 10퍼센트 깎아주겠다고 나올 텐데, 이런 것만으로 해결될 일이 아니구요. 확 깎아달라고 하려면 수능총파업 같은 것을 하면 뭔가 생길 수 있겠죠.

지　평등의식이 굉장한 국민들입니다. 군대 문제 같은 것도 그렇구요. 그런데 왜 무상교육이나 무상의료 같은 얘기를 좌파적인 정책이라고 생각할까요?

우　너무 미국 모델만 봐서 그럴 거예요. 세계에 굉장히 다양한 대학이 있는데, 신문이나 방송에서 보여주는 것은 하버드 대학밖에 없거든요. 그런데 하버드나 시카고 같은 대학도 특수한 형태거든요. 아주 일부의 대학만 그렇게 되는 거지, 미국도 주립대학은 그렇게 안 비싸거든요. 그런데 언제부터 우리나라가 아이비리그 국가라고?

　　그리고 실제로 아이비리그 몇 개 대학이 세계를 지배하는 것
도 아닙니다. 노벨상을 만날 미국 사람만 타가는 것도 아니구
요. 유럽에서도 노벨상 다 타가잖아요.

지　　"난 아직도 농업에 애정을 가지고 있고, 어떻게든 한국 농
업을 살려보고 싶어 하는 거의 마지막 경제학자 중의 한 명"이
라고 하셨는데, 농업을 살리기 위해서는 어떻게 해야 하나요?

우　　현재로서는 가능성이 거의 없는데요. 그래도 뭐든 좀 해
야 하겠죠. 지금으로서는 20~30퍼센트 정도만 남고 다 무너질
거라는 게 누가 봐도 나오는 전망이거든요. 농업이 그렇게 확
무너지고 나서 이 사회가 그 충격을 감당할 수 있느냐고 할 때
저는 어렵다고 보는 거죠. 장기적으로는 30~40퍼센트 줄어든
다고 하더라도 그 시간을 되도록이면 늘려서 단위 충격으로 떨
어지지 않도록 하는 게 나머지 시스템이 버틸 수 있는 길이라
고 생각합니다.

지　　대안을 개발에서만 찾고 있으니까 환경문제도 많이 생기
고, 나중에는 정말 멈추지 못하고, 전쟁까지 우려하게 될 상황
을 걱정하시는 것 같은데요.

우　　유럽은 사실 20대 문제를 외부 식민지를 두면서 많이 해
결한 거거든요. 지금 우리나라도 식민지를 두지 않으면 안 돌
아갈 시스템처럼 가는 것 아닙니까? 다른 나라도 바보가 아닌
데, 누가 우리나라한테 당하고만 있겠어요. 그러니까 좀 미국

한테 붙어서 식민지 비슷한 거라도 해볼까 그런 거 아녜요? 불균형이 너무 많아져서 그렇게 되는 거예요. 내부균형을 찾기 위한 노력을 계속하지 않으면 이런 과정이 급격해질 겁니다. '황우석'부터 '디워'까지 관통하는 것은 수출이 된다는 것 딱 하나였거든요. 외국에서 돈을 벌어올 수 있다는 것만 있으면 뭐든지 똑같은 구조로 들어갈 거라구요. 와이브로(무선 인터넷 서비스)도 똑같은 거죠. 옛날에 개선장군이 외국에 가서 이기고 오면 이겨서 좋아하는 게 아니고 전리품(노예, 물자)을 가져와서 좋아하는 거거든요. 그렇게 갈 건데, 그것을 막기 위해서 이런 것은 아니라고 얘기해줄 수 있는 힘이 너무 약하다는 거죠.

지   미국 자체도 불균형한 나라 아닙니까?

우   충치 먹은 국민이 OECD 국가 중 1등이잖아요.

지   빈부격차도 심하고, 선진국 중에서 유아사망률도 굉장히 높은 편이구요. 그런데 우리가 미국식으로 잘 이식을 해도 불균형이 심하거나, 못사는 주의 형태가 될 텐데요.

우   국민경제에 대한 이해가 좀 약한 것 같아요. 말은 민족이나 국가라고 하는데, 진짜로 이 민족이나 국가가 잘살 수 있는 편한 것은 뭐냐, 그런 고민들을 더 해야 합니다.

지   욕망이 어느 정도 가면 제어할 수 없지 않습니까? "아마 서산농장 어디 부근이라고 기억된다. 비정규직법이 시행되면서 정규직과 비정규직은 동일한 노동을 하면 안 되게 되었다. 그래서 일을 나누는 중이다. 소를 사육하는 농장에서 기발한 답을 찾았다. 암소 관리와 수소 관리로 나누었다. 암소를 키우는 일과 수소를 키우는 일은 이제 전혀 성격이 다른 종류의 일”이라는 예도 소개하셨는데, 욕망은 이렇듯 어떻게든 방법을 찾아내지 않습니까? (웃음) 그렇게 치닫다보면 어떤 형태로든 갈등이 폭발할 것 같은데요.

우 지금 스위스, 스웨덴, 네덜란드 이런 나라에는 전쟁이 절대 없을 거라고 보거든요. 전쟁을 안 하게끔 경제도 그렇고, 정치담론 같은 것을 수십 년에 걸쳐서 만들어간 것 아닙니까? 그런데 우리나라는 전쟁을 안 할 수 있는 장치가 없어요. 사람들도 힘만 되면 한판 붙자는 거 아닙니까? (웃음) 모든 철학이 그렇게 되어 있는 것 아닙니까?

지 예측하기에 가장 가까운 전쟁은 어떤 형태일까요?

우 무엇보다 한·중·일 전쟁이 맨 먼저 예상되는데요. 왜냐하면 세 나라 다 공격적인 데다가 외부 자원이나 외부 시장 의존도가 높기 때문입니다. 그래서 세계 여러 군데서 경쟁하게 되어 있거든요. 경쟁이 제어되지 않는 상태가 되면 알 수가 없는 일이죠. 그러니까 이 세 나라에서는 전쟁은 절대 안 된다고 굉장히 많이 얘기해야 하거든요. 그런데 이 세 나라에서 힘쓰는 사람들이 전부 다 전쟁을 하자는 쪽에 힘쓰잖아요, 정치적으로. 그건 안 좋은 징조죠. 이를테면 석유파동 같은 게 3~4년 후에 났어요. 그러면 한국이 필요하니까 석유를 사올 것 아닙니까? 유조선이 남지나해를 돌아오는데, 중국이 막을 수도 있지 않습니까? "우리도 기름이 없는데, 너희들 너무 많이 사간다. 조금만 사가라"고 막으면 어떻게 되겠어요? 사실 탈레반도 너무 멀어서 그런 거지, 필리핀 정도였으면 갔을 것 아닙니까?

지　인터넷에서 그런 의견들도 많았고, 국방부 장관도 실제로 그런 의견을 내놓았구요.

우　멀어서 그렇지, 그런 일이 필리핀쯤에서 벌어졌어 봐요.

일그러진 욕망, 시장 만능 시대의 절망

한미FTA는 경제학 영역이 아니라 심리학 영역이다

지　대선주자들의 경제정책은 어떻게 생각하십니까?

우　이명박은 이회창 시절하고 생각해보면 건설 쪽 그리고 우파 쪽으로 더 많이 갔습니다. 보육하고 장애인 관련 정책 같은 것 몇 가지만 조금 좌파 쪽으로 갔구요. 버스 정책도 약간 그런 요소를 가지고 있고, 가장 균형 잡힌 것은 문국현의 공약인데요. 웰메이드well-made 공약이라고 볼 수 있어요. 정동영 공약은 요소별로 보면 극우부터 극좌까지 다 들어갈 겁니다. 토목과 관련된 것은 극우파 공약이 들어갈 거구요. 평화와 관련된 것은 극좌파 공약이 들어갈 거구요. 냉탕과 온탕을 왔다 갔다 할 텐데, 국내 경제에 대해서는 한나라당과 똑같을 거고, 거기에 복지와 평화 요소가 결합되는 형태가 되겠죠. 그래서 노무현 때 공약하고 비교하면 전체적으로 더 오른쪽으로 가게 되는 그런 정도가 되지 않을까 싶습니다. 사회가 2002년 선거 때보다 훨씬 오른쪽으로 많이 왔잖아요. 그래서 정동영 공약도 중도로 해석될 여지가 있습니다.

지　문국현 후보도 한미FTA를 찬성하고 있지 않습니까?

우　제가 알기로는 조건부찬성으로 알고 있어요. FTA 자체에 대한 노무현 정부 초기 입장이 있잖아요. FTA를 전략적으로 하겠다는 정도의 입장이구요. 한미FTA에 대해서는 협상이 좀 잘못되었다고 인식하고 있는 것으로 알고 있습니다.

지 미국도 만약 민주당 후보가 대통령이 되면 뭔가 좀 바뀌지 않겠습니까? 힐러리는 "한미FTA가 미국 중산층 입장에서도 손해가 되는 협상"이었다고 인식하고 있는 듯한데요. 어떤 이유로 그러는 걸까요?

우 이미 현재도 민주당이 다수인데, 현재 상태로는 안 하겠다는 거거든요. 그래서 더 얻어내겠다는 건데요. 중산층도 마찬가지구요. 주별로 입장이 다른데, 이익을 보는 것은 평균적으로 이익을 보는 거고, 이익을 못 보는 몇몇 주는 드러나니까 그런 데서 이견이 생기는 거죠.

지 미국은 "전체적으로 국익에 도움이 되니까 몇몇 주가 손해 보는 건 어쩔 수 없다"는 말로 설득할 수는 없을 테니까요.

우 각 주별로 나눠보잖아요. 그러면 몇몇 주는 손해를 많이 보고, 나머지는 평균적으로 나눠서 이익을 보게 되는 걸 텐데요. 우리나라와는 다른 거죠. 우리나라는 손해든 이익이든 힘센 놈이 이익을 본다고 하면 가는 거잖아요.

지 "문국현은 건설자본으로부터 자유로운, 거의 최초의 대중 정치인이다. 정동영이나 이해찬이나 모두 건설자본으로부터 자유롭지 않다. 권영길은 건설자본은 물론이고 모든 자본으로부터도 자유롭지만 거의 아무런 상징적 자본도 없다"고 하셨는데요. 문국현 후보가 대통령이 되면 토목건설 위주의 정책이 시정되리라고 보십니까?

우 　그건 많이 바뀌겠죠. 일단 한국형 녹색당에 가장 비슷한데요. 공약만으로 보면 그렇구요. 거기는 참모 그룹이라든가 지지하는 집단이 아직 형성되어 있지 않으니까 소수 엘리트 집단 같은 거잖아요. 그 엘리트 집단이 나머지 사람들에게 어떻게 잘 설명하고 설득해서 시스템을 만들 거냐 하는 것은 아무도 모르는 거죠.

지 　공약을 갖고 있다고 해서 그것을 구현할 수 있는 능력이 있는 것은 아닐 테니까요.

우 　그것은 한두 명이 하는 게 아니고 집단이 되어야 하는데, 문국현의 생각이 아무리 좋더라도 일단 여러 가지 타협을 하다 보면 어디로 갈지 모르는 거죠. 노무현도 소수집단이었던 게 문제였잖아요. 다수집단에게 어떻게 설명을 해서 결합할 것인가 하는 점에서 초기에 실패한 것 아닙니까? 문국현도 그런 위험요소를 가지고 있다고 봐야죠.

지 　대선 후보들의 경제대통령 논쟁을 어떻게 보시는지요?

우 　경제원론에는 성장 얘기는 거시경제 후반부에 아주 조금만 나오고, 전화번호부만한 이 책들의 내용 대부분은 '균형'에 관한 이야기입니다. 경제원론도 한 번 안 본 얼치기들이 경제를 운용해서 그런 거죠. 우파 경제학 이론을 다 모은 경제원론의 원론대로만 해도 이런 전대미문의 기괴한 사건은 안 벌어집니다. 이게 마피아들이지 정치인들이라고 할 수 있습니까? 구소련을 붕괴시킨 러시아 관료나 현장에서 바로 사살되었던 차우세스쿠 시절의 루마니아 정치인들도 지금의 한국 정치인들보다 부패하거나 무능하지는 않았던 것 같아요. 경제는, 최소한 경제원론대로만 해도 이런 작태는 안 벌어질 것 같거든요.

지 "한국경제 대안 시리즈를 처음 손에 잡은 지 이제 1년이 되어간다. 이 시리즈를 집필하면서 나도 생각이 많이 변했다. 녹색당 만든다고 돌아다니던 시절에 중요하다고 생각했던 것과 요즘 중요하다고 생각하는 것이 많이 다르다"고 하셨구요. 최근 블로그를 보면 시리즈 3, 4권의 출간을 내년 초로 미루신 것 같은데요.

우 제가 학위를 받은 지 올해로 12년째인데, 그동안 차분하게 전체를 조망할 만한 기회를 갖지 못했었거든요. 그래서 지금까지 내가 알고 있던 것들을 한번 정리해보자고 생각한 것이었는데, 처음의 시리즈 제목은 '신자유주의의 대안'이었습니다. 그런데 이건 한국의 국민경제 규모 내에서 해볼 수 있는 게 아니라 세계경제 전체에 대해서 생각해볼 수 있는 수준의 것이거든요. 나는 그 정도로 연구를 진행시킬 수준 높은 경제학자가 아닐 뿐더러 아직은 스위스, 덴마크에 대한 공부가 약하기도 하고, 베트남과 말레이시아는 도저히 이 나라가 어떻게 움직이는지 체계적으로 설명할 수 있는 수준이 아닙니다. 이건 나도 공부를 더 많이 하고 이해도가 높아지면 천천히 해볼 수 있는 연구거든요. 이런 이유로 일단은 한국 자본주의로 범위를 좁혀서,

글로벌 시대의 일국 자본주의의 문제점과 나아갈 방향에 대해서 한번은 내가 알고 있는 것들을 정리해보는 정도로 가볍게 생각해보셨으면 좋겠습니다.

1~2권은 이미 발간되었고, 3~4권은 대선 결과를 보고 어떤 정부가 들어오는가에 따라서 전망치를 좀 수정해야 할 것 같아서, 내년 초에 발간할 계획입니다. 3권은 〈촌놈들의 제국주의〉라는 제목으로 북한 문제와 동북아 경제를 다룰 생각이고, 4권은 〈한국형 국민경제 모델〉이란 제목으로 국가주의, 압축성장 그리고 지속가능성이라는 세 가지 주제를 이론적으로 다루는, 일종의 대안경제 이론으로 생각하고 있습니다.

이 네 권의 책을 통해서 "왜 재경부가 생각한 경제와 건교부가 운용했던 담론이 21세기 틀에 맞지 않는가"라는 것을 나름대로 대안을 통해 제시하고 싶었습니다. 모든 경제학자가, 모피아와 건교부 마피아들이 한국 경제를 가지고 장난치고 뜯어먹는 것에 대해서 찬성하고 박수치고 있는 것은 아니거든요.

지 "지금 쓰기로 계약금까지 받은 책들 다 정리하기 전까지는 꼼짝도 안 할 생각이고, 그게 끝나면 은퇴할 생각"이라고 하셨는데요. 우리 사회를 생각하면 계속 하시는 게…….

우 은퇴라고 표현했던 것은, 지난 5년 동안 거의 시민단체나 민중단체의 맨 앞에 서 있었거든요. 그게 힘들어요. 그렇게까지 앞에 서다보니까 만날 토론의 맨 앞에 가 있게 되는데, 그 대신 정세를 분석하는 일 같은 걸 하기 힘들거든요.

지　20대로서는 역할모델이 많이 필요할 텐데요. 자꾸 인터넷에만 글 쓰지 말고, A4 용지 100쪽짜리 글을 써서 책을 내라고 20대에게 요구하시지 않았습니까? 그걸 보여줄 수 있는 역할모델이 많이 필요하지 않겠습니까?

우　해방 이후 이어령 선생도 그렇게 했고, 이오덕 선생, 권정생 선생도 다들 그렇게 했죠. 그러니까 책은 남잖아요. 책이라는 것은 생각을 길게 만들어준다는 것도 있고, 그것은 남는 거니까 5년 전의 책과 현재의 책이 경쟁을 하기도 하거든요. 그런데 인터넷 게시판이나 블로그의 글은 생명이 굉장히 짧잖아요. 스파트한 논쟁을 순간에 크게 한다는 의미는 있는데요. 사회를 어떻게 끌고 갈 것인가 하는 질문 앞에서는 생각보다 힘이 없거든요.

　출판시장이 그래도 버틴 거라고 생각해요. DVD는 우리나라에서 1000장이면 대박이거든요. 영화산업의 맨 앞에 있는 것이 DVD잖아요. 그런 거 보면 출판시장은 그래도 잘 버틴 거죠. 책이라는 매체가 20대가 데뷔하기에 가장 크게 열려 있는 공간이라고 봅니다. 20대가 돈도 없는데, 300억 펀딩해서 영화를 만들 겁니까? 이미 영화판도 규모가 커져서 20대가 해볼 수 있는 데뷔 마당이 아니거든요. 음악 CD도 다 죽었구요.

지　블로그 같은 데서 인기를 얻어서 알려지면 책이 나오는 경우도 많은데요. 그 사람들이 결국 다른 직업을 택하거나 방송 쪽으로 가는 경우가 많단 말이죠. 꾸준히 저술활동을 하는 젊은이들을 사회가 도와줄 방법을 찾아야 할 텐데요.

우 도와줘야 한다고 생각하구요. 그리 큰돈은 필요하지 않을 텐데, 그런 사람들을 끌어주고 먹고살 수 있게 해주는 그런 장치는 필요하다고 생각합니다. 그런 것도 없이 "그냥 너네 알아서 살라"고 하면 너무 잔인하잖아요. 소설도 20대가 데뷔하기는 쉽지 않아요.

지 지금 소설을 봐도 극히 일부 팔리는 것만 팔리지 대부분 2000부도 못 판다고 하니까요.

우 그것도 일단 데뷔를 하고 몇 번을 시도해야 그 안에 들어갈 수 있는 거지, 상황이 안 좋다고 해서 가만히 있으면 아무 일도 안 벌어지잖아요. 이를테면 1990년대에 공지영, 김영하 등 몇 사람이 등장했잖아요. 지금 같았으면 그 집단이 일흔 살까지 그냥 쭉 가는 거라구요. 공지영도 20대에 데뷔했는데, 오래된 일이 아니거든요. 김훈도 데뷔한 지 얼마 안 되었구요. 문제는 20대가 습작할 기회가 별로 없어요. 못 내는 게 문제가 아니고, 2~3년 동안 뭘 꾸준히 써보고 연습을 해야 하는데, 그럴 기회가 없는 것이 더 큰 문제인 것 같아요.

지 한미FTA는 우리가 유일하게 보호장치를 마련할 수 있는 거라면 노동시장 개방까지 묶어서 할 수밖에 없다고 하셨는데요. 그 이후로 노무현 정부도 그렇고, 아무런 반응이 없는데요.

우 제가 과격한 주장을 했던 건데요. 그걸 받으면, 미국형

FTA가 아니고 한국이 새로운 틀을 제시하는 거거든요. 그게 되면 다 되는 거예요. 최소조건이 아니라 최대조건 같은 역할을 하겠죠. 그런데 경제통합이라는 게 다 나쁜 것이냐 하면 다 그런 것은 아니구요. EU 통합이 그런 방식이었거든요. 나프타나 EU랑 비슷하게 통합을 했는데, EU는 문제가 많음에도 불구하고 터키나 이런 데서 들어가려고 하거든요.

차이는 그것밖에 없습니다. 그런데 전체적인 노동시장 개방은 어려울 거구요. 부분적으로 쿼터를 둬서라도 폭넓게 했으면 했는데요. 지금보다는 더 열 수 있었을 텐데, "법 바꿔야 하니까 안 된다"고 하거든요. 그런데 그런 식으로 미국이 법 바꾸는 것을 협상 의제에 못 올리면 우리도 똑같이 하든지 그래야죠. 우리는 법을 수백 개씩이나 바꾸는데, 미국은 법 바꾸는 것은 안 한다는 거잖아요. 그리고 그런 비대칭이 있으면 다른 데서 더 얻어내야 하는데, 그렇지도 못한 거구요.

지 노무현 정부가 양극화 해소 같은 얘기를 많이 했는데요. "세계적 독과점화와 프랜차이징 강화는 우리나라 말고도 전 세계적으로 벌어지는 현상이지만, 우리나라처럼 단기간에 공룡들만 살아남는 시스템으로 변한 경우는 없다. 노무현 정부의 경제정책의 비극 중의 하나가 바로 이 '공룡들의 비극'을 만들었다는 점"이라고 하셨는데요. 왜 그렇게 된 건가요?

우 속도 문제 같은 게 좀 있죠. 유통자본, 산업자본, 금융자본 이런 게 다 특징이 있거든요. 서비스 부문하고 실물경제, 유통

이런 것의 구분에 대한 개념을 잘못 잡고 있는 것 같아요. 서비스는 하다보면 커지는 거지 일부러 키우는 게 아니거든요. 지금 산업 부문을 서비스로 전환하면 된다는 건데, 그런 건 아니거든요. 그리고 또 한 가지는 우리나라 서비스 규모가 작지는 않거든요. (작정하고 대들면) 한꺼번에 고부가가치형 서비스로 확 넘어갈 수 있다는 생각에 오판이 있었던 것 같아요.

지 《한미FTA 폭주를 멈춰라》에 보면 "이헌재 전 부총리가 우리나라 경제를 말아먹은 사람"이라고까지 표현하셨는데요. 그런 점에 대해서 '우리가 잘못한 것이 하나도 없다'는 식으로 일관하는 태도가 국민들을 더 화나게 한 것 같은데요. 거기에는 도덕적 우월감도 작용한 것 같거든요. "황우석 연구실에서는 내부고발자라도 나왔지만 청와대에서는 그럴 가능성이 없다"는 말씀도 하셨는데, 설령 내부고발자가 나오더라도 "쟤 얘긴 틀렸어. 배신자야" 하는 태도로 일관하지 않았습니까? 이런 문제는 증명할 방법이 없으니까요. 정태인 전 비서관도 일종의 내부고발자라고 볼 수 있는데요. 무시해버리지 않습니까?

우 "동지의 등에 칼을 꽂느냐"고 하는데, 그런 얘기는 잘못된 것 같아요. 부모, 자식간에도 잘못된 게 있으면 잘못됐다고 지적을 해줘야죠. 정치와 민주주의 얘기 하는 데 우리편, 니네편이 어디 있습니까? 다원주의적 생각 같은 게 없는 것 같아요. 서로의 생각이란 때때로 같을 수도 있고 다를 수도 있는 건데, 우리편은 무조건 감싸줘야 한다는 그런 게 어디 있냐구요?

지　나라 전체나 민중들의 삶이 힘들어진다면…….

우　약간 판타지 같은 게 있는 것 같아요. 지금은 힘들어도 나중에는 잘될 것 같다는 집단 판타지 같은 게 있는 것 같아요. 지금의 한미FTA는 경제학 영역이 아니고 심리학 영역이거든요. (웃음) 집단무의식 같은 것 말고는 설명이 잘 안 되는 것 같아요.

지　FTA 협상을 외교부에서 주도하는 것도 세계적으로 드문 케이스라고 하셨는데요.

우　외교부에서 하기도 하고, 전담기구를 두기도 하는데요. 대개는 통상정책을 입안하는 특수집단들이 있어요. 그것을 바로 외교부 직할로 두는 경우는 별로 없거든요. 당장 USTR(미 무역대표부)하고 협상을 한 건데, 거기만 해도 협상 대표가 백악관 소속으로 되어 있고, 국회랑 굉장히 밀접하게 관련되어 있거든요. 실제 협상하는 사람 중에 국회의원 보좌관 출신들이 많아요. 통상위원회에 있던 사람들이 많으니까 조율이 된 입장들이 나오거든요.

　우리나라는 외교부 밑에 있으니까 다른 부처랑은 조율이 거의 안 되고, 외교부랑 순환보직 같은 식을 많이 하니까 잔뼈 굵은 협상전문가들이 안 나오는 거죠. 당장 미국하고 FTA 재협상 한다는 것만 보더라도 그때 FTA 협상했던 미국 사람들 다 보게 되잖아요. 근데 우리나라는 그때 협상했던 사람들이 승진해서 다른 데 가 있거든요. 그러니까 재협상한다고 하면 미국 사람들은 그 사람들이 그대로 와서 하는데, 우리는 새로 멤버를 구성해야 하니까 상대가 안 될 것 아닙니까? 재협상한다고 해도 벌써 또 우리는 새로 하는 거거든요.

지 협상단에 (협상에 이골이 난) 북한 사람들을 용병으로 기용하는 건 어떨까요? (웃음)

우 북한도 유엔 같은 데 가보면 정보력이 많이 떨어져요. 워낙 고립되어 있다보니까 정보 자체가 부족한 거죠. 국방 관련 외교는 잘하는 것 같더라구요. (웃음)

지 "만약 FTA를 하게 되면 다음 대통령이 불쌍한 대통령이 될 것"이라고 하셨는데요. 지금 후보군을 보면 한미FTA를 거의 다 찬성하는 것 같거든요.

우 권영길 후보만 반대하고, 문국현 후보는 조건부찬성이구요. 뭐, 자기가 받아들일 운명이죠. 지금 대통령과 다음 대통령과 국민의 공동책임 같은 거죠. 그런데 이게 누가 책임질 수 있는 일이냐는 겁니다. 황우석 사태는 책임 안 져도 되거든요. 벌어진 것도 아니고, 기분만 좋다 만 거잖아요. 하지만 경제 개방은 그런 게 아니라는 거죠. 이건 막대한 영향이 거의 영구적으로 미치는 거니까 할 때 잘하는 수밖에 없거든요. 재협상도 말이 재협상이지, 현실적으로 재협상하기 어려워요.

지 가장 우려하는 부분이 기업의 정부제소권 아닙니까? 메탈클래드 사건(멕시코의 한 지방정부가 환경오염을 이유로 미국 기업 메탈클래드의 유독폐기물 처리시설 건축을 불허하자 메탈클래드는 이 결정으로 손해를 입었다며 이의를 제기하여 나프타의 중재판결을 통해 배상금 1600만 달러를 받아냈다. _편집자)처럼 정말 황당한 경우도 있는데요.

우　그것도 그렇구요. 제일 큰 것은 정부의 정책 독자성 영역이 확 줄어드는 거예요. 공공부문도 말이 '공공'이지 공익성이 움직일 수 있는 공간이 확 줄어듭니다. 그러면 다음 대통령이 뭘 잘해보자고 할 때 해볼 게 없다니까요.

지　그러면서도 "우리 기업들도 미국 정부를 제소할 수 있다"는 등의 문제를 호도하는 말을 하지 않습니까? (웃음)

우　(명문상으로 보면 언제든) 할 수는 있는데, 현실적으로는 떠날 때 제소할 수밖에 없거든요. 활동할 때는 아무도 제소하지 않아요. 우리나라 기업이 미국에서 활동을 끝내고 오면 망한 거니까 하기 힘든 거잖아요. 그런데 미국은 여러 나라에 진출을 하니까 넣었다 뺐다 전략을 쓰거든요. 현대자동차가 미국에 공장을 만들었는데, 그것을 빼겠어요? 뺀다고 해도 미국 정부를 제소하기 어려울 거잖아요. 미국은 우리나라에서 빼고 나면 우리나라에 안 들어올 기업들이 많거든요. 단순하게 기계적으로 볼 것만은 아닙니다.

좋은 찬스를 놓친 뒤에는
꼭 대량 실점의 위기가 온다

지 스스로 C급 경제학자라는 표현을 자주 쓰시는데요. 왜 그러시는 겁니까? B급 좌파도 아니고. (웃음) 너무 자조적인 표현 아닌가요?

우 A급이나 B급이 아닌 건 확실합니다.

지 박사학위 받은 지 12년이 흘렀고, 그동안 학술 분야뿐 아니라 실무 경험을 많이 쌓은 것도 큰 장점이 되는 것 같은데요.

우 A급은 이론을 만드는 사람들이고, B급은 이론을 수정하는 사람들이고, C급은 이론을 적용하는 사람들이거든요. 국제 기준으로 볼 때 저 같은 사람들이 C급이죠. 제가 무슨 이론을 만들거나 수정하는 사람은 아니니까요. 《88만원 세대》도 기존의 이론들을 적용해본 거거든요, 수정한 것도 거의 없이. 저도 이론 만들고 싶지만 아직 실력이 안 되는데 어쩌겠어요. (웃음)

지 장하준 교수의 《나쁜 사마리아인》이 100만 부 팔리면 많이 바뀔 것 같다고 하셨는데요.

우 책은 좋은 책이에요. 일단 우리나라에서 쓸 수 있는 텍스트 중에서는 국제적으로 족보가 있는 유일한 책이거든요. 장하준 자체가 굉장히 좋은 경제학자예요. 그래도 국내 상황은 아주 세밀한 것까지는 잘 모를 거예요. 그래서 국내에서 논쟁을 하면 오해를 살 소지도 있는데요. 그것도 하나의 제도경제학 중에서 특수한 길이 있는 분이니까. 하여간 신고전학파라는 주류 경제학이 아닌 입장에서는 여러 가지 흐름이 있는데, 그런 것 가운데 하나구요. 거기에 정답이 있다고는 할 수 없지만, 누구나 시카고 학파처럼 세상을 보는 것이 아니라는 것만 알게 해도 좋은 출발점을 제시한 셈이죠.

지 기업의 연구소에서도 계셨고, 정부에서 협상도 해보셨는데요. 그런 것들이 경제학자로서 분석을 하는 데 어떤 면에서 도움이 되던가요?

우 현실감을 좀 주죠. '해보니까 이렇더라' 하는. (웃음) FTA에 관해서는 더 신랄하게 쓰려고 했는데, 좀 미안하더라구요. "너는 왜 이렇게 잘 알아?" 그럴까봐 많이 부드럽게 쓴 거예요. 실제로 제가 옆에서 지켜본 협상 과정은 훨씬 끔찍했거든요. 에너지나 기후변화협약 같은 건 얘길 거의 안 하죠. 그래서 농업이나 다른 데 얘기를 많이 하게 되는데, 옛날에 제가 했던 것을 얘기하면 서로 피곤하잖아요. 겹치지 않는 내용만 지금 얘기하는데, 정부 바뀌면 그것도 옛날 일이고.

지 예전에 쓰신 글을 보면, 많은 분들을 싫어하셨다고 할까요. 비판적이었던 것 같은데요. (웃음) 요즘은 좀 긍정적인 면들을 먼저 보시려고 하는 건가요?

우 아니오. (웃음)

일그러진 욕망, 시장 만능 시대의 절망

지　관심 없으니까 얘기하지 않겠다는 건가요?

우　바뀔 만한 사람한테는 욕도 하고 그러는데, 안 바뀔 사람한테 굳이 욕할 필요 없는 것 아닙니까? (웃음) 이를테면 조갑제 같은 사람을 욕하겠어요. 입만 아프죠. 그런 것은 무의미한 얘기잖아요.

지　좀 다른 얘긴데, 처음엔 신정아 씨를 동정적으로 보신 것 같던데요. 어떤 분은 "대한민국 건국 이래 가장 유명해진 잡범"이라는 표현도 하시더라구요. (웃음)

우　지금도 그래요. 본인도 희생자였다는 생각이 들구요. 자기 마음도 괴로웠을 거 아녜요? 그거는 진짜 악인은 따로 있다는 생각이 든 거죠. 그런데 미술계에서 그런 일보다 더 큰 일이 몇 번은 더 생길 거라고 봅니다. 다른 데도 마찬가진데, 준비가 되어 있지 않은 상태에서 돈이 들어오면 부패하거든요.

지　노무현 정권의 경제성적표에 대해서는 어떻게 생각하십니까? 수출도 잘된다고 하고, 여러 가지 수치를 들어서 경제가 잘되고 있다고 생각하는 면도 있는 것 같은데요.

우　그건 통계의 환각 같은 거구요. 장기적인 경쟁력이나 구조 같은 걸 보면 심각하죠. 그런 게 다음 정권 때 터질 거라고 생각하는데, 김대중 정부 때도 그랬잖아요. 카드 돌려막기 했던 것이 그때는 멀쩡해 보였는데, 뒤에 터진 거잖아요.

지금 정부 때 억지로 막아놨던 부분이 그때 터지겠죠. 그 중에서 사회 양극화라고 얘기하면 그것의 부작용은 굉장히 오래 갈 거거든요. 이를테면 교육을 보면 학교 서열화 같은 걸 얘기 해볼 수 있었던 것 아닙니까? 그런데 아무것도 안 한 거잖아요. 그런 면에서 "간만에 좋은 기회였는데, 놓쳤다"고 한 최장집 교수의 얘기에 동의합니다.

지 앞으로 그 기회를 놓친 후유증이 앞으로 클 텐데요.

우 야구가 그렇잖아요. 찬스를 놓친 뒤에는 꼭 대량 실점의 위기가 오죠.

지 '좌파신자유주의'라는 표현을 들을 때는 어떠셨어요?

우 돌았다고 생각했죠. (웃음) 그리고 저(노무현 정권) 주위에 멀쩡한 참모가 한 사람도 남아 있질 않구나 하는 생각이 들었 습니다. 그런 말도 안 되는 얘기를 태연히 하는 걸 보면, 그 안 에 스크린을 하거나 생각하는 집단이 없다는 거잖아요. 그러니 까 끝이라고 생각했죠.

지 장하준 교수와 정성진 교수의 《프레시안》(주최) 토론은 보 셨나요?

우 두 분 다 같은 얘기를 하는데요. 공유할 수 있는 출발점이 없어서 그렇지, 같은 사회에 관한 얘기를 하는 거잖아요. 하여 간 사람들이 좀 살기 편한 사회를 만들어보자는 거잖아요. 사 회주의나 자본주의도 사람이 붙여놓은 이름이지, 사회주의라

일그러진 욕망, 시장 만능 시대의 절망

고 해서 기업이나 시장이 없어지는 것도 아니잖아요.

지   전술에서는 달라질 수 있을지 몰라도 큰 전략에서는 두 분과 다르지 않은 것 같은데요.

우   사람들이 생각하는 좋은 사회라는 건 다 비슷하거든요.

지   그런 책을 열심히 읽기만 하지, 사람들이 대안으로 고민 하지는 않은 것 같은데요.

우   장하준 교수의 경우 아직 어떻게 거기까지 갈 수 있는지 에 대한 방법론이 없어요. 그것은 제도학파나 구조주의학파가 다 같이 가지고 있는 문젠데요. 어떤 상태가 좋다는 말은 하는 데, 어떻게 이행될 것인가에 대한 답은 없어요.

지   문제를 던져 놓으면 그것을 가지고 고민하는 과정이 필요 할 텐데, 우리 사회가 그게 별로 없다고 생각되거든요.

우   인스턴트에 익숙해져 있어서 딱 맞는 답이 있기를 바라는 데, 학문에 그런 답은 없거든요. (장하준 교수처럼) 좋은 상태와 나쁜 상태를 학문적으로 얘기한다는 것만 해도 엄청난 겁니다.

지   예전에 김규항 씨가 "사람들이 내 얘기를 들으면 변해야 하는데, 알리바이 성립으로 그치는 것 같다"는 얘기를 했는데 요. 그것과 비슷한 얘기 아닌가요?

우   그것은 이론이 잘못된 거예요. 이론이 더 현실적이고 구

체적으로 가야죠. 뭘 알려줬을 때 가만히 못 있겠다는 데까지
는 가야죠. 뭘 보고서 안 좋다고 생각하는데 움직일 사람은 세
상에 없잖아요. 종교가 그런 거잖아요. 죽는다는 게 아니라 너
의 영혼이 끝까지 지옥에 있을 거라고 하잖아요. 그러면 겁나
잖아요. (웃음) 그렇게까지 큰 문제가 아니면 이렇게 하나 저렇
게 하나 마찬가지거든요.

지　다른 특별한 계획은 없으신가요?

우　글쎄요. 하여간 지금 시작한 몇 가지를 마무리하는 것만
으로도 벅차요. 사회적으로는 더 많이 떠들고 그렇게 하는 것
이 좋을 거라고 생각하고, 그런 일을 하려고 합니다. 딱 맞는 답
을 찾는 사회는 없거든요. 단번에 그런 답이 나오는 것도 아니
구요. 하여간 우리나라는 너무 대화를 안 해요. 텔레비전 보면
토크쇼도 다 없어졌잖아요. 이젠 몸으로 하는 몸개그 시대잖아
요. 말이 필요 없어진, 서로 할 말들이 없어진 시대 아닌가요?
저는 많이 떠들고 많이 대화하고 하는 게 어려울 때 시스템이
안 무너지게 하는 장치라고 생각하거든요. 20대한테도 힘들면
힘들다고 말하라는 거죠. 그래야 누가 알지, 민주화된 사회에
서는 누가 위에서 지켜보고 있다가 "니네 힘들지?" 하고 알아
서 챙겨주는 게 없다니까요. 힘들면 힘들다고 얘기를 하라는
겁니다. 속담에도 "우는 애기 젖 준다"고 하잖아요.

지　'88만원 세대'에게 특별히 당부하고 싶은 말씀은?

우 즐거울 수 있는 것을 많이 찾았으면 좋겠다고 생각합니다. 고통스럽다고 생각하고, 머리를 쥐어짜고 있으면 아무것도 안 나오거든요. 재밌는 것을 찾아야 하는데, 문화 같은 것을 많이 고민하는 게 좋을 것 같습니다. 가령 음악처럼 별 준비 없이도 즐길 수 있는 것들이 있잖아요. 그런 게 소통의 장치이기도 하거니와, 문화는 경제의 바탕이 되는 것이거든요.

책에다 넣을까 말까 하다가 뺐던 것 가운데 하나가 사회부적응자에 관한 얘깁니다. 통계치도 구하고 그랬어요. 사회부적응자가 얼마나 힘든가, 이런 것을 다 뺐어요. 너무 슬퍼하거나 너무 좌절하거나 시험공부를 너무 열심히 하다보면 사회부적응자가 되는 경우가 많거든요. 그러면 불행한 거죠. 개인도 불행하고, 그만큼 공부하고 했던 사람들이 그렇게 된다는 건 사회로서도 불행한 거거든요.

지 그 기간이 오래되면 일본처럼 아예 취직을 포기하고 부모에게 기생하는 사람들이 나오게 될 거구요. 노숙을 6개월 정도 하면 노동기가 빠져서 다시 사회로 복귀하기 힘들다는 의견들도 있더라구요. 이런 상황이 오래 계속되면 20대도 집단적으로 그렇게 될 수 있지 않을까요?

우 꼭 돈을 벌지 않더라도 모여서 재밌는 것을 하다보면 그 안에서 창조적인 것이 나오거든요. 좌절하고 절망하는 것은 정말 좋지 않아요. 억지로 즐거워지려고 해도 안 되구요. 사람은 기계가 아니니까 재미가 있어야겠죠.

지　옛날에 베트남전 당시 반전운동을 하면서 히피 문화, 가령 '플라워 무브먼트Flower Movement'(1960년대 히피 커뮤니티를 통해 미국 전역으로 확산된 반전평화운동. 스코트 매킨지가 부른 〈샌프란시스코〉가 크게 히트하면서 "머리에 꽃을 꽂으세요"라는 노랫말에 따라 사람들이 머리에 꽃을 꽂고 집회에 참가한 데서 유래. _편집자)가 꽃 피었는데요. 그런 것도 하나의 대안이 될 수 있을까요?

우　그런 것일 수도 있고, 조그만 자치가 될 수도 있구요. 유럽에서는 지자체 같은 데서 그런 공간도 많이 열어주고 그랬거든요. 우리나라는 그런 게 없으니까 갈 데도 없고, 할 것도 없구요. 하여간 골방 같은 데 혼자 있는 것은 안 좋은 것 같아요. 광장까지는 아니더라도 한데 어울리는 그런 마당으로 나가야 해요, 소풍도 가구요.

지　사교육이 아이들을 인질로 잡고 있는 문제는 어떻게 풀어야 할까요?

우　사교육은 없애야 하는데요. 거기에 밥줄을 달고 있는 사람들이 너무 많으니까, 어렵죠.

지　어떤 일이든지 거기에 종사하는 사람들이 많이 생기면 없애기 힘든 것 같은데요.

우　선진국은 학생 대비 교사 수가 늘어나거든요. 그러니까 그것을 공교육 영역에서 흡수하여 공교육화하는 게 길이라고 생각해요. 돈 나오는 주머니가 빤하잖아요. 그래도 한 달에 몇

일그러진 욕망, 시장 만능 시대의 절망

억씩 벌어가겠다고 생각하는 사람들은 어쩔 수 없겠지만요. (웃음) 궁극적으로 사교육을 없애는 방향으로 가야죠. 다만 순차적으로 연착륙시킬 수 있는 어떤 종합계획 같은 게 나와야겠죠.

지 사회구성원들의 암묵적인 합의도 이뤄져야 할 것 같은데요. 한때 열풍이었던 '10억 만들기' 같은 것이 시들해진 것도 그런 정도의 돈 갖고는 어중간하거든요. 여전히 미래가 불안하구요. 희망은 있다고 생각하십니까?

우 광고에서 시키는 대로 해서 인류가 행복해진 적이 한 번도 없었어요. 1970년대 미국 경영계에서 유행했던 말이 "광고에 안 속는 당신"이었어요. 켄트 광고가 그랬거든요. "니네는 광고에 안 속으니까 켄트 정도는 피워줘야 하지 않겠느냐"는 거예요. (웃음) 그 광고는 굉장히 지적인 광고라고 보는 거죠. 광고도 너무 가다보면 똑똑해지자는 광고가 나와서 싸우는 거거든요. 우리나라는 똑똑해지자는 광고가 안 나오는 거죠. 하여간 마케팅 하는 사람들이 개인들 잘되라고 해주는 거 아니거든요. 결국 지갑 열라는 거잖아요. 많은 사람들이 광고에 잘 안 속으면 광고도 지능적으로 진화하는 한편으로 공공성 같은 게 생기거든요. 지금은 사람들이 광고에 잘 속으니까 다음 단계로 진화할 필요가 없죠. 아파트 광고 같은 건 유럽에서 했다가는 큰일 난다니까요. 지금 광고 모델에 대해서는 비판하지 않잖아요. 거짓말을 해도 아무 탈 없구요. "이 약을 먹고 나았다"고 광고했으면 그걸 다 책임져야 하는데, 아직 그 단계까지는 못간

거죠. (광고 모델이 나와서) 자기가 진짜 그 약을 쓴 것처럼 하
는데, 그 모델이 그 약을 진짜로 쓰냐는 거예요.

지 유럽에서는 그런 표현도 문제가 될 것 같은데요. "대한민
국 1퍼센트를 위한 차" 같은 거요.

우 해도 되는데, 역풍을 심하게 맞아요. 그리고 그렇게 얘기
하면 정작 그 1퍼센트는 안 사요. 노블리스 오블리제 전통이 있
는 사회에서는 자기가 그 1퍼센트라고 보이면 집 밖에 못 나간
다니까요. 아무리 고급차라도 사람들이 동전으로 긁고 지나가
니까 아무리 1퍼센트라도 그렇게 안 보이려고 하는 사회죠.

지 여담인데요. 공처가신 것 같습니다. 모임에 나가지 말라
는 말도 잘 듣고, 인생에서 유일한 상향지원으로 사모님을 만
난 것을 꼽기도 하셨는데요.

우 쫓겨나면 큰일 나요. 결혼할 때 3000만 원 있었는데, 돈이
없어서 그걸 다 썼거든요. 그걸 다 갚아줘야 쫓겨날 자격도 생
기기 때문에 마음대로 쫓겨나지도 못하는 거예요. (웃음)

지 "정부나 기업체에 있을 때는 고액연봉을 받았지만, 맘대
로 생각할 수 있는 자유나 생각하는 것을 마음대로 표현할 수
있는 자유가 없었다"고 하시면서 "비록 가난해지더라도 그런
자유를 포기할 수 없다"고 하셨는데요.

우 정부에 있을 때도 생각은 자유로웠는데요. 자기 이름을

쓸 수가 없었어요. 잊힌 존재처럼 숨어 있어야 하는 거죠. 얘기를 하고 싶으면 시민단체나 다른 사람을 통해서 해야 하구요.

지　지금은 사회에 대한 발언 욕구나 책임감 이런 것 때문인가요.

우　자기가 자기 이름을 갖고 있는 게 좋죠.

지　가끔 스트레스는 안 받으시나요?

우　돈 없으면 아내가 심하게 받죠. 아무래도 아내 입장에서 보면 연봉도 많고 지위도 높은 사람하고 결혼했다고 생각했는데, 결혼하자마자 돈 없다고 하니까 황당했겠죠. 안 그랬으면 지금 사모님 소리 듣고 있을 텐데요. (웃음)

지　일종의 사기 아닌가요? (웃음) 기대치가 있으셨을 텐데.

우　그러니까 잘 해야죠. 그리고 나이도 어려요. 아무튼 쫓겨나면 큰일 납니다.

지　20대에게 더 해주실 말씀은 없으십니까?

우　세상에 공짜란 없는 법이에요. 자유, 행복 같은 것도 다 대가를 지불해야 하거든요. 불균형이 있을 때 손해 보는 사람들을 보살피기 위해서는 그만한 대가를 치를 수밖에 없다구요. 누가 안 해주거든요. 그런 면에서 10대나 20대에게는 가혹하죠. 알려준 적도 없고, 자기 혼자서 현실에 부딪히면 괴로울 거라구요. 그렇지만 그때부터라도 뭘 하거나 이럴 수밖에 없잖아요. 공짜로 올라갈 수 있는 여지가 별로 없거든요. 아마 그게 세상의 법칙일 거예요. 그래서 저는 세상에 공짜는 없다는 생각으로 살아요. MP3나 이런 거 절대 안 듣거든요. 공짜인 것 같지만, 뭔가 대가를 치르게 될 것 같다는 생각을 하는 거죠.

지   MP3 문제는 어떻게 해결해야 한다고 보십니까?

우   구현되기는 어려운데요. 음악 듣는 사람한테 100만 원 정도의 좋은 앰프와 스피커가 있으면 MP3 들으라고 해도 안 들어요. 후진 소리로 들을 때는 차이가 없는데, 좋은 소리로 들으면 CD랑 MP3는 차이가 많이 나요. MP3는 결국 귀를 망가뜨리거든요. 좋은 거로 들으면 소리가 뜨기 때문에 들리거든요. 조금 좋은 컴포넌트 정도로만 들어도 MP3는 못 들어요. 헤드폰도 좋은 거 쓰면 되거든요. 결국 공짜로 들은 거 같은데 마흔 살 되어서가는 귀 먹으면 결국 공짜가 아니죠. 음악은 한 일흔 살까지 들을 수 있는데, 10~15년 듣고 30년간을 못 들으면 손해잖아요.

지   오디오 마니아였다고 하던데요. 집 한 채 값 이상을 오디오 장비로 날렸다고 들었습니다. 스피커 케이블 하나에 몇 십만 원이 되는 게 있다면서요.

우   혼자 오래 살았으니까요. 몇 십만 원이 뭐예요? 조금 비싸게 사면 1미터에 100만 원인데요.

지 와~ 정말 비싸네요. 하긴 스피커는 몇 억짜리가 있다고 하니까…….

우 그렇게까지는 안 가구요. 비싸다고 하면 1000만 원, 보통 쓰는 건 40~50만 원, 100만 원 내에서 맞출 수 있어요. 설령 몇 천만 원짜리라도 그것보다 많이 좋아지지는 않아요. 하이엔드 마켓의 특징이 조금 더 좋아질 때 가격은 두 배씩 튀잖아요. 100만 원짜리보다 1억 원짜리가 100배 더 좋냐 하면 그게 아니고, 2~3배 정도 좋아지는 거죠. 그런데 끝에 가면 조그만 차이가 크게 느껴지는 거죠. 제가 생각하는 모델은 부모들이 10대 중학생쯤 되었을 때 괜찮은 오디오를 사주고, 한 달에 CD 두 장 정도 사주는 그런 사회를 생각해요.

지 애들이 문화를 즐길 수 있게 되면 다양한 형태의 삶을 생각해볼 수 있을 테니까요.

우 자기 것이 있으면 자기 CD를 사고 싶을 거잖아요. 엄마, 아빠가 한 장씩 사주고, 자기도 한두 장 사면 서너 장은 사게 되잖아요. 그러면 1년에 30장쯤 살 수 있거든요. 그렇게 중·고등학교 6년을 보내면 180~200장은 될 텐데, 그때 추억을 갖고 사는 거거든요. 그렇게 자기 컬렉션이 있는 사람이 생각할 수 있는 풍부함과 만날 MP3만 듣고 사는 사람의 풍부함은 차이가 큰 거죠. 그게 애들 과외 시키는 돈에 견주면 그리 큰돈도 아니죠.

지 "나중에 사람들이 일주일에 하루나 이틀 일하고, 다양한 형태의 즐거운 삶을 누렸으면 좋겠다"고 하셨는데요. 그렇게 되면 CD 한 장으로 1주일을 행복하게 지낼 수도 있는 거구요.

우 그러다보면 글도 쓰게 되는 거고, 시도 쓰고 싶고, 자기도 음악을 만들어서 연주하고 싶을 거 아닙니까? 그 속에서 부가가치도 나올 수 있거든요. 스위스나 프랑스가 다 그렇게 돌아가는 사회 아닙니까? 일본도 그게 힘이구요.

지 스티브 잡스만 해도 스물여섯 살 때까지 인도에 가서 요가를 하곤 했다는데요. 지금 우리나라 같으면 "저런 덜떨어진 놈 봤나" 했을 거 같거든요. (웃음)

우 문화는 많이 사용하되 자원은 덜 사용하고, 한가로운 시간은 많은데 욕심은 좀 절제되어 있는 정도의 사회는 자본주의에서도 오래 갈 수 있을 거라고 생각하거든요. 꼭 사회주의혁명이 되어야만 오는 게 아니고, 한국 자본주의에서도 그 정도는 해볼 수 있을 것 같아요.

예술가들이 먼저 말을 만들어내고, 소설에서 무슨 인간형 하다보면 학자들은 몇 년

뒤에야 움직이잖아요. 정책은 그것보다 더 뒤고, 늘 엇박이 나는데, 우리나라는

정책이 시대 변화와 무관하게 움직이는 거구요. 예술가들은 예술 하면서 괴로운지

안 괴로운지 얘기 안 하거든요. 그림도 굉장히 민감한 분야인데, 포트폴리오나 이런

게 나오면서 그림에 돈이 들어오잖아요. 화가들은 입이 찢어졌잖아요. 너무

행복하잖아요. 사람들은 죽겠다고 하는데, 그런 게 전혀 반영이 안 되고 있구요. 민중

속에 가장 가까이 있던 게 시였거든요. 그런데 시는 죽어버렸잖아요.

CHAPTer 02

질서정연해진 **예술**,
혼란스러워진 **경제**

맨입으로 달라는 것만 많은 재벌기업들

기업들 자신은 아무것도 안 하면서 도와달라고만 한다

지 자존심도 세고 타협을 잘 못하는 성격인 것 같은데요.

우 배가 엄청 고파야 고분고분해지는 편이죠. (웃음) "싫으면 관두세요" 하고 던져버리고……. 책도 100만 부씩 팔린다고 생각하면 고분고분해질 텐데, 어차피 빤하다고 생각하니까 타협을 잘 안 하는 편이죠. (웃음)

지 《샌드위치 위기론은 허구다》에서 "몇 년 전까지만 해도 한국, 프랑스, 스위스, 미국, 이렇게 네 개의 나라를 주요 축으로 생각했다. 최근 한국, 일본, 중국, 이걸 하나의 중심축으로 생각하는 연습을 해보는 중"이라고 하셨는데요. 이 세 나라에

새삼 관심을 갖게 된 이유는 무엇인가요?

우　좋든 싫든 간에 그 세 나라가 가장 가까이 있는 나라잖아요. 이전에 스위스나 이런 데를 생각했던 것은 한국이 어디로 가야 할지를 생각해보려고 했던 거구요. 거기에 약간 인류학적인 생각들이 있거든요. 시간이 이렇게 있는데, 미래를 볼 때 공간을 바꾸면 시간이 바뀌잖아요. 어떤 공간은 과거이기도 하고 미래이기도 한데, 그런 게 제 고민이었거든요. 한·중·일 세 나라는 어떻게 자기를 생각하든지 간에 한 덩어리로 묶여가는 면이 있어요. 이 안에서 생기는 역동성이 한국의 운신을 결정하는 굉장히 큰 요소일 텐데요. 너무 생각을 안 해본 것 같아요. 그래서 세 나라의 차이점, 공통점, 지정학적인 질문들을 해보려고 한 거죠. 세 나라가 지금 고통스러운 것 같아서 행복한 조합은 아닌데요. 어떻게 해요. 옆에 붙어 있는데, 싫다고 이사 갈 수도 없는 거구요.

지　참여정부에서도 동북아균형자론을 내세웠지만, 세 나라가 참 조화하기 힘든 역사적인 과거가 있지 않습니까?

우　보니까 세 나라의 공통점이 에너지나 자원을 외부에 의존하는 방식으로 경제가 가거든요. 세 나라 모두 외부 에너지와 자원을 필요로 하고 수출시장을 필요로 하는 경제구조를 가졌습니다. 그러니까 세 나라 모두 '외부'를 절실하게 필요로 하는 구조거든요. 그런데 이게 덩치가 장난이 아니잖아요. 중간에 작은 나라들이 끼어서 큰 것을 만드는 것도 아니구요. 결국 세

나라 모두 에너지와 자원이 외부에서 계속 들어와야 하고, 생산물이 있으면 외부에 팔아야 할 거 아닙니까? 그러니까 세 나라가 다 경제가 커질 거거든요. 그러니까 역내에서 충돌하는 것이 아니고, 다른 시장에서 에너지를 구하다가 충돌을 하거나, 자원을 확보하느라고 충돌하거나, 시장을 구하는 과정에서 충돌하는 일들이 점점 빈번해질 겁니다.

따라서 그 안에서 상호의존관계나 협력관계를 만들지 못하면 패권주의적인 힘의 충돌이 일어날 가능성이 크죠. 그러니까 이 세 나라가 어떻게 갈 건지가 지금까지의 역사에 비하면 굉장히 중요해질 거라구요. 지금까지는 냉전 틀에 있었던 것 아닙니까? 세 나라가 어떻게 하든지 상관없이 냉전의 틀 내에서 갔던 거구요. 그 다음에는 신자유주의라는 흐름이 있었지 않습니까? 중국이 WTO에 들어오고, 한국도 들어가고, 일본도 그 안에서 어떻게 할 것인가 하는 그런 고민을 하던 시기였는데, 지금은 너무 커졌으니까 세 나라의 운명을 결정하는 게 역내관계가 될 것 같다는 생각이 든 거죠.

지 참여정부도 처음에는 동북아에서의 역할을 해보겠다고 했다가 한미FTA 추진하면서 포기했다고 할 수 있을까요?

우 역할을 포기한 게 아니라 오히려 훨씬 더 팽창주의적으로 간 것 같은데요. 조절자 같은 것도 역할인데, 지금은 그냥 먹어버리겠다는 거 아닙니까? 사실은 한미FTA라는 장치를 통해 미국을 등에 업고 패주覇主 노릇을 해보겠다고 생각하는 건데요.

혼자 해보겠다고 하면 말이 안 되니까 한미FTA라는 틀을 통해서 해보자는 생각 아닙니까? 지지하는 사람들도 '가기는 어렵겠지만, 그런 정도는 한번 해보자'는 생각은 갖고 있는 것 같구요. 미국과의 협력관계라고 하는 게 종속적인 관계가 아니고, 그 후광을 업고 동북아 패권을 쥐어보겠다는 생각이 있는 것 같더라구요. 신화시대 같은 거죠. 턱도 없는 소리인데, 한미 FTA에 대한 은근한 지지가 많았던 이유 중의 하나가 패권주의적인 것을 만족시켜주는 면이 있지 않았나 생각합니다.

지　EU도 미국의 패권에 대항하기 위해서 공동체를 만든 걸텐데요. 아시아는 그걸 만들기 굉장히 어렵지 않습니까? 장하준 교수 얘기처럼 국민소득 1000달러부터 4만 달러짜리 나라가 공존하는 지역이니까요.

우　갈 길이 멀죠. 결국은 소블록 형태로 가려는 힘이 많을 텐데요. 동남아시아는 이미 아세안ASEAN이라는 틀이 있거든요. 동북아는 지금 의외로 늦은 거라구요. 동북아 내에서 역내관계 같은 것이 생기긴 할 겁니다. 그러면 한·중·일에다가 러시아 이쪽 블록들이 있잖아요. 그러다보니까 북한이 어떤 역할을 할 것이냐, 북한의 미래가 무엇이냐 하는 것이 중심 이슈로 나올 때가 된 거죠.

지　정권이 보수진영으로 넘어갈 가능성이 높은데요. 그러면 남북간 경제협력은 어떻게 될까요?

우　아마 더 커질 거라고 생각하는데요. 통일이 운동이었던 시기가 있었잖아요. 지금은 자연스럽게 한국 자본주의가 넘어가지 않으려면 막대한 뭔가가 필요한데요. 시장이든지, 자원과 노동 공급 루트가 필요한 건데, 이미 한국 자본이 그걸 원하고 있잖아요. 북한이라는 특수지역(다른 나라 같았으면 식민지라고 표현될 텐데, 내부 식민지라고 하든, 부속이라고 하든), 그런 걸 원하는 상태가 되어 있는 거죠. 그 전까지 북한은 한국 자본에게 위협의 요소였는데요. 지금은 자기들한테 뭘 공급할 수 있는 이윤의 원천 같은 게 됐으니까 북한 진출이 굉장히 적극적으로 일어날 거라고 생각합니다. 누가 (대통령이) 되든 간에 방식과 정도의 차이만 있지 그 흐름을 어쩌진 못하죠. 이미 그런 돌파구 없이는 어떻게 못하는 상태까지 왔다는 건 다 아는 사실 아닙니까?

　지성知性이라고 치면 중국도 지성의 역사가 있지 않습니까? 중국도 어떻게 해야 한다는 모델을 제시하지 못해봤고, 일본도 못하고, 우리도 못했구요. 비슷했던 게 옛날에 독일, 프랑스, 이탈리아 세 나라가 비슷하게 한판 붙었죠. 어떻게 해야 하는지 잘 모르고, 잘난 척하다가 전쟁을 크게 두 탕이나 치렀잖아요. 결국 세 나라 사람들이 제일 많이 죽었고, 미국 좋은 일만 시켜줬죠. 영국은 괜히 남의 전쟁에 끼어들었는데, 사실 그 세 나라 관계와 비슷한 거거든요. 1세기 전에 그런 일이 있었는데, 한·중·일 세 나라도 전쟁을 할 확률이 높아 보이잖아요. 이렇게 싸우면 다른 나라들이야 좋겠죠. 제일 많이 죽어나는 것은 세 나

라 사람들이잖아요. 한국은 중간에 끼어 있기 때문에 전쟁터가
될 가능성이 크죠.

지 세 나라가 친해지지 못하는 데는 미국의 방해도 있는 것
같은데요.

우 미국이든 러시아든 셋이 어떻게 지내야 할지에 대해 내부
에서 고민해본 적이 별로 없잖아요. 중국이나 일본이 힘쓰는
건 바라지 않고, 그렇다고 한국이 힘쓸 위치도 아니구요. 그러
다보면 옛날의 슬픈 역사들이 재현되는 거죠. 역사라는 게 그
런 거잖아요. 그런 얘기들을 처음에 쓰기 시작할 때는 개괄적
으로만 결론을 내리려고 했는데요. 중국의 최근 변화까지를 포
함해서 조금 더 담을 생각을 하고 있습니다. 일본에 대해서는
약간의 이해가 있는데, 중국은 잘 모르거든요. 조금 더 그리로
들어갈 생각이 있습니다.

지 최근 중국 관련 독서가 많은 것으로 알고 있는데요.
우 모르니까요. (웃음)

지 보고나서 중국에 대한 이해가 좀 달라졌습니까?
우 세 나라 모두 양극화가 진행되고 있는 중인 것 같아요. 일
본의 지성계나 일본을 움직이는 사람들이 '그렇게 가면 안 된
다'고 생각하는 것 같구요. 중국도 그렇게 가지 않으려는 내부
논의가 있는 것 같아요. 그러면 이 세 나라 중에서 지배자들이

질서정연해진 예술, 혼란스러워진 경제

제일 무식한 놈들이 한국인 거예요. 한국에서는 "중국은 더한 것 아니냐?" 그러는데요. 보니까 한국이 더한 것 같더라구요. 중국도 잘사는 데하고 못사는 데가 너무 갈라지면 자기들의 덩치를 유지할 수 없다는 생각을 하는 것 같더라구요.

지 지금 보면 중국에 대한 공포감이 서양에 많은 것 같은데요. 《메이드 인 차이나 없이 살아가기》 같은 책이나 방송도 유행했지 않습니까?

우 약간 과장이 있는 것 같아요. 중국이 없어지면 그게 사라지는 게 아니고, 메이드 인 인도나 마다가스카르, 이렇게 바뀔 거 같아요. 황화에 관한 공포심은 역사가 오래된 거죠. 그거는 주기적으로 나오는 거니까요. 그게 그렇게 사실인 것도 아니구요.

지 《샌드위치 위기론은 허구다》에서 "일본의 기술력과 중국의 값싼 노동력 틈바구니에 한국이 끼어 있으니 기업을 지원해야 한다"는 우리나라 기업들의 주장을 일축하셨는데요. 우리나라 기업들이 자꾸 그런 동어반복의 주장을 하는 이유는 뭔가요? 정치적인 구호라고도 하셨는데요.

우 위기인 것은 맞는데요. 선진국에서도 국민이나 국민경제가 WTO 이후에도 계속해서 기업들을 지지하는 방식으로 왔거든요. 다국적기업이 되더라도 그것을 유치한 국가는 물론이고 모국에서도 그 기업을 지지했거든요. 여러 가지 편의를 봐줬는데, 그 편의를 보는 과정 속에서 다른 나라 기업들은 자기들도 좀 바뀌고 사회와의 관계 같은 것도 다시 맺었습니다. "왜 우리가 이 기업을 지원해야 하느냐?"는 논의를 했는데, 우리나라는 그게 없었어요. 그런 게 없는데도 지지를 해달라고 하니까, 하는 짓을 보면 해주고 싶지 않은 부분도 있구요.

막상 도와주려고 해도 기업들 스스로가 뭘 도와줘야 할지 얘기를 해준 게 없잖아요. 두고 보면 된다는 건데, 그런 상태에서 또 도와달라고 말하기 뭐하니까 그냥 위기라고 얘기하는 것 같아요. 위기인 것은 맞는데, 저런 형태로 위기를 말하는 것은 옳지 않죠. 도우려고 해도 기업에서 하는 얘기는 "어떤 식으로든 돈 대주고 규제를 풀어달라"고만 하는 건데, 그것은 정상적인 방식이 아니죠. 왜 도와줘야 하는지, 어디로 갈 건지를 얘기해야 하는데, 운영은 자기들이 알아서 할 테니 신경 쓰지 말고 그저 제도만 바꿔주고 도와달라는 건데, 그건 턱도 없는 얘기죠.

지　우리나라 기업들이 외국자본으로부터 보호해달라고 하면서 규제도 완화해달라고 하는 게 약간 모순된 것 같은데요.

우　개방을 하면서 로드맵 같은 것을 만들었거나 아니면 일정 같은 것을 짜면서 사회 다른 구성원들하고 대화를 하면서 했어야 하는데, 그렇게 안 하고 일방적으로 열어버린 거 아닙니까. 그래서 기업과 국민 모두 어려운 상황이 벌어진 거구요. 그 중에서 조율이 잘 안 된 데서는 역차별 문제가 생긴 것은 있거든요. 지금 서로 불편하게 된 거죠. 원래 개방은 지네들이 해달라고 한 거잖아요.

지　어떤 기업들이 자기 내부 조직의 문제를 자꾸 다른 쪽으로 돌린다고 하신 건데요. 이것만큼 위험한 논리가 "우리는 기술이 없고, 사람밖에 없다"는 건데요. 우리나라 기업들이 사람도 별로 안 키우는 조직 아닙니까?

우　벌써 몇 십 년인데, 왜 기술이 없다는 겁니까? R&D(연구개발)에서 한국 정부가 최근 10년 동안 다른 나라에 비해서 돈을 덜 대줬냐 하면 그건 아니거든요. 대기업 위주로 보면 엄청 대줬죠. 제가 그 책에서 하고 싶었던 얘기가 기업에서 일하는 사람들이 어떻게 보면 노동자이기도 하고, 기업의 구성원이기도 하고, 국민이기도 하거든요. 그 상태에서 어떤 정상화 과정이 진행되어야 기업도 발전할 수 있고, 사람들도 편한데, 기업에서 사실 짜르는 거 외에 한 게 없잖아요. 그 상태에서 기술이 나온다는 것은 불가능한 거죠.

　그러니까 어떻게 보면 기업에서 사람들을 좀 아끼고, 숙련도를 높이도록 해주면 사회구성원으로서 그 사람의 생활도 안정적일 거고, 그렇게 하면서 기업도 체질이 강화되지 않겠어요. 그런 게 포스트 포디즘Post Fordism(다품종 소량생산 방식, 곧 특정 시장을 겨냥하여 양보다는 질에 초점을 둔 맞춤식 생산 방식. 포드자동차 공장에서 유래한 대량생산 방식을 일컫는 '포디즘'과 대조되는 개념_편집자)에서 다른 나라들이 채택한 모델인데요. 지네들이 "(직원들을) 맘대로 짜를 수 있게 해달라"고 요구해놓고서는 기술이 없다고 하면 안 되죠. 정부가 대준 R&D 지원기금 같은 게 다 국민이 낸 세금이잖아요. 그러면 뭘 더 달라는 겁니까? 기술 가지라고 했지 개발하지 말라고 한 적도 없고, 개발하는 것에 대해서 사람들이 지지해줬잖아요. 그런데 기술이 없다고 하면 이쯤에서 뭘 해야 하는지 그걸 얘기해줘야죠. 자기들은 막 짜르면서 기술이 없다고만 하면 어쩌자는 거예요. 돕는다고 생각해도 도울 방법과 이유를 얘기해줘야 하는 것 아닙니까?

그런 것도 없이 급하니까 무조건 달라고 하는 건데, 사실 달라는 것도 별로 없어요. 샌드위치 위기론을 말했으면 뭘 어떻게 도와줘야 할지 얘기해야 하는데, 사실 자기들도 막막한 거거든요. 수도권 규제 풀어달라고 하는데, 그것 때문에 우리나라 기술이 없는 거냐 하면 그런 건 아니잖아요. 또 출자총액제한 풀어달라는데, 그건 삼성 외에는 거의 해당사항이 없는데, 나머지 기업들은 왜 입 다물고 있냐구요.

"절이 싫으면 중이 떠나라"는 조직은 미래가 없다

지 사람을 아끼지 않는 풍토가 우리 기업에 있는 것 같은데요. 제일 쉬운 방법으로 기업이 어려울 때 사람을 짜르고, 비정규직으로 내몰고 그러지 않습니까?

우 그렇게 해서는 해결이 안 되죠. 아니 자기들 말대로 가진 건 사람밖에 없다고 하면서 그래요? 사람을 잘 조직해서 그 안에 있는 뭔가 창의력을 끄집어내든지, 협조를 끄집어내든지 해야 할 거 아닙니까? 그 안은 다 비워놓고서 요소가 어디서 나온다는 겁니까?

지 그런 문화를 바꾸려면 어떻게 해야 할까요?

우 조직 모델 같은 것을 찾았어야 하는데, 제가 생각하는 한국 기업은 출발이 군대조직에서 시작한 거거든요. 군대도 군인들을 총알받이로 많이 쓰죠. 그래도 쓸 때 그렇게 쓸지언정 밥은 먹이려고 하거든요.

지 입발림이라도 "니네들 한 명이라도 구하기 위해서 최선을 다 한다"고 하지 않습니까?

우 그렇게 군대 조직이 돌아가는 건데, 그것도 깨진 거 아닙니까? 그 안에 있는 사람들은 다 알잖아요. 자기는 군인보다 못한 존재라고 생각하는데, 그 상태에서 자기가 가질 수 있는 최대한을 줄이려고 하는 사람들이 있겠습니까? 기업이 기업으로서의 구성원을 사용하는 전략이 있다면, 개인도 개인이 죽지 않고 살아남거나 소득을 보존하려는 대응전략이 있을 거 아닙니까?

지금 서로 못 믿는 상황이 된 거죠. 대표적으로 영업사원 예를 들어보면요. 그런 식이 되면, 클라이언트가 있을 경우 회사 차원의 클라이언트로 조직하지 않고 자기 개인 차원의 클라이언트로 조직하게 되죠. 믿을 수가 있어야 연락처나 노하우도 자기 동료들하고 공유하고 그럴 건데, 자기가 언제 짤릴지 모르는 상황이면 감추고 자기만 가지고 있으려고 할 거 아닙니까? 그리고 자기가 거기서 짤리고 다른 데 가면 그 클라이언트 데려가려고 할 거 아닙니까? 최대한 그것을 회사의 고객으로 바꾸려면 이 사람을 설득하고 이해시켜야 하는 것 아닙니까?

그런데 자기가 언제 짤리거나 비정규직으로 내몰릴지 모른다고 하면 자기 생존전략이 있어야 한다는 측면에서 이 사람도 합리적인 거죠. 서로 못 믿는 상황에서 점점 더 표준화에 가깝게 가는데, 표준화가 극대화되어 있는 속에서 새로운 뭔가는 나올 수가 없는 거죠. 일하는 척만 하고 아무도 진짜로 일하지 않는 황당한 상황이 벌어지는 게 한국의 대기업의 현실이 아닌가 생각합니다.

지 그러니까 회사에서도 개인이 업무로 인해 얻은 지식이나 정보를 다른 데 못가지고 나가게 하기 위해서 서약서를 쓰게 하거나 그러지 않습니까?

우　그런 게 조정장치 같은 건데요. 그런 것을 너무 강화하다 보면 개인이 자기 특화되는 지식을 안 만들 거 아닙니까? 만들 어봐야 회사만 좋은 거고, 별로 인정도 안 해주고, 그러다보니 까 조직에는 뭐가 많은 것 같은데 실제로는 껍데기만 남고, 안 에 아무것도 없는 상태가 되는 거죠.

지　"위기는 오히려 기업 내부에 있다"는 건데요. 조직이라는 차원에서 우리 기업 내부의 가장 큰 문제는 뭐라고 보십니까?

우　보통 동기라고 표현하는데요. 금전적인 동기와는 조금 다 르거든요. 군대라고 치면 군인들이 최선을 다해서 전투를 해야 전쟁에서 이길 것 아닙니까? 기업도 만일 그런 거라고 생각하 면 최선을 다할 이유가 별로 없는 거죠. 개인으로서는 가능하 면 월급은 많이 받고 일은 덜 하려는 전략을 쓸 거 아닙니까? 일 을 덜 하려고 하는 사람들을 더하게 하려면 뭔가 복잡한 장치 가 필요한데, 그걸 안 만드는 거 아닙니까? 짤리기 싫으면 일하 라고 하는데, 개인은 짤리는 것을 전제로 투잡two job을 갖는다 든가 짤릴 것을 대비해서 MBA 과정을 몰래 준비한다거나 하는 식으로 적응하거든요.

　기업만 합리적인 게 아니고 개인도 합리적이에요. 합리적인 개인이 최선을 다해서 뭔가 기여하게 만들려면 장치가 많이 필 요한 거잖아요.

지　구체적으로 어떤 장치들이 있을까요?

우 연공서열제일 때는 승진에 관한 장치를 쓰기도 했어요. 승진할 때 공평하게 하겠다고 하거나, 승진을 꼭 안 하더라도 이를테면 학비보조 같은 것을 해주는 거죠. 그런 건 기업이 쥐도 그만 안 쥐도 그만인데, 그런 장치가 전혀 없으면 승진해서 월급이 높아진 사람 말고는 그 회사에 정을 줄 필요가 없잖아요. 그런데 그렇게 간접적인 방식으로라도 이름만 걸고 있어도 최저 이 정도의 생활을 할 수 있게 하겠다는 보장이 되어 있으면 시스템이 안 죽게 하기 위해서 최선을 다할 것 아닙니까? 1980~90년대까지는 학비보조가 있었는데, 전 세계 어느 기업에서도 그런 제도는 없거든요. 학비보조도 주고, 출퇴근 버스도 운영하는 게 조직의 끈만 있어도 최저생활은 보장하게 하려고 한 거 아닙니까? 그것은 1980~90년대 우리나라에서 기업 내부에서 동기부여를 위해서 만든 장치들이죠. 그게 없어지면서 그것을 대체할 수 있는 또 다른 뭔가를 만들어야 하는데, 만들지 못한 겁니다.

지 일종의 사회보장을 기업에서 해준 셈일 텐데요.

우 그것도 있구요. 이 회사가 망하지 않아야 하는 이유를 개인들에게 나눠준 거죠. 이 회사가 망하면 우리는 다 죽는다고 생각하게 만드는 건데요. 지금은 어차피 이게 잘 되어 있어도 자기가 언제 짤릴지 모르니까 자기 생존전략들을 갖게 되는 거죠.

지 "지금 한국에서 20대가 갈 곳이라고는 조직폭력배나 피라

질서정연해진 예술, 혼란스러워진 경제

미드형 기업밖에 없다”고 하셨는데요. 기업들이 군대나 가정 모델에서 차용하던 조직 모델을 지금은 조폭이나 이런 데서 차용하고 있다는 말씀이신데요.

우　차용하는 게 아니라 다른 모델이 없으면 조직은 계속 움직이는 방식이 필요하니까 좋든 싫든 가져오게 되는 거거든요. 사회에 만연한 게 조폭이라고 하면 조폭 모델을 쓰는 건데요. 조직폭력배 방식에 이를테면 도덕이라든가 하는 것은 없는 거 아닙니까? 시키는 대로만 하면 되거든요. 기업도 그렇잖아요. 도덕과는 상관없이 시키는 대로 하라고 하잖아요. 군대가 과연 그러냐면, 군대 안에서도 군인들이 도덕적인 것을 지키잖아요. 최소한의 기준이 있는데, 조폭 모델이 되고 나면 그런 게 없거든요. 경쟁이라고 얘기하면 경쟁도 군인들이 갖고 있는 경쟁이라는 건 어느 정도는 객관화되어 있는 건데, 조폭은 객관화되어 있는 게 아무것도 없잖아요.

그러다보면 불투명한 일들이 생기고, 승진할 것이라고 생각되는 몇 사람만 열심히 일하고, 승진과 상관없는 그런 사람들은 빠져나가서 개인 전략을 추구하게 되는 거죠.

사실 삼성이 그렇게 하는 거 보면 조폭 모델 아닙니까? 보스한테만 충성하면 되는 거잖아요. 충성도가 효율성보다 중요한 거 아닙니까? 지금 우리나라 대기업이 거기 있는 구성원한테 효율성보다 충성도를 더 요구하잖아요. 그 사람이 일을 잘하느냐 못하느냐보다는 “우리가 범죄를 저지를 때 다들 입 다물어. 그렇잖으면 죽어!” 이런 게 더 우선이니까요.

지　"절이 싫으면 중이 떠나라"는 굉장히 잘못된 말이 많은 곳에서 당연한 듯이 통용되지 않습니까? 절을 리모델링할 수도 있는 건데요. 그래서 조직의 건전성이라든가 이런 게 확보되지 않는 것 아닌가요?

우　대기업들이 오너를 정점에 두고서 조직의 응집력을 만들어냈거든요. 그게 너무 강해지다보니까 부작용이 생긴 거라고 볼 수 있죠. 기업이라는 게 사회적 속성이 전혀 없이 순전히 오너의 것이냐 하면 그렇지 않거든요. 다 떠나고 나면 사실 혁신은 누가 하냐 이거죠. 집사들만 남는 조직이 되는 겁니다. 우파들이 많이 하는 얘기가 6.25 때 탱크 위에 수류탄 들고 올라가서 자기들이 나라 지켰다는 거 아닙니까?

　기업을 생각해보자는 거죠. 누군가는 보상받지 못하고 희생해야 하는 상황이 온다구요. 그걸 누가 하느냐? 집사들만 남은 조직에서는 누가 총알받이로 가겠어요? 갈 이유가 없잖아요. 아무도 그런 위험한 일을 안 하거든요. 화학 공정이 있다고 하면, 유독한 공정이 있잖아요. 거기에 20대 비정규직과 외국인 노동자들을 집어넣잖아요. 그게 범죄집단이지 노동집단이라고 할 수 있습니까? 위험한 일은 아무리 없애도 존재하는데, 누가 그것을 할 것인지에 대해 합리적인 선택기준을 만들어야 사람들이 납득할 것 아닙니까? 어떤 조직이든 누군가는 희생해야 하거든요. 누군가는 불편한 일을 감수해야 하는데, 그걸 처리해줄 모델이 없는 것 아닙니까?

지 책에서도 "절을 고치고자 했던 중들에게 나가라고 하는 조직은 더 이상의 미래가 없다. 조직론에서 아직도 가장 어려운 질문은 누가 정말로 필요한 사람이고, 누가 필요하지 않은 사람인가라는 질문이다. 이 문제만 해결되어도 경제 위기의 90퍼센트 이상은 해결될 것"이라고 하셨는데, 그걸 찾는 게 어렵지 않습니까? 대개 능력 있는 사람은 독하지 못하고, 능력 없는 사람은 악착같을 수밖에 없는데요.

우 재벌 체계라는 게 오너와 집사와 노동자 그렇게 셋이 존재하는 것 아닙니까? 그 노동자들이 최대한 창의적이고 어떻게든 거기서 열심히 하겠다는 것을 만들어내야지 재벌 체계가 돌아가는 건데, 지금은 집사만 남기려고 하는 것 아닙니까? 오너와 집사만 있으면 나머지는 다 비정규직으로 바꾸고, 다 표준화하잖아요. 그러면 될 것 같지만, 기업은 실제론 수많은 사람들의 정성으로 만들어져서 움직이거든요. 그렇게 하면 혁신 속도 같은 게 떨어지겠죠. 도요타와 비교하면 도요타는 그 안에 있는 노동자들은 물론이고 협력업체까지도 조직의 연장으로 생각해서 희생시키지 않겠다는 것을 만들어냈잖아요.

그러니까 거기는 협력사까지 최선을 다하는데, 한국은 하청기업과의 관계를 해결하는 생산적인 모델을 못 찾아낸 거거든요. (소모품처럼) 그저 쥐어짠 거 아닙니까? 그때는 우선 가격이 싸니까 좋은 것 같지만, 길게 보면 거기서도 신기술이 나와야 하는데, 그렇게 쥐어짜여서 직원들 월급 주기도 바쁜데 무슨 신기술 개발할 여력이 있겠어요. 여기서 문제가 생긴 거구요. 그 다음에 기업 내부 직원들 중에서도 뭐가 막 나와야 하는데, 비정규직에서 그런 게 나오겠어요? 거기서 나올 수 있는 것은 주어진 돈이나 시간보다 많이 일한다는 식의 양적 투입만 높아질 수 있지, 질적 혁신 같은 건 나오기 어렵거든요. 당연한 것이, 손에 익기도 전에 다른 일로 넘어가야 하는데, 그래서 해본 적이 없는데 어떻게 잘하겠어요, 사람이 귀신도 아니고. 그래서 짧게 보면 싸게 일을 시켜서 좋은 것 같은데, 길게 보면 더 큰 대가를 치르게 되는 거죠.

지　암묵지暗默知라든지 숙련도에서 문제가 생길 수 있는데요. 진보 성향의 조직조차 어려워지면 사람을 자르는 방식으로 해결하는 경향이 많은데요.

우　어떻게 보면 조직론은 좌파, 우파의 문제라기보다는 한국 사회가 가지고 있는 여러 모델 형태들이 있잖아요. 그게 대부분은 군대식이었거든요. 거기서 생겨난 문제를 21세기가 되었으면 적절한 다른 모델로 전환했어야 하는데, 그걸 못 만들어 낸 셈이죠. IMF 이후에 모든 조직을 기업식으로 하자고 했거든요. 이를테면 기업 마인드를 접목하자고 했는데, 그 기업이 뭔지에 대해서는 개념 정리도 안 하고 껍데기만 가져온 거거든요. 거기서 필요한 마인드를 경쟁이라고 생각한 건데, 사실 기업의 비밀은 경쟁에 있지 않다는 거죠.

사실 1980년대 운동권 조직하고 재벌 조직이 작동하는 원칙이 달랐냐 하면 비슷했다는 겁니다. 여기도 군대식이고 저기도 군대식이고, 죄다 이름만 붙이면 산업역군 같은 거였잖아요. 운동했던 사람들도 이런 저런 군대 모델을 갖고 온 거라구요. 군대 모델이 깨졌을 때 어떤 새로운 모델을 가져올 것이냐에 대해서는 정답을 못 찾은 거죠.

지　다른 부분에서도 그런 면이 많겠지만 "도대체 기업이라는 게 뭐냐?"에 대한 합의나 토론 같은 게 부족하지 않았나 싶은데요.

우　원래 기업을 이윤극대화로 본 거거든요. 경제학에서는 1990년대 이후로 그렇게 보지 않습니다. 내부가 움직이는 것은 잘은 모르겠지만, 기업목표만큼은 영속성이라고 보기 시작한 거예요. 한탕해서 돈을 벌고 없어지는 게 아니고, 얘는 계속 있고 싶어 하는 것이란 말이죠. 이윤극대화도 그렇게 하면 수익이 높아지니까 오래 버틸 수 있는 수단 중 하나라고 생각하는 겁니다. 어떤 때는 기업이 선한 모습을 가지고 있는 것이 유리할 수도 있죠. 이미지 광고를 왜 하겠습니까? 기업이 선한 존재라는 것을 알리고 자기도 그렇게 진화할 때 안 망하고 오래간다고 보는 거죠. 굉장히 여러 가지 속성이 있지만, 하여간 계속 가려고 하는 거잖아요. 그런 영속성이라는 측면에서 볼 때 조직 내부에서 경쟁의 제한 같은 것에는 너무 생각이 못 미쳤던 거죠. 바로 옆자리에 있는데 칸막이 쳐놓고 자기들끼리 경쟁한다고 하면 극단적으로 말해 전화도 안 바꿔줄 거 아닙니까? 그러면 그 조직이 돌아가겠어요?

지　위기를 극복하기 위한 다섯 가지 방법 중에서 "캐비어(경제행위를 하는 개인들이 기대하는 경제수준 _편집자) 자본주의의 문제를 해결해야 한다. 귀공자 자본주의의 문제를 해결해야 한다"고 하셨는데요. "자본주의가 성공한 가장 큰 역사적 배경은 평민들의 근면과 창의력 그리고 그들이 살아남기 위해서 갖추었던 숙련도에 있다는 것을 잊어서는 안 된다. 지금 한국의 귀공자들은 단단히 왕자 행세를 하고 있는데, 이들은 10만 명을 먹여 살릴 수 있는 천재가 아니고, 오히려 10만 명이 이런 귀공자 한 명을 먹여 살리기 위해서 희생되어야 하는 것이 역사적 진실"이라고 하셨는데요. 이들이 게으른 우파인 것 같습니다.

우　굉장히 게으르죠.

지　그 게으른 우파를 떠받들어서 먹여 살려야 하는데요. 좌파 역시 살롱 좌파들이 많은 것 같습니다. 그 사람들한테 굉장히 많은 발언권들이 있는 것 같은데요. 평민들의 근면과 창의력의 동력은 어디서 다시 찾아야 할까요?

우　한국도 21세기 들어서 일종의 엘리트 모델로 확 바뀐 것 같아요. 그러니까 한국전력이나 한국은행도 마찬가지구요. 그런 대표적인 공기업들을 보면 이 회사가 괜찮은 회사들인데, 그게 대졸자들의 힘으로만 된 게 아니고 상고, 공고 출신들이 만든 부분이 크거든요. 그런 사람들의 피땀 위에 서 있는 조직입니다. 실제로 구성원 비율을 봐도 공고나 상고 출신들이 만든 조직이거든요. 현대도 마찬가지구요. 그런데 어느 순간부터 대졸자들의 조직이 되어버렸고, 대졸도 특정 학교 몇 개의 조직이 되어버린 거죠. 그 안에서 획일성의 문제가 생긴 거구요. 오히려 경쟁이 제한되었는데, 이상한 방식으로 제한된 거죠. 그러다보니까 자기들끼리 했던 제한적 경쟁이 기형적으로 된 겁니다. 그 안에서 자연스럽게 비공식 조직인 특정 학교, 학과, 지역 출신 집단의 권한이 너무 커지다보니까 경쟁도 자기들 계파끼리 경쟁하는 구도가 된 거죠.

사실 한국사회가 다원성을 가지고 있는 사회인데, 그런 것들을 잘 반영하지 못하고, 그렇다고 해외시장을 잘 이해하느냐 하면 그런 것도 아니구요. 그러니까 투입하는 요소에 비해서 성과가 잘 안 나오는 거죠. 그러다보니 어디선가 자꾸 펑크가 나는데, 그 규모는 유지해줘야 하니까 국가가 더 지원해줘야 하고, 이를테면 합리화라고 얘기하지만 수도권에 안 들어가서도 장사를 잘했는데, 지금은 수도권에 안 들어가면 망하게 되는 식으로 계속 떨어지고 있는 것 아닙니까?

이 사회가 그런 기업들의 뒤를 받쳐주고 있는 셈인데, 언제까지 그렇게 뒷받침해줘야 하느냐구요. 어쩔 수 없이 뒷받침해줘야 한다고 쳐도 "제발 니들도 (최소한 뒷받침을 받은 만큼이라도) 착한 짓 좀 하라"는 겁니다. 국민들 입장에서 보면 그렇잖아요. "니들이 뭔데 우리가 세금 내서 지원해주고, 그 물건까지 팔아줘야 하느냐?"에 대해 납득할 만한 설명을 달라는 거죠. 그게 설명이 되면 국민기업 모델이 될 수 있는 거잖아요. "지금 기업들은 넙죽넙죽 받아만 먹고, 주는 것은 쥐뿔도 없는 것 같다. 그래도 기업 자체가 없으면 안 되니까 먹여 살리기는 해야 겠는데, 왜 먹여 살려야 하는지 얘기 좀 해보라"는 겁니다. 삼성이 망하면 큰일 난다고 야단법석을 떨잖아요. 그건 알겠는데 "사실 니들이 우리한테 뭘 해줬는지" 알고 싶다는 겁니다. 좋은 휴대폰 만들어줬다고 하는데, 그거야 얼마든지 다른 회사 휴대폰 쓰면 그만인 거고, 소비자가 팔아주니까 니들이 만들 수 있지 않았냐는 거죠.

서로 도움이 될 수 있는 형태의 대화를 좀 하면 좋겠는데, 샌드위치 위기론 같은 걸 그럴듯하게 포장해서 협박하면서 "우리 일은 우리가 알아서 할 테고, 하여간 지금 위기니까 도와달라"고 하는 것밖에는 없잖아요. 그건 도와달라는 사람의 예의가 아니죠. 뭐가 어렵다고 얘기를 해야 하는데, 그저 막연히 중국하고 일본이 잘하니까 우리 기업이 힘들다는 거잖아요. 뭐가 어떻게 힘든 건데? 어쨌든 "그럼 니들도 한번 잘해보라"고 하면, 그건 못하겠다는 거잖아요. 쉬운 말로 손 안 대고 코 풀겠다는 심보잖아요. 지네들 할 일은 안 하면서 자꾸 달라고만 하면 안 되는 거잖아요.

'빨간 펜' 쥔 자들의 아집과 아둔이 조직을 망친다

지 주로 여성 가운데서 존경하는 사람을 꼽으시던데요. "마초 자본주의를 넘어서 여성들과 일하는 법을 배워야 한다"고 하셨는데, 어느 조사에 따르면 한국에서 여성의 지위는 세계 최하위권에 가깝던데요. 원인이 뭘까요? 우리나라는 1948년에 여성에게 참정권을 준 진보적인 헌법을 가진 나라 아닙니까?

우 복합적인 요소였던 것 같은데요. 유신시대의 근대화 과정에서 여성 노동자를 굉장히 밑에 넣으면서 출발했잖아요. 조선시대 것이 그대로 온 거냐 하면 그게 아니고 오히려 더 강화됐죠. 구로공단 하면 여공들로 상징되었을 정도로 자본주의를 디자인할 때 맨 밑에 넣은 흔적들이 계속 남아 있는 것 같아요. 스위스도 여성 참정권을 1970년대 이후에 줬거든요. 그건 여성들이 싸워서 얻은 면도 있어요.

우리나라는 제헌의회 만들 때 헌법을 너무 진보적으로 잘 만들었어요. 그래서 한꺼번에 '주어진' 권리가 너무 많았던 거죠. 다른 나라에서는 치열하게 싸워서 얻어냈던 과정이 생략되다 보니까 성 형평성을 원칙적으로는(책상머리에서는) 인정하는 분위기가 잡혔는데도 불구하고 실제로는(현장에서는) 갈등이나 부작용이 좀 있는 것 같습니다. 기업 내부 문화에서 여성이 상사가 되거나 발언권을 갖는 것들에 대해서 완강한 거부심리가 있는 것 같아요. 여성이 가진 특수성이나 출산과 관련된 여러 가지 면이 있는데, 이런 것들을 존중하면서 조직을 디자인했어야

하는데, 남성과 똑같은 방식으로 일할 수 있는 그런 기계처럼
생각한 것 같아요. 그러다보니까 결혼하면 짜르고, 남성하고
똑같이 작동할 수 있는 여성들만 슈퍼우먼이라고 해서 살짝 인
정해줬구요.

　여성 노동력을 성장 동력으로 써야 한다는 말을 했는데, 과연
그게 뭔가에 대해서는 굉장히 다양한 논의가 필요하거든요. 하
지만 여전히 그런 게 없는 것 같아요. 실제로 기업의 의사결정
과정에서 4,50대 남성들의 힘이 너무 강하거든요. 여성만 소외
되는 것이 아니고, 경제적 약자들은 다 소외되는 것인데요. 장
애인도 소외되고, 20대도 경제적 약자 아닙니까? 그러니까 4,50
대 남성들에게 문화적으로나 정서적으로나 경제적으로 굉장히
편하게 구성된 것이 한국의 조직문화인데요. 지금은 거기서 생
겨나는 장점에 비해서 단점이 너무 많은 게 아니냐는 거죠. 그
런 정서적인 획일성 같은 게 큰 것 같아요.

지　독재자들이 조직을 통치하는 방식이 전라도 같은 한 지역
을 소외시킴으로서 나머지 지역을 뭉치게 한다든지, 중간 관리
자를 둬서 조직을 관리하게 한다든지, 계급을 둬서 통치하는
방식이 여성들에게 적용된 것 같은데요. 남성 노동자들한테도
가혹했지만, 1970년대 동일방직 같은 경우 똥물을 퍼서 먹일
정도로 여성 노동자들을 무슨 노예처럼 취급했는데요. 그런 걸
당연하다고 생각하는 그런 게 지금까지도 은연중에 남아 있는
것 같은데요.

우 남성들하고 똑같아진 여성들만 살아남을 수 있는 그런 형태가 된 거죠. 이를테면 여성들이 대리에서 과장 승진하면서 (제가 본 바로는) 어쩔 수 없으니까 골프도 배우고, 폭탄주도 마시고 그러거든요. 하고 싶어서 하는 게 아니고, 그렇게 안 하면 승진할 수 없으니까요. 그게 정상은 아니죠. 진짜 골프가 좋아서 친다고 하면 기호니까 얼마든지 그럴 수 있고 문제될 것도 없는데, '이거 안 하면 안 된다'고 이를 악물고 치더라구요. 술도 여성들이 남성들에 비해 마시기 힘든 조건이잖아요. 그래도 이를 악물고 폭탄주도 마시고 그러더라구요. 이건 깡패집단도 아니고 뭐냐는 거죠. 이런 것은 정상적인 조직이 아니죠.

지 "여성들이 일하기 어려운 조직은 남성들 중 '다른 방식으로 똑똑한' 사람들도 일하기 어려운 조직이다. 결국 다양성과 창조성에서 극히 제한을 받는 경직된 조직이 될 수밖에 없고, 이런 조직은 살아남을 수 없다"고 하셨는데, 공감합니다. 어떤 조직이든 여성의 비율이 적어도 30~40퍼센트쯤 유지되지 않으면 망가지는 조짐을 보이는 같더군요. 여성 특유의 부드러움, 온화함과 합리성이 견뎌낼 수 없다는 징표니까요. 여성들이 조직에서 발언권을 키우려면 어떻게 해야 할까요. 정치권처럼 할당제를 할 수도 없는 노릇인데요.

우 제가 생각했던 건, 기업이 자기가 힘들다는 것을 이해하고 현실을 알면 어디선가 도움을 받을 수 있는 요소들을 계속 집어넣을 것 아닙니까? 그런데 그런 것을 자력으로 하려 하기

보다는 국민과 정부를 협박해서 손쉽게 손실을 벌충하려는 거 아니냐는 거죠. 진짜로 어렵고 도와줄 데가 정 없으면 살기 위해서 온갖 요소를 다 써볼 것 아닙니까? 미국에서는 유색인종들이 기업조직 내에서 소외당하지 않도록 인센티브를 주거든요. 그런 기업들이 착해서 그런 것이 아니고, 그 사람들한테 장사를 해야 할 거 아닙니까? 이 기업에 흑인이 없다고 하면, 흑인들한테도 물건 팔기가 어렵겠죠. 이를테면 "흑인들은 이런 것을 좋아해" 라는 것을 누군가는 알려줘야 하거든요.

다시 앞의 얘기로 돌아가서 말하면, 4,50대 남성들끼리 모여서 뭘 고민해봐야 잘 안 되거든요.

지　4,50대 남성들의 감각이 제일 떨어지잖아요.

우　그런데 그 사람들의 발언권이 제일 세거든요. 그 사람들은 '빨간 펜'들이잖아요. 스스로 뭘 쓰지는 않고 토씨만 고쳐주는 빨간 펜이 쎈 건데, 진짜로 원안을 만드는 사람들은 따로 있잖아요. 그 사람들이 더 창의력을 발휘할 수 있게 해줘야 다양하고 참신한 요소가 나올 수 있는데요. 그 사람들이, 빨간 펜을 쥐고 딴죽을 거는 부장이나 이사를 보면 갑갑할 거 아닙니까?

지　"감원을 포함한 조직의 구조조정은 원래 조직을 더 좋게 만들기 위해서 하는 일이다. 그러나 많은 경우 이런 일들이 시작되면, 진짜로 조직에서 필요로 했던 사람들은 평가나 감원이 시작되기 전에 미리 다른 조직으로 빠져나가게 된다. 당연한 일이겠지만 정말로 일을 잘하는 사람은 굳이 자신이 평가를 받아야 할 필요도 못 느낄 뿐더러, 그 이후에 조직의 상황이 더 나빠질 것이라는 것을 알기 때문에, 현실적으로는 그야말로 '괜찮은' 사람들이 먼저 빠져나가게 된다. 그렇다면 외부의 컨설턴트들은 정말 조직에서 내보내고 싶었던 사람들을 잘 찾아내고, 더 좋은 조직으로 만들어줄 수 있을까? 그런 사례를 거의 보지 못했다"고 하셨는데요. 그렇다면 감원이 필요할 경우 어떤 방식으로 해야 할까요?

우　구조조정하기 1년 전부터 사람들은 조금씩 알 수 있잖아요. 구조조정할 거라는 걸. 그러면 잘난 사람들은 어디든 갈 데가 많잖아요. 그런 사람들이 먼저 빠져나가고 나서, 마지막 그날까지 기다리는 사람들은 정말로 살아남을 수 있다고 믿거나 갈 데가 없는 두 종류의 사람인 거죠. 그러니까 구조조정 얘기가 나오기 훨씬 전부터 조직은 흔들립니다. 구조조정 얘기가 나올 때쯤부터 잘난 사람들은 벌써 떠나기 시작하고 결국엔 진짜 집사들하고 주로 갈 데 없는 사람들만 남게 되는 거니까 어떻게 하든 구조조정을 하고나면 그전보다는 상태가 나빠질 수밖에 없거든요. 구조조정도 누구나 납득할 수 있는 합리적인 원칙이 있고, 그게 잘 지켜진다고 생각하면 어떻게든 버텨보려고 생각하는 사람들이 많을 텐데요. 그런 게 없이 연줄이나 정실情實에 따라 '누구든 끈 없거나 밉보였거나 재수 없는 놈만 짤릴 것'이라고 생각하면 자기가 다른 데 가서도 살 수 있는 사람이라면 그 얘기가 나오기 전에 나가는 거죠.

지　자기 손에 피 묻히기 싫어서이거나 그게 더 효율적이라고 생각해서 구조조정을 외부 컨설턴트에게 맡기는 것일 텐데요. 외부 컨설턴트는 그 조직이 지닌 미묘한 공기를 모르기 때문에 그것이 합리적으로 보일지는 몰라도 무작위로 무 자르듯 자르는 경우가 많을 텐데요.

우　꼭 남겨야 하는 부서가 어디냐 그러면, 겉으로는 드러나지 않는데 중간고리와 같은 부서들이 있고, 사람들도 그런 사람들이 있잖아요. 그 다음에 합의하는 장치들이 있는데요. 그런 것은 코드화가 잘 안 되잖아요, 문서로 되어 있는 것도 아니고. 그러다보니까 구조조정하고 나면 하나의 균형을 완전히 깨게 되는 경우가 생기는데요. 그 다음 균형이 오기를 바라는데, 오기 위한 요소가 없을 수도 있거든요.

　다들 가족 같고 친구 같고 분위기 좋았다가 그거 한번 하고나면 썰렁해져서 다시는 원상태로 돌아가지 못하는 그런 조직이 많습니다. 그러면 망하는 거죠. 그걸 하려면 사실 그 안에서 잘하는 사람이 해야 하는데, 그 결정을 하기가 쉽지 않죠. 그러려면 누구나 유능하고 공정하다고 인정받는 조직이 있어야 하거든요. 구조조정본부(일명 구조본) 같은 형태는 전권을 가진 거잖아요. 사실 회장 비서실을 이름만 바꾼 건데, 거기 사람들은 별로 유능하지도 못할 뿐더러 회장의 명령이라면 죽는 시늉까지 하는 집사들이잖아요. 힘은 막강한데, 그들의 결정이 합리적이거나 최선이라고 생각지는 않는 거죠. 그러면 거기 사람들하고 친한 부류만 살아남을 거고, 그렇지 못한 부류는 짤릴 거라고 생각하게 되겠죠. 그러니 그쪽하고 안 친한 똑똑한 사람들은 다 나가는 거죠.

지 "간단하게 게임의 전략으로 생각하면, 최근의 기업들은 '최고로 믿을 수 있는 기업'이 되지는 못하더라도 '결코 믿을 수 없는 기업'이라는 낙인만은 피하고자 하는 전략을 쓰고 있는 셈이다. 마이크로소프트의 빌 게이츠 회장이 어느 날 갑자기 착해져서 '부자들의 책임과 역할'을 강조했겠는가? 그만큼 기업과 기업의 모체와의 신뢰관계가 중요한 요소가 되었기 때문"이라고 하셨는데요. 기부에는 그런 의미도 있을 텐데, 우리나라 대기업들은 그런 것도 잘 안 하지 않습니까?

우 고용을 너무 강조하는 것이거든요. 기업이 고용을 해주니까 먹여 살리는 것 아니냐는 논리밖에 없는 거죠. 사실은 그거 말고도 기업과 사회가 맺어야 할 다양한 관계가 있는데 말예요. 기업이 궁극적으로 추구해야 할 더 높은 가치 관계가 있는데, 우리는 그것을 비경제적이라거나 환상일 뿐이라고 눙치는 장치를 많이 쓴 것 같아요. 수출을 많이 하면 국민경제에 기여하는 거다, 고용까지 있으면 국민들을 먹여 살리는 거다, 이 두 가지인데요. 사실 이것밖엔 없거든요.

그런데 그것 두 개만 하면 다른 온갖 나쁜 짓은 무조건 덮어 줘야 할 만큼 선하냐는 거죠. 삼성, 현대 같은 데가 대체로 그렇죠. 어떻게 보면 몽상 위에 서 있는 조직인데, 특히 삼성은 노조 없이 진화한 경우구요. 현대자동차는 노조를 두고 진화한 경우잖아요. 그 두 개만 놓고 비교하면 현대는 그나마 사회와 대화하는 법을 좀 아는 것 같더라구요. 노조는 굉장히 사회적인 거 잖아요. 이 사람들하고 계속 싸우기만 한다면 결국 시스템 전체가 무너지거든요. 현재로서는 최적의 모습은 아닌데, 그 가운데 안 좋은 모습을 해결하면 현대가 굉장히 어려울 때 큰 도움이 되겠죠. 노조는 회사랑 같은 배를 타고 있는 사람들이거든요. 좋을 때는 월급 올려달라 뭐 해달라 해서 피곤한데, 위기에 빠졌을 때는 범퍼 같은 안전장치가 되어주거든요. 삼성은 노조 없이 왔잖아요. 그러니까 사회하고 굉장히 괴리되어 있는 거예요. 그래서 이게 좋을 때는 (회사로서는) 상관없겠지만, 당장 어렵게 되면 어떻게 할 거냐는 거죠.

지 현대자동차 노조는 지금 국민들이 부정적으로 보고 있지 않습니까?

우 어려운 시기를 겪는 거죠. 노조도 똑같은 겁니다. 이렇게 큰 기업들은 사회적 공론장에 있는 것 아닙니까? 공공선의 이미지를 계속 만들어야 하는데, 현대자동차 노조가 그걸 못 하고 있는 거죠. 그야말로 그 자체가 민주주의 같은 거거든요. 사람들은 "우리를 설득해라" 하면서 착한 놈이 이기기를 바라는 것 아닙니까? 그런데 노조가 별로 착해 보이지 않으니까 "니들 좀 너무하다"는 압력을 서로 받는 거죠. 삼성은 누가 압력을 받느냐 이거죠. 회장 말고는 없는 것 아닙니까? 회장 대신에 그 안에 이사회가 강력해서 이사회가 책임져라, 아니면 노조가 있어서 노조가 책임져라, 그런 게 하나도 없잖아요. 잘하든 잘못하든 다 회장 몫이라는 것은 사실 자기들도 피곤한 거거든요.

지 삼성은 브랜드 파워도 세계적이고 수출도 많이 하고 그러니까 자랑스럽게 생각하는 것 같은데요. "덩치 큰 재벌들이 경부선 축을 따라서 대형 할인매장을 앞 다투어 만드는 한국의 현실은 선진국 기업으로는 상상하기 어려운 일이다. 3~5년간의 격차를 두고 결국 주요 도시의 지역경제와 대충돌을 피하기 어려워 보인다"고 하셨는데, 이마트 같은 데가 외국자본도 물리치고 승승장구하고 있는데요. 그런 자부심에다가 싼 값은 거부하기 힘든 유혹 아닌가요?

우 그것들이 서울 근처에 있을 때는 괜찮죠. 서울이라는 데는 지방경제와는 작동방식이 다르잖아요. 우리나라 국민의 절반은 지방에 살고 있거든요. 지방에서 자기들 중심으로 움직이는 지역경제가 무너지면 적이 되는 거예요. 이를테면 이랜드 사태 있잖아요. 이랜드는 단박에 국민의 적이 된 거 아닙니까? 그런 일이 삼성이라고 벌어지지 말라는 법이 없거든요. 삼성전자하고 이마트하고는 상관이 없잖아요. 그런데 이마트를 되게 싫어하게 되면 나중에 둘이 상관없더라도 "니들이 다 그놈이 그놈 아냐" 하는 상황이 몇 년 후에 올 거라는 거죠.

까르푸나 이런 데하고는 달라요. 거기는 처음부터 유통만 갖고 있는 데잖아요. 그러니까 문제가 되면 문제 삼지 않는 다른 나라 찾아가고 하는 식으로 움직이면 되는데, 삼성 같은 기업

은 우리나라에서 나갈 수도 없는 거잖아요. 그런 의미에서 소
탐대실의 어리석음에 빠져들고 있는 셈이죠. 그러니까 유통 같
은 곁가지에서 그렇게 너무 심하게 해먹으려다가 본가지에서
쌓아온 좋은 이미지를 까먹을 필요가 없는 거잖아요. 대형 할
인마트 하면서 지역경제랑 꼴사납게 안 싸우려면 굉장히 많은
장치가 필요한 거거든요. 이를테면 장학금도 내놓고, 소형 자
영업자들한테 어떤 프로모션을 해주거나 대신 팔아주거나 인
센티브를 주는 그런 굉장히 세밀한 장치를 만들지 않으면 적이
되게 마련이거든요. 거기서 장사하다가 나간 사람들이 평생 웬
수가 될 거 아닙니까?

반면에 서울은 중앙경제니까 일부 그런 것이 있더라도 센터
들이 모여 있으니까 좋은 이미지를 가질 수 있거든요. 그러나
지방은 다르죠. 그러면 국민의 절반이 지역에서부터 "저놈이
내 인생의 적"이라고 생각할 텐데, 그렇게 되면 지금과는 분위
기가 많이 다를 거 아닙니까? 그게 장사하는 사람들 말로 앞에
서 벌고 뒤에서 밑지는 거죠. 좋은 기업이라는 이미지를 만들
기가 얼마나 어려운데 그렇게 적을 만들 필요는 없지 않느냐는
겁니다. 삼성전자 같은 제조업에서 적을 만드는 것은 그나마
중소기업 같은 작은 블록 안에서 이루어지는 거거든요. 그러나
유통에서는 불특정 다수를 적으로 돌리는 겁니다.

지　우리나라 기업들이 입만 열면 "우리에겐 사람밖에 없다"
고 하면서도 실제로 어려워지면 사람을 자르는 것으로 생존하

려 한 면이 있다고 아까 얘기했는데요. 기업이 노동자를 대하는 방식을 바꾸려면 어떻게 해야 할까요?

우　어떻게 보면 노조와 기업이 대화하는 방식도 우리가 미성숙한 것 같거든요. 양쪽 다 문제가 있는 것 같습니다. 정부의 역할도 잘못된 것 같구요. 정부가 중재자 역할을 하거나 양쪽 다 객관적으로 보다가 심판 역할을 할 수 있어야 하잖아요. 한국 정부가 심판이냐고 하면 노동자들은 그렇게 생각지 않잖아요. 그래서 노동자들은 더 세게 나갈 수밖에 없거든요. 기업으로서도 정부가 결국은 쟤네 붙잡아다가 때려줄 거라고 믿고 나가니까 양쪽에서 적절한 타협이 안 되는 거죠. 그런데 막상 위기가 왔을 때는 사실 기업 입장에서는 기업을 위해서 이를테면 임금을 덜 받거나 일을 더하거나 하는 식으로 자기 것을 더 꺼내놓을 사람은 노동자들이거든요. 노동자는 적이 아니잖아요. 서양의 기업들 대부분은 노동자를 적으로 안 보거든요. 러닝 파트너로 여기고 그렇게 진화한 건데요.

그렇게 보면 우리는 규모는 커졌는데, 노조하고 어떤 식으로 최적의 관계를 설정하고 공존할 건지에 대해서는 아직 틀도 없고 철학도 없는 거잖아요. 자본주의 역사가 짧아서 그럴 수도 있는데요. 제가 협동진화協同進化라는 말을 쓴 건데, 기업이 노조한테 어떤 협조를 받을지에 대해서 생각해야 하구요. 노조도 마찬가지예요. 기업에 대해서 권리만 주장할 게 아니거든요. 그런 마음가짐이 없으면 서로 못 믿게 되는 거죠. 기업으로서도 노조에 대한 신뢰가 결국 자기네들 자산이거든요. 파업 없으면 노동자들도 편하잖아요. 그러니까 파업 안 하고 문제를 풀 수 있는 주도권은 기업이 더 갖고 있는 거거든요. 노동자들도 파업하고 싶은 거 아니잖아요. 자기들도 하루라도 더 일하고 임금 더 받으면 좋은 거 왜 모르겠어요. 그러니까 대화를 통해 서로가 진정으로 뭘 원하는지 알고 타협하는 것이 커다란 자산인데, 그 자산을 못 만든 거죠. 사실 노동자 입장에서 생각하면 피곤하잖아요. 파업 같은 거 정말 하고 싶지 않은 짓인데, 결국 내몰려서 하는 거 아녜요. 그래서 정부가 중재를 잘 서주기를 바라는 거죠.

지 이번 정부가 중재를 잘 못했던 것 같은데요.

우 일방적으로 기업 손만 들어주면 기업도 좋을 것 같은데, 길게 보면 그렇지도 않다는 거죠. 싸우는 건 서로 피곤한 일이에요. 아무리 망가진 관계라도 서로 진정성을 갖고 머리를 맞대면 얼마든지 안 싸우고 해결하는 방법이 있다고 봐요.

도요타는 어떻게 했냐면, 엄청나게 대화를 많이 했어요. 도요타는 임금 조금 올려주기보다는 노동자에게 안정성을 준 거 아닙니까? "어떤 경우라도 안 짜른다. 우리 모두 어떻게든 버텨함께 가자"고 한 설득이 먹힌 것 아닙니까? 그런데 지금 언제짤릴지 모르는 한국 노동자 처지에서 생각하면 "어차피 짤릴건데, 있는 동안에 돈이라도 더 많이 달라"고 하는 게 당연한거 아닙니까? 처한 상황이 다르고 게임 방식이 다르잖아요.

놀리는 입은 **아홉**, 일하는 손은 **하나**

재벌기업 몇 개로 국민경제 운운하는 것은 사기다

지 "한국에서 시간은 매우 독특하다. 변화의 속도로만 치면 항상적 변화 곧 '격동'이라는 단어가 잘 어울리는 것 같다"고 하셨는데요. 경제학은 주로 현상을 해석하는 것이라고 하셨지만, 전망을 하기도 하는데요. 이런 격동 속에서는 장기적인 전망을 하기도 어렵지 않습니까? "무슨 일이 벌어질 것 같다는 생각이 들 때 그 일은 내일 벌어지는 것이 한국사회"라는 말씀도 하셨는데요. 이런 격동의 시기에 경제학자는 어떤 역할을 해야 한다고 보십니까?

우 근대화 과정에서는 경제학이란 게 미래를 설명해주는 기능이 강했거든요. 아담 스미스가 공식적으로 '경제학의 아버지'로 되어 있는데, 자본주의 사회가 막 등장했을 때 "이게 문제가 있기는 해도 해보면 나름대로는 괜찮은 거다"는 식의 얘기를 했거든요. 그 다음에 마르크스가 등장해서는 "이거 문제가 많다, 그냥 두면 이 사회에 아주 큰 재앙이 될 거"라고 한 거구요. 케인즈가 등장했을 때는 "국가나 정부가 계속 개입하지 않으면 금방 금방 망가질 거"라는 얘기를 한 겁니다. 세계화라는 얘기도 1980년대 후반에 크루그먼 같은 사람이 "이게 세계화라는 거다. 세상이 막 바뀌는데, 세계화라는 게 벌어지는 거다, 이게 당분간 갈 거"라고 했는데, 직관적이지만 사람들이 이해할 수 있게 해준 거거든요.

한국에서도 긍정이든 부정이든 서강학파나 이런 사람들이 등장해서 "이게 발전이라는 거다. 단순 독재가 아니고 우리가 발전을 하는 건데, 초기에 왕창 때려 박아야 하는 거니까 고생은 좀 해봐야 한다"는 식으로 말한 거죠. 해석의 여지는 있지만, 사람들이 변화가 뭔지를 이해할 수 있는 그런 것을 준 거거든요. 그러니까 밥 먹고 산 건데, 한국에서 경제학자들이 이게 뭔지에 대해서 얘기를 안 한 지가 오래된 것 같아요. 비판을 하는 것도 아니고, 전망을 주는 것도 아니고, 20년도 넘은 교과서에 실린 원론을 그냥 얘기한 거 아닙니까? 그러니까 경제학자가 얘기하면 아무도 귀 기울여 듣지 않는 그런 상태가 된 거구요. 그래서 있으나마나한 학문이 된 거죠.

일반적으로 무슨 얘기를 하는지 이미 다 알잖아요. "너, 시장이 옳다고 말하려는 거지, 경쟁하면 좋다는 얘기 하려는 거지. 말 안 해도 무슨 말인지 알아" 하는 그런 상태에 지금 빠져 있는 거죠. 어떻게 보면 경제학은 굉장히 역동적이고 미래 얘기를 많이 하는 학문인데, 20년째 특히 IMF 이후에는 "참아라, 참는 자에게 복이 있나니" 따위의 얘기만 계속 한 거거든요. "머리박고 있으면 좋은 날이 온단다. 2만 달러 된단다" 하는 얘기만 줄곧 하는 거죠.

지　대기업에서 운영하는 경제연구소에는 어떻게 생각하십니까? 과정은 좋은데, 결론이 엉뚱하다는 생각이 들 때가 있거든요. 기업 입장에서 결론을 도출해낼 수밖에 없다는 생각이 드는데요.

우　그것도 그렇구요. 제가 경험해보거나 알고 있는 제일 큰 문제는 전문성의 문제 같아요. 기업연구소라고 하는데 경제학자들은 별로 없어요. 그래서 마치 언론사 데스크처럼 되어 있는데요. 단기간에 여러 연구를 해야 하니까 데이터를 놓고서 꾸준히 축적하거나 분석하는 일은 기업도 그렇게 하기 어렵구요. 그러다보니까 그때그때 사장들 입맛에 맞거나 언론에서 받아들이기 좋은 형태로 만드는 거죠. 신문사 데스크랑 경제연구소 기획회의랑 다를 게 하나도 없거든요. 명색이 기업연구소인데, 어떻게 하면 좀 그럴 듯한 말을 뽑아서 언론을 많이 탈까에 집중하고 있는 현실에서 실질적인 분석은 하기 어려운 것 같아요.

지　연말에 보면 삼성경제연구소에서 나오는 전망 같은 것을 청와대 같은 데서도 많이 참고한다고 하지 않습니까?

우   그건 청와대 놈들이 나쁜 놈들이라서 그렇죠. 그게 맞아서도 아니고 삼성에서 그렇게 시킨 것도 아닌데, 지들이 알아서 기는 거죠. 제가 알고 있기로는 삼성 계열사 사장들도 삼성경제연구소 보고서 같은 건 그다지 열심히 보지도 않고 믿지도 않아요. 그걸 믿는 사람들은 청와대밖에는 없어요.

지   "노무현 대통령은 마음속 깊이 삼성을 존경하는 것 같다"는 표현도 쓰셨는데요. 왜 그럴까요?

우   왜 그러는지 이해를 못하겠는데요. 그냥 삼성을 사랑하는 것 같아요. 어떻게 보면 칼 포퍼가 영국에 왔을 때 영국의 창을 딱 열면서 "자유의 공기를 처음 맡았다" 그러면서 자유주의 이론을 찬미했거든요. 나중에 보면 웃기는 거죠. 그때 영국이 자유로웠던 것도 아니고, 그때 영국은 산업공동화 같은 게 일어나면서 망해갈 때였는데, 포퍼가 가보고 너무너무 좋았다고 그랬거든요. 그런 거랑 비슷한 게 아닌가 싶어요.

실제로 노무현 대통령이 삼성을 봤을 때는 삼성의 좋은 흐름이 끊기고 위기가 올 때였거든요. 청와대의 지나친 삼성주의가 사회에도 안 좋지만, 삼성한테도 좋은 게 아닙니다. 그저 기분만 좀 좋아질 뿐이지 수익률이 높아지는 것도 아니고, 너무 티나는 거 있잖아요. 기업으로 보면 결코 좋은 게 아니거든요.

지   삼성 비리 사건에 대해 특검보다는 검찰 수사팀이 꾸려져야 한다고 하셨는데요. 지금 특검이 꾸려질 것 같은데요.

질서정연해진 예술, 혼란스러워진 경제

우 했으면 제대로 해야죠. 제가 생각했던 것은 검찰이 자기 스스로 찾을 수 있는 데까지 찾아보다보면 위에 몇 가지 블록이 있을 거 아닙니까? 수사하다보면 어디서 걸렸다는 것이 드러날 거 아닙니까? 수사하다보면 누구누구가 막았다, 그걸 검사들이 알고 있을 것 아닙니까? 그런 게 직간접적으로 결국은 외부로 나와요, 끝까지 숨길 수는 없으니까. 그 상태에서 특검을 하게 되면 '해보니까 어디 어디가 이상하다, 어느 팀이 이상하다'는 정도를 갖고 들어가 보면 완전한 그림을 그릴 수 있다고 생각했습니다.

그런데 지금 가만 보면 대통령이 핵심이니까, 대통령 중심으로 뒤지는 수밖에 없겠죠. 이미 기술적인 분석으로 얘기할 수 있는 상황이 아니라 정치적인 거 아닙니까? 칼을 뽑았으면 어쨌든 여기서 승부를 봐야죠.

지 이번에 관전 포인트가 이건희 회장이 하루라도 구속되는가의 여부라고 하셨는데요.

우 한 번도 구속된 적이 없었으니까요. (웃음)

지 이학수 삼성 구조조정본부장이나 이건희 회장의 구속까지도 가능하다고 보십니까?

우 법적으로 얘기하면 구속 건이죠. 그런데 아예 구속할 의지조차 없잖아요.

지   만약 구속하면, 벌떼처럼 일어나서 "경제가 어려운데"라고 얘기하지 않겠습니까?

우   그것은 말이 안 되죠. 엔론이 에너지 기업인데요. 부시가 에너지 쪽에서 정치자금을 많이 받았거든요. 그래서 손대지 않을 것이라고들 짐작했는데, 결국 회사가 문 닫고 사장인가 부회장인가는 그 과정에서 쓰러져 죽고, 할아버지가 80년형을 받았어요. 그리고 장부 처리했던 아더 앤더슨은 굉장히 큰 컨설팅 회사였는데, 망했어요. 그러면 미국 경제가 죽었냐 하면 아니었잖아요. 그런 투명성 위에 대기업이 서는 거거든요. 그러니까 오히려 저는 적절한 선에서 책임을 지는 게 한국 기업의 발전을 위해서 낫다고 생각합니다.

지금까지 자본주의는 그렇게 움직였거든요. 불투명하고 찝찝하다고 생각하면 규모가 그 이상 커지지가 않아요. 국민경제로 보면 이것을 처리하는 게 좋냐, 그냥 넘어가는 게 좋냐 하면, 미국식에서 보듯이 원칙대로 처리하는 것으로 자본주의를 만들었거든요. 처리 안 하고 그냥 넘어간 게 중남미식이잖아요. 그래서 중남미 기업들 안 커지잖아요.

지   미국은 불합리한 것 같지만 그런 정도의 자본주의적 상식이나 룰이 있다는 거네요.

우   안 그러면 깡패들만 남게 되는 거죠. 지금 한국은 조폭들에 가깝잖아요. 한화 김승연 회장 사건 때 봤잖아요. 말로만 조폭이 아니라 진짜 조폭이랑 왔다 갔다 하잖아요. (웃음) 최소한의 투명성 같은 게 없으면 조직 내부도 어려워지거든요. 그 안에 깡패들이나 거짓말쟁이들이 있는 게 아니고, 우리랑 똑같은 사람들이 결정하는데 본인들도 마음 아플 거 아닙니까? 거짓말도 한두 번이죠. 웬만하면 거기 높은 사람들도 거짓말 안 하고 싶을 거 아닙니까? 세상에 거짓말하고 욕먹고 싶은 사람이 누가 있겠어요. 그렇지만 조직폭력배는 누군가 거짓말을 하지 않으면 감옥에 가잖아요. 기업이 그러면 안 되죠. 대기업은 언제나 불투명할 거라고 의심을 받거든요. 본인들이 그것을 적극적으로 해명하지 않으면 계속 의심받게 되어 있다구요.

지금 삼성 얘기하면 지지는 해도 사람들이 당연히 그렇게 했을 것이라고 속으로 생각하잖아요. 그러면 그때는 아무 일이 없는 것 같아도 불신이 내재화된다니까요. 어떤 식으로든지 경제 행위에서 나타나는데, 예를 들면 하나라도 덜 사주죠. 좋은 놈이라고 생각하면 하나라도 더 사주고, 욕이라도 한마디 덜 하려고 하는데, 무서워서 대놓고는 말하지 않더라도 다음번 텔레비전 살 때 삼성 거 안 산다고 하거나, 휴대폰이라도 삼성 거 안 사는 것이 애국이라고 생각하면 힘들어질 거라구요. 지금 이랜드가 그런 거잖아요. 자본주의에서는 어떤 기업도 그런 불신을 받는 처지로 내몰릴 수 있다니까요.

지　엔론도 분식회계 때문에 그렇게 된 거고, 삼성도 분식회계가 문제가 되고 있는데요.

우　사실 본질적으로 같은 거죠. 비자금이라는 것도 장부 어던가에 손을 댄 거 아닙니까? 현금흐름이란 게 빤해서 원칙대로 하면 기업이 뒤로 빼돌려서 딴 데 쓸 수가 없는데, 비자금이 있다는 건 장부 어딘가를 만져서 조작한 거고, 그것을 공인회계법인 같은 데서 공모하고 덮어준 거 아닙니까? 그런 일이 있으면 안 되거든요. 그런데 규모가 어느 정도냐 하는 것은 사실 모르죠. 비자금이 얼마였는지 정확하게 알 수가 없으니까 단순 비교는 못하는데, 아무튼 분식회계는 하면 안 되는 거거든요. 그것은 기업과 사회가 맺은 첫 번째 약속을 어기는 짓이라구요. 회계라는 게 장부를 투명하게 처리해서 해마다 검사를 받겠다는 것 아닙니까? 하여간 지금 회계장부 내에서 빠져나온 돈이 있는 거고, 누군가는 손을 댄 거 아닙니까? 진짜 장부는 따로 있을 거구요.

지　이런 거랑은 다르겠지만, 한국 대기업들이 구조상 불법을 저지를 수 있는 상황에 놓여 있는 경우도 있는데요. 장하준 교수는 그런 문제에 대해서 "어떤 경우까지는 합법적으로 허용해야 하고, 어떤 경우를 확실히 불법화할 것인지"에 대한 사회적 합의를 만들어야 한다고 했는데요.

우　그거는 얘기를 해야죠. 그런데 딜레마가 뭐냐면, 기업도 잘못한 거를 얘기해야 할 거 아닙니까? 하지만 원칙적으로 조직은 잘못한 적이 없다고 하는 거잖아요. 삼성도 지들은 잘못한 것이 하나도 없다는 거거든요. 그러니까 사회구성원들이 봐줄려야 봐줄 수도 없는 거예요. 그게 지가 잘못했다고 해야 봐주는 거죠. 무엇보다도 솔직하게 털어놓기가 어렵잖아요. 기업으로서는 잘못을 인정하게 되면 감옥 가야 하니까 아무도 말을 못하는 그런 상태가 된 거죠. 그걸 룰 세팅이라고 하는데, 되게 예민한 거거든요. 죄가 있어야 사면이고 뭐고 해줄 것 아닙니까? 그런데 기업으로서는 사면을 해줄 건지, 감옥에 보낼 건지 불안할 때는 잡아떼게 되어 있잖아요. 보통은 정부나 제3의 조직에서 그런 걸 먼저 얘기해줘야 하는데, 지금 노무현을 못 믿는 거 아닙니까? 적어도 삼성에 관해서 노무현이 무슨 말을 하든 믿을 수가 없는 상태가 된 거 아닙니까? 그러니 서로 중재도 못해주고, 딜레마에 빠져 있는 거죠.

지　이번에 김용철 변호사가 천주교 정의구현사제단을 찾아간 대목도 흥미로웠는데요. 거기에 대해서 "삼성으로부터 자유롭고, 자본으로부터 자유롭고, 그리고 매수로부터 자유롭고, 결정적으로 무능하지 않은 집단이 바로 가톨릭 사제집단이라는 얘기 아닌가?"라고 하셨는데요. 결국 개신교는 자본으로부터 자유롭지 못하고, 민주노동당은 무능하다고 표현하신 것 같은데요. (웃음)

우　내부고발자 시각으로 보면 진짜로 그 두 가지가 필요할 거잖아요—결탁하지 않을 것과 나름대로 유능해야 할 것. 같은 기독교지만 개신교와 가톨릭은 사실 조직구조부터 크게 다르잖아요. 가톨릭은 하나의 교단으로 구성된 네트워크 조직인 반면에 개신교는 교파만 해도 수백 개에다가 낱낱의 교회가 다 독립단위잖아요. 그 가운데 어떤 게 삼성 계열일지, 또는 장로 중에서 삼성과 관련된 사람이 있을지 알 수 없잖아요. 민주노동당(민노당)에 가 있다가는 잡혀갈 게 뻔하구요. 저라도 그럴 것 같은데요. 이기고 지고를 떠나서 일단 신변보호를 받을 수 있어야 하는데, 민노당 당사에 있다가는 끌려갈 것 같잖아요. 민노당에서 지지하는 집회 보면 만날 두들겨맞고 잡혀가잖아요. 그런데 신부님들은 그렇게까지 밀리지는 않잖아요. 종교는 특수영역이잖아요. 어쨌든 개신교는 일반인이 볼 때 자본으로부터 자유롭지 않다는 생각을 가질 수 있을 것 같아요.

김용철 변호사도 정보가 많을 텐데, 짧은 시간에 선택해야 한다면 왠지 불교도 아닌 것 같고, 개신교도 어디가 되어야 할지 잘 모르겠고, 그러니까 가톨릭이 맨 먼저 생각났겠죠. 여러 가지 생각을 했을 텐데, 학생회에 가면 안 된다는 생각은 당연히 했을 것이고, 참여연대는 유능하긴 해도 신변보호까지는 기대할 수 없을 것 같구요. 어쨌든 삼성이랑 전쟁을 하겠다는 사람이 할 수 있는 선택은 그 정도 아닌가 하는 거죠. 경찰이나 검찰은 못 믿겠다고 한 것 같아요. 만약에 정말로 경찰을 믿었으면 자수했겠죠. 그런데 어떻게 될지 모른다는 생각이 든 거잖아요. 본인도 결국 감옥에 가게 되면 가겠다고 각오한 건데요. 너무 허무하게 끌려가고 싶지는 않은 거잖아요. "앞으로 양심선언을 하고 싶은 사람이 있거든 반드시 천주교를 두드리라"는 말이 나올 수 있겠죠. 그런 면에서는 가톨릭이 사회적으로 좋은 이미지를 갖고 있다는 거죠.

지　삼성의 용산 개발 문제점도 지적하셨는데요. 온 매스컴이 찬양 일변도 아닌가요?

우　삼성 아니면 현대가 하는 거였는데요. 일단 밀도가 너무 높아요. 용적률을 900퍼센트까지 높여준 것 같은데, 강남의 용적률도 180퍼센트예요. 그게 사람이 지낼 만하기 때문에 강남이 좋다고 했던 건데요. 그런데 900퍼센트가 어디 말이 되는 얘긴가요? 거기만 문제가 되는 게 아니고 그 인근지역까지 문제를 일으킬 게 뻔한 거 아녜요. 이것도 경제성이나 합리성을 갖고 판단한 게 아니고 "회장님 숙원사업"이라서 달려든 거죠. "최고의 건물 하나 지어야 하지 않겠냐"는 회장님의 한마디로 사업 추진이 결정된 거라구요. 그래서 지금 대치동, 강남, 용산까지 해서 삼성 벨트를 만든다는 거예요.

이게 과연 나라냐 이거죠. 우리나라 한번 해봤잖아요. 부산에 삼성자동차 만들어서 회장님 숙원사업하다가 IMF 때 망할 뻔했잖아요. IMF 불과 10년 지나서 회장님 숙원사업이랍시고 다시 하는 건데, 사실은 나라가 이상한 거죠. 제2 롯데월드도 롯데 회장님 숙원사업이라고 하는 거잖아요. 우리나라 대형 사업이 다 회장님 숙원사업으로 되어 있잖아요. 이 안에 무슨 합리성이 있냐는 말이죠.

제 우려는 2~3년 내에 상당히 큰 경제공황이 올 거라는 예상입니다. 용산 개발은 사실 이게 규모도 너무 커진 데다가 수익성이 안 보여요. 예전에 광화문에 파이낸스 센터 만들다가 외국에 넘어가고, 그게 IMF 때 상징 비슷하게 된 거거든요. 삼성

타운 비슷하게 만들려고 했던 건데, 또 다른 위기 요소가 될 수 있다고 생각합니다. 지금은 경제가 그런대로 돌아가고 있는데, 장기 스태그플레이션이 일어나거나 부동산 거품이 급격하게 빠지기 시작하면 저거 어쩔 거예요? 정상적인 기업구조라면 사업성도 치밀하게 따져보고, 외부 충격에 대비해서 각종 보험에도 들고, 자금도 안정적으로 확보하고, 위험도 분산시켜가면서 계획적으로 추진해야 마땅하지만 회장님 숙원사업이니까 덮어놓고 하는 건데 이건 경영이 아니에요. 건설 쪽에 계신 분들도 규모가 너무 커지고 수익성이 형편없는데 설마 끝까지 하겠다고 나설지 반신반의했거든요. 그러든 말든 삼성으로서야 회장님 숙원사업이니까 거기다 돈을 왕창 꼬라박더라도 다른 데서 끌어다 쓰든 어쨌든 할 거 아닙니까? 그러면 돈을 뜯긴 다른 데는 어떻게 하냐는 거죠. 그런 재벌 시스템이 위험한 투자를 초기에 집중할 때 위험을 분산시키는 장점이 있으니까 지금까지 온 거거든요. 문제는 회장 개인의 허영심을 위해 짓는 그따위 건물 때문에 그런 위험을 분산시켜 떠안기는 게 가당키나 하냐는 거죠. 기업의 미래 성장 동력을 이끌 만한 굉장히 특수한 지적산업이 있어서 거기다가 위험을 분산해보겠다는 것은 한번 해볼 만하다고 생각하는데요. 기껏 높은 빌딩 하나 짓느라고 재벌 시스템이 갖고 있는 장점을 함부로 쓰는 게 옳으냐는 겁니다. 그러다 진짜 위기가 생겨서 감당할 수 없을 때는 IMF 때처럼 굉장한 부담을 주는 거거든요. 10년이 됐는데도 변한 건하나도 없는 거죠. 좀 온전한 경제 마인드로 생각할 때 납득이

질서정연해진 예술, 혼란스러워진 경제

되는 일을 하고, 합리적인 방식으로 일을 해야 하는데, 회장님이 원하시니까 무조건 한다니 기가 찰 노릇이잖아요. 그게 어디 제정신이 박힌 인간들이 하는 짓이에요.

지 재벌 시스템이 의사결정을 빠르게 할 수 있다는 장점이 있는데, 회장 한 사람의 퍼스낼리티에 엄청나게 의존하고 있다는 점은 불안한 요소 아닙니까? 그런데 그 사람이 어떤 성향을 가지고 있는가에 대해서 사회가 연구한다든가 공론화하는 작업도 별로 없었지 않습니까?

우 어렵죠.

지 이건희 회장은 이상한(?) 일화들이 많던데요. (웃음) 이건희 회장이 워낙 말이 없다보니, 부인이 옆에 남편을 놔두고 비서실로 전화를 걸어서 "내일 회장님 출장은 몇 시에 가시고, 일정은 어떻게 되느냐?"고 물어본 적도 있다더군요. 부인조차도 그렇다면 아랫사람들이 직언을 하기 힘든 상황 아닙니까? 외국에는 전문경영인이 어떻게 경영을 했는지를 분석하는 책이 많은데, 우리는《세계는 넓고 할 일은 많다》는 식으로 직접 쓴 것 외에는 별로 없고, 강준만 교수가 쓴《이건희 시대》정도만 눈에 띄는 것 같은데요.

우 일정 규모 이상이 되면 사회적 속성이 생기거든요. 공론의 영역에서 얘기를 같이 할 필요가 있죠. 지금은 삼성 무서워서 누가 하겠어요? 그러니까 기업으로서도 너무 무섭게 보이는 건 좋지 않아요. 무서워하게 되면 결코 좋아하거나 존경할 수 없게 되요. 이건희 '존경'하는 사람이 얼마나 되겠어요? 뭐, 직장인들이 존경하는 기업인 1위 이런 거요? 착각이죠. 존경이 아니라 그저 (언론이 선전하는) 겉모습만 보고 선망하는 거 아녜요? 막상 이건희를 조금이라도 아는 사람이라면 무서워하지 존경하진 못하죠. 지금껏 이건희의 삼성이 무섭게 해왔으니까요. 말은 '삼성 신화'라고 하는데, 그게 튼튼한 기반을 가진 것이 아니라 사상누각일 수도 있거든요. 국민들이 진짜로 삼성을 좋아하느냐에 대해서는 삼성도 고민 좀 해봐야 할 것 같은데요. 예전에 현대에서 포니 나왔을 때는 사람들이 진짜 좋아했던 것 같아요.

지　예전에는 정주영 회장이나 이병철 회장에 대한 국민들의 애정이나 존경심 같은 게 좀 있었던 것 같은데요.

우　이만한 규모가 됐는데, 특정 기업 몇 개로 국민경제를 논해야 한다는 자체가 기형적이죠. 세계 10위권에서 이런 나라가 어디 있어요? 그런 면에서 미국이 엔론을 처리한 과정은 미국 경제가 왜 돌아가는지 보여준 것 아닙니까? 나쁜 짓 티 안 나게 약간 하는 것까지는 봐주겠는데, 일정한 한계를 넘어서 티 나게 하지 말라는 거고, 회계 같은 몇 가지 핵심 사항은 장난치지 못하게 한 것 아닙니까? 이것만큼은 건들면 죽인다는 거 아닙니까? 그게 원칙이거든요.

지　삼성 비자금 사건 관련 청문회가 열린다면 "대통령 노무현의 임기 후 첫 청문회가 될 것"이라고 하셨는데요.

우　일단 국감에서 시작되겠죠. 노무현 시대가 삼성공화국이었던 것은, 삼성에서도 이건희 회장이 얘기한 것 아닙니까?—"너무 삼성공화국이라고 얘기한다"고.

　재벌들끼리 서로 견제를 하거든요. 삼성, 현대, LG 이런 데는 너무 힘이 한쪽으로 몰리지 않도록 나름대로 경쟁구도 같은 게 있으니까 독점이 안 됐던 건데, 노무현 시대는 삼성으로 독점적 권력을 쓴 것 아닙니까? 그러다보면 우리가 모르는 병폐 같은 것들로 인해 권력관계가 해체되고, 그건 다음 정부가 되면 드러나겠죠.

지　"심상정이 탈당해서 새로운 당을 만들어야 한다"고 조언하셨다는데, 그러면 또 분열이라는 비판을 받지 않을까요? 가능할 것 같지도 않구요.

우　저는 다당제가 더 안정적이고 정상적이라고 생각하니까요. 생각도 다르고 가는 길도 다른데 뭉쳐 있는 것이 유럽 정치로 볼 때는 이상하다고 생각하는 거죠. 노선별로 분화되어서 우파만 해도 정당이 몇 개씩 되고, 극우파 정당도 추구하는 이념이나 가치에 따라 몇 개씩 있어요. 그러다가 선거 때 후보를 같이 한다든가 2차 결선을 간다거나 그렇게 하는 것이 당연하다고 생각하거든요.

지 그것은 먼저 결선투표제라든지 하는 제도적 보완이 있어야 가능하지 않겠습니까?

우 당이 여러 개 있어야 그런 제도를 만들겠죠.

지 닭이 먼저냐, 달걀이 먼저냐 하는 건가요? (웃음)

우 언제까지 그런 살벌한 1 대 1 구도를 가지고 '오케이 목장의 결투'처럼 정치를 하겠냐는 겁니다. 일본식의 1당 독재도 이상한 거구요. 양당제도 제가 보기에 이상하다고 생각해요. 일본도 병폐가 많구요. 미국도 양당제로 하니까 좋은 것 같지만, 주류세력이 너무 커지다보니까 제3의 세력, 그러니까 소수 대안세력 같은 것들이 자랄 여지가 없잖아요. 그래서는 사회가 건강해질 수 없는 거 아녜요?

다들 바쁘다는데 실제로는 하는 일이 별로 없다

지 파리에서 경제학을 공부하셨는데요. 거기서 공부하신 이유는 뭔가요?

우 한국에서는 정치경제학을 공부하기가 힘들었어요. 이런저런 환경도 너무 터무니없고, 선생님이나 책도 별로 없었으니까요. 그래서 나가자고 한 건데요. 미국은 가기 싫고, 영국은 등록금이 너무 비싸서 애당초 포기했어요. 학점도 운동권 학점이라서 좋은 데 갈 수도 없고, 그러다보니까 프랑스, 독일 정도가 남은 거죠. 학부 때 프랑스 쪽 책을 많이 읽었어요. 약간 익숙하기도 하고, '아무데나 가자'고 생각했던 부분도 있었구요. 뭐 꼭 '여기 아니면 안 된다'는 생각이 있었던 건 아닌데 저한테는 프랑스가 제일 편했어요. 게다가 등록금이 제일 쌌어요. 그 당시 돈으로 1년에 7만 원쯤 내고 다닌 것 같아요. 박사과정 심사할 때는 심사비랑 뭐랑 다해서 12만 원이 마지막 등록금이었을 거예요. 그 정도만 내면 학교 안에서 약국, 응급실, 도서관, 수영장 같은 거 다 이용할 수 있었어요. 그거만 내고나면 학교 안에서는 '나는 돈 냈으니까' 하고 당당한 거죠.

지 학교 안에서 무상에 가까운 의료와 교육이 웬만한 건 다 행해지는 거네요. (웃음)

우 그 시절에도 제가 학교 식당에서 먹으면 한 1000원 했는데요. 1000원 조금 넘는 정부보조가 학교 식당에도 들어와 있었거든요. 일단 학교 안에만 들어오면 아픈 것, 배고픈 것 다 해결되었습니다. 또 학교가 책 읽고, 공부하고, 지도받고 하는 데는 거의 아무런 불편이 없는 안전지대였죠. 자기 자는 거와 학교 오가는 차비만 어떻게든 자비로 해결하면 되었어요. 그때는 몰랐는데, 유럽에서도 제가 다닌 곳이 특별히 좀 싼 편이었더군요. 다른 데는 십 몇 만 원쯤 했던 것 같은데, 거기서 8만 원 내면서 아무래도 미심쩍어 1년 치 맞느냐고 물었더니, 그렇다더군요. (웃음) 프랑스 친구들은 개인보험이랑 이것저것 해서 10만 원쯤 냈는데, 그것도 비싸다고 투덜거려요. 그 당시 우리나라 연세대 등록금이 100만 원인가 했으니까 비교 자체가 안 되잖아요.

지   한국에서는 경제학 공부 하러 독일로도 많이 간 것 같은데, 왜 독일은 안 가셨나요?

우   그때는 독일 경제학 분위기가, 커리큘럼 같은 것을 찾아보니까 미국화가 굉장히 많이 되어 있더군요. 특정 한두 개 학교 말고는 폭넓게 공부할 수 있는 곳이 아니었어요.

지   유럽에서 경제를 공부한 사람과 미국에서 경제를 공부한 사람 사이에 경제를 보는 시각 차이가 클 것 같은데요.

우   배우는 과목이 크게 다르거나 그렇지는 않아요. 선택을 바꾸면 다른 방식으로 공부할 수가 있는데, 미국에서도 몇 군데 학교에서는 그렇게 할 수 있구요. 그거보다는 오히려 학자가 작동하는 방식에 대한 이해가 다른 것 같아요. 미국은 페이

퍼라고 하는 논문 중심으로 학자 생활을 하게 되잖아요. 프랑스에서는 저자학이라고 부르는데, 책을 많이 내는 스타일로 공부하게 됩니다. 그리고 미국은 팀으로 움직이는 게 있어서 한 학자가 자기 전문화된 것을 가지고 부속품처럼 움직이거든요. 유럽은 한 명이 대가가 되기를 바라니까 혼자서 다 하라고 하는 거구요. 혼자서 다 하다보면 특정 분야를 파고드는 깊이는 약하겠지만 전체를 아우르는 시대 통찰력에는 강점이 있는데, 이런 것을 책으로 정리해낼 수 있으면 좋은 학자라고 얘기하죠. 미국은 굉장히 좁게 해서 깊이 파가지고 아무도 못 봤던 것을 증명하거나, 그 데이터를 만들어내는 것을 높이 사는 것 같거든요. 어느 쪽이나 나름대로 장점이 있는 시스템인데, 한국에 돌아오면 그런 장치가 없잖아요. 없으니까 혼자서 다 해야 하는데, 미국에서 공부한 사람들은 패키지가 돌아가지 않으니까 혼자 할 수 있는 여지가 별로 없거든요.

유럽은 어차피 혼자 하는 거니까 여기서 혼자 있으나 유럽에서 혼자 있으나 똑같은 겁니다. 열악한 상태에서는 유럽에서 혼자 다 하는 것을 훈련받은 사람들이 덜 지치죠. 이를테면 수학이나 통계 같은 것도 유럽은 혼자 다 해야 하거든요. 미국은 실험실에 주면 분석하는 전문분석가들이 있는데, 유럽은 그게 없거든요. 자기가 혼자 모델링부터 쓰는 것까지 다 해야 하는데, 어차피 우리나라에는 그런 게 없기 때문에 도와줄 놈도 없고, 그런 게 비슷한 거죠. 박사과정에서부터 책을 쓸 수 있는 훈련을 많이 시켜요, 많이 쓰게 만들고. 그 다음에 보고 듣고 배운

게 큰 책을 쓴 사람들을 본받으라고 하는데, 죽기 전에 저걸 해 봐야지 하는 생각을 했죠.

지 지금 한국에서는 책으로 내서 많은 공감을 얻고 있는 분이 영국에서 공부한 장하준 교수도 있고, 프랑스에서 공부한 우석훈 박사님도 있는데요. (웃음) 경제를 운영하는 상층부에는 미국에서 경제학을 공부한 사람들이 많이 포진해 있지 않습니까? 그래서 한미FTA 같은 것이 졸속 추진되고 있는 것 같은데요.

우 경제라는 게 생각보다 복잡하거든요. 그런데 경제학을 신앙처럼 하는 일면이 있는 것 같더라구요. 굉장히 실증적인 분석도 많이 해야 하고 세밀하게 봐야 하는데요. 가령 당장의 경제 성장이 좋다고 하더라도 그게 안 좋아질 수 있는 경우도 따져봐야 하고, 중장기적인 패턴이나 흐름 같은 것도 봐야 하는데, 신학 하듯이 하는 것 같더라구요. 사회에서 그런 경제 성장이 되어야 하는 것도 무슨 신의 구원 같은 거랑 똑같은 방식으로 대하는 것 같아요. 신이 재림하면 모든 게 해결되는 것처럼 말하는데, 그건 경제적 논의라고 할 수 없는 거잖아요. 거의 신앙의 영역에 가 있는 거니까 다양한 논쟁이나 토론이 안 되는 거죠. 믿느냐 안 믿느냐, 그런 차원이니까요.

꼭 미국에서 공부하고 온 사람들이 상태를 그렇게 만든 거냐 하면, 그렇지만도 않아요. 노무현 대통령이 그렇게 만든 측면이 크죠. 2만 달러 시대 얘기를 하면서 그 순간부터는 신앙이 된 것 같거든요. 경제성장률이 몇 퍼센트나 하는 게 중요한 게

질서정연해진 예술, 혼란스러워진 경제

아니고, 거기까지 가는 과정이나 경로 같은 게 대단히 중요하거든요. 그런데 그런 건 하나도 없고, 모로 가도 서울만 가면 된다는 식의 신앙만 있는 거죠.

지 생태경제학 전공이신데요. 생태경제학은 어떤 겁니까?

우 박사논문을 그쪽으로 썼죠. 생태학에서 나오는 여러 모델이나 사유 방식들을 경제학에 적극적으로 도입해보려는 거죠. 생태계 특징이 좀 다르잖아요, 일반 경제나 사회에 비해서. 그 중간에서 접점을 찾으려고 하는 시도인데, 쉽지는 않더군요.

지 "노무현 5년을 거치면서, 환경운동은 가장 드라마틱하게 몰락한 분야라고 할 수 있다"고 하셨는데, 그렇게 된 이유가 뭔가요?

우 일단 시민단체 일반의 위기가 있을 거구요. 시민단체가 노무현 정부 들어오면서 집권세력은 아닌데, 본인들도 집권한 것 비슷하게 생각하고 외부에서도 그렇게 생각한 탓에 그 안에 위기가 생긴 면이 하나 있을 겁니다. 노무현 대통령 측근들은 환경하고는 상관없는 사람들이거든요. 그 중에서도 지방 토호들한테 의뢰할 수 있는 정책 환경을 연 것 같아요. 환경단체가 실제로는 중앙정부랑 싸우는 것보다 지방에서 개발연대라고 하는 토호들하고 싸우는 게 더 힘들거든요. 지방의 개발세력들이 워낙 힘이 강해져버려서 판판히 진 거거든요. 거의 전패였죠. 계속 지다보니까 안에서 조직도 힘들어지고 제대로 한 게 아무것도 없는데요. 밖에서는 '니들 친정부 아니냐? 그러니까 힘도 있고 돈도 있을 거 아니냐?'고 보게 되고, 따라서 굳이 여기에 회비를 내면서 지지하겠다는 사람도 별로 없는 거 아닙니까? 그러면서 안에서는 더 멍이 들어가는 거죠.

지 어떻게 보면 한국 사람들이 홍세화 선생 식으로 표현하자면 경제동물화된 것 같은데요.

우 동물은 그래도 직관이 있어서 자기가 죽게는 안 가죠. 동물도 자기가 죽게 되는 행위는 잘 안 하잖아요. 기계 같은 건데, 작동 목표 코드를 잘못준 거죠.

지 "예전에도 철원군의 두루미 때문에 피해를 입었던 농민들이 쥐약을 놓아 두루미를 죽이거나 북한산의 뉴타운 개발을 위해 환경평가가 진행되기 전에 습지를 몰래 메우거나 골프장을 건설하면서 밤에 몰래 보호수종들을 베어낸 것과 같은 음성적인 행위들이 전혀 없었던 것은 아니다. 하지만 환경영향평가 1등급을 받으면 관광단지로 개발될 수 없다는 이유로 공공연하게 철새 서식지에 불을 지른 적은 없었다"는 글도 쓰셨는데, 이런 상황에서 희망이 있을까요? 그 사람들은 먹고 사는 게 중요하지 않느냐고 항변할 텐데요.

우 먹고 살 수 있는 게 뭔지를 찾아야 하는 경우죠. 일방적으로 주민들한테 피해를 감수하면서 버티라고 하는 것은 오래 못 가거든요. 어떤 식으로든 타협이 필요한데요. 타협점들을 잘

못 찾는 거예요. 그리고 경제적 환상 같은 것을 심어준 중앙정부도 좀 그랬구요. 지역의 개발세력이 환상 같은 것을 많이 심어준 거거든요.

가령 새만금 같은 것을 개발하면 전북이 잘 살게 될 것인지 차분하게 따져보고 답을 찾아야 하는데, 개발해서 잘사는 동네가 그렇게 많지 않거든요. 특히 원주민이나 원래 살았던 세입자라든가 하는 눈으로 보면 지금 거기 있는 그 사람들은 잘살거라고 생각하는데, 제가 보기에는 그 사람들이 잘사는 경우는 별로 없어요. 결국은 지금 그렇게 죽이거나 했던 사람들 중에서 20퍼센트만이 재정착을 하거든요. 나머지 대다수는 거기서 살지 못하게 됩니다. 그것도 일종의 작은 동원경제 같은 거거든요. 박정희가 동원했던 것 같은 일이 지역에서 작은 규모로 벌어지는 건데, 저는 그런 게 합리적으로 결정되고 이행되는 상태가 선진국이라고 생각하는 거죠.

지   "책을 많이 내면 세상이 바뀐다"고 하는 말에 회의적인 사람들도 많은데, 책이 그렇게 중요한 건가요? 어떤 분은 "촘스키도 책 많이 냈는데, 미국은 변했느냐"는 리플을 달았던데요.

우   책은 생각을 만드는 장치, 한 사회가 가장 점잖게 토론하는 장치이기도 하잖아요. 우리나라에서는 책 출간에서도 사회과학이라든가 사회의 미래에 대해서 고민하는 것이 좀 부족하다고 생각하죠. 미국에서는 촘스키가 책을 많이 냈는데, 다른 사람들은 많이 안 냈잖아요. 녹색 계열이나 여성 계열 이런 데서 이라크 전쟁에 관한 책이 충분히 나오지 않았어요, 드라마는 많이 나왔지만. 유럽은 그동안에 굉장히 많이 나왔죠.

저마다 어려운 것을 겪게 마련인데, 그걸 이기는 과정에서 책을 통해서 여러 사람들이 얘기를 하고, 그 과정에서 지식도 만들고, 그게 예술에 반영되는 선순환 고리 같은 것을 만들면 좋을 거라는 생각을 하거든요. 그리고 책이 제일 싸잖아요. 영화는 돈 많이 들잖아요. 영화 한 편 찍을 돈으로, 가령 심형래 감독이 썼던 돈 정도면 20대의 1만 명 정도가 책을 낼 수 있게 지원해줄 수 있을 거라구요. 어떤 지식에 대한 생산이나 논의 중에서는 책이 제일 싸거든요. 다른 적절한 양식을 찾기 전에는 책을 적극 활용할 필요가 있는 것 같아요.

1990년대에는 "텍스트가 없어져서 책이 몰락할 것"이라고 했는데요. 인류에게 책은 그것보다 독특한 의미가 있는 것 같더라구요. 생각보다는 오래 버틸 것 같아요. 다른 것과 달리 책을 낼 때 책 쓰는 사람이 무지 성실해지거든요. 우파든 좌파든 자기가 그때 알고 있는 제일 정확한 것을 끄집어내려고 하잖아요. 그런 면에서는 매우 높은 수준의 책임감을 요구하는 양식인 것 같더라구요. 게시판에 뭔가를 쓰고서 그 글에 대해 책임져야겠다고 생각하는 사람은 없잖아요. 약간 독특한 뭔가가 있는 것 같아요.

지 20대가 책을 많이 써야 한다고 하셨는데, 그러자면 많은 제약이 있지 않습니까?

우　그렇죠.

지　김현진 씨 칭찬을 많이 하셨는데요. 그분은 20대 입장에서 글을 써가고 있는 거구요.

우　김현진 씨 같은 사람이 1000명쯤 있으면 좋지 않겠느냐는 거죠. 무슨 말을 하는지 전달이 되잖아요. 그런 게 몇 천 개쯤 있으면 좋겠다는 생각을 한 거죠. 뭐가 정답인지는 우리가 모르잖아요. 하지만 그런 게 많아지면 어떤 일이 벌어질지 상상할 수는 있잖아요. 그러다보면 새로운 스타일이나 접근도 나오는 거고, 그런 것의 일부가 아방가르드가 되겠죠. 그런데 그런 게 워낙 적으면 20대가 냈다는 것 자체가 아방가르드가 되고 마는 것 아닙니까? 김현진 씨 책이 좋은 점은 상업성이 그리 높지 않다는 것이거든요. 더 상업적으로 접근하고 싶은 욕망도 있었을 텐데, 그런 것을 자기가 좀 정리한 것 같더라구요.

한편으로는 10대들이 썼던 인터넷 소설 같은 것들도 있는데요. 거기에 대해서 시도는 해볼 수 있는 건데, 너무 상업적이더군요. 너무 말초적이고, 개성 같은 게 없는 거죠. 상업성을 너무 생각하다보면 자기 고유의 생각과 무슨 말을 하고 싶은지가 사라지게 되잖아요. 결국 비슷한 얘기가 되고, 같은 양식이 되고 마는 거죠.

지　기성세대들이 생각하고 있는 남성, 여성의 성 모델을 그대로 답습하는 경우도 많구요.

우 　스테레오 타입을 반복하는 것은 재미가 없고, 사회적으로도 흔들어볼 필요가 있다는 생각이 드는데요. 하여간 많이 나오다보면 그 중에 더 많이 흔드는 것도 있을 거고, 과거로 회귀하는 것도 있을 텐데, 양이 일정 정도 되면서 균형을 찾는 게 좋은 거라고 생각합니다.

지 　"강준만 선생이, 은근슬쩍 자본의 작동방식의 한 일면을 '쿨 에너지'라는 용어를 통해서 설명해보고자 했다면, 김현진은 정색을 하고, '이거 사람 죽이는 거다' 혹은 '우울증 사회'다, 직설법으로 치고 들어간 셈이다. 만약 내가 대담 혹은 진검승부의 기획자라면, 두 책을 놓고 강준만 선생과 김현진의 살 떨리는 진검승부를 만들어내고 싶다"고 하셨는데요.

우 　강준만 선생은 '쿨'이 좋다는 거 아니에요. 이러이러한 사람이 멋있다는 건데요. 김현진 씨 얘기는 "쿨 에너지는 정확히 얘기하면 지배자들의 음모다. 우리를 꼼짝 못하게 하려고 만든 음모"라는 거잖아요. 강준만 선생이 이런 것은 멋있는 거라고 한 건데, (김현진 씨가) 턱도 없는 소리라고 한 거거든요. 강준만 선생은 거기서 여러 사람들에 대한 평을 했는데, 김현진 씨는 그 사람들에 대한 평은 안 했거든요. 그러니까 누구누구가 멋있다고 하면 어떤 사람은 같이 멋있다고 할 수도 있고, 어떤 사람은 웃기지 마라, 그러면 논쟁이 좀 될 거 아닙니까?

　우리 사회는 너무 논쟁이 없고, 논쟁이라고 하려 들면 너무 정치적인 얘기만 하거든요. '쿨'이라는 단어를 쓰니까 기성세대 중 한 명은 "야, 되게 멋있다"고 하는 거고, 그 대상이 된 사람 중 하나가 "그딴 소리 좀 하지 마세요" 하는 거니까 두 사람의 위치와 상관없이 그 두 명제가 딱 부딪히는 것이 재미있을 것 같아요. 다른 사람은 강준만 선생의 얘기를 두고 '옳다, 그르다' 일체 얘기가 없는 거 아니에요. 김현진 씨가 그 얘기를 했으니까 논쟁이 되겠다고 생각한 거구요. 이를테면 둘 중의 한 명이 촌놈이 되겠죠. 누가 촌놈인지 한번 붙어보라고 하는 것도 재미있지 않겠어요?(웃음)

지 저도 그 책의 인물 중 대단히 마음에 안 든 사람이 있었구요. 그 개인을 싫어하지는 않아도 도대체 우리가 이영애나 전지현의 쿨함에서 뭘 배워야 한다는 건지 이해할 수가 없었거든요.

우 김현진 씨가 얘기한 것은 다 웃기지 말라는 거였거든요. 속 시원하잖아요. 저도 쿨이라는 단어를 워낙 싫어해서 좀 문제가 있다고는 생각했는데, 김현진 씨가 거기에 대해서 이거다 자본의 음모라고 들고 나온 거 아닙니까?(웃음) 또 한 가지 재미있게 생각했던 것이 강준만 선생이 전라도의 지성을 대표하잖아요. 김현진 씨는 메이드 인 대구 작품이거든요, 활동은 서울에서 하고. 쿨을 놓고 경상도와 전라도가 어떻게 생각하는지, 세대가 어떻게 다르게 생각하는지, 남자와 여자가 어떻게 다르게 생각하는지, 원래 논쟁은 그렇게 다른 사람들끼리 크게 한번 해보면 결론이 어떻게 나든지 간에 지켜보는 사람들이 배울 게 있을 것 같다는 생각이 들거든요. 그 정도 되는 큰 스펙터

클을 만들어내려면 기획을 잘 하는 사람이 해야 할 텐데, 누군 가 점잖고 두 사람 다 다치지 않게, 그러면서도 격렬하게 한번 논쟁을 붙여보면 좋겠다고 생각한 거죠.

지　5만 원권 화폐에 신사임당을 넣은 건 어떻게 생각하세요?

우　두 가지가 문제인데, 신사임당이 여성의 심벌로 사회화됐 던 과정이 있잖아요. 그것 자체가 문제가 있다고 생각하구요. 그 다음에 신사임당은 안 된다는 의견이 초기에 있었거든요. 한국은행 측에서 묵살하는 과정이 오히려 더 안 좋았다는 생각 도 듭니다. 싫다는 것을 굳이 우겨서 넣을 것까지 있겠느냐는 거지요. 일부 여성 단체에서 적극적으로 싫다고 한 것 아닙니 까? 싫다고 그래도 넣을 거였으면 애초에 물어보질 말았어야 죠. 민주주의에서 가장 나쁜 모습이라고 생각하는데, 미리 다 짜맞춰 놓고서 여성단체를 무슨 액세서리처럼 쓴 거 아닙니까? 그냥 강행할 거였으면 조용히 강행하고 말든지 해야 하는데, 공연한 모양내기로 사람들을 바보 취급한 것 아닙니까? 자신 없으면 차라리 동해바다 같은 걸 넣든지. 문제는 뭐냐면, 위원 회를 열었다고 하는데 누구 얼굴이 되고 그런 게 중요한 게 아 니라 논의 과정 자체가 너무 웃긴다는 거죠.

지　"국민들은 과속하지만, 국가는 '공회전'하는 것이 현 상 황"이라고 하셨는데, 그러면 엔진이 타버리지 않습니까? 국민 들이 과속하지 않게 제어할 필요도 있고, 국가가 공회전하지 않도록 효율적인 시스템을 만들 필요도 있을 것 같은데요.

우　어떻게 보면 지식인들이 지금 역할을 못하는 그런 게 크게 하나가 있을 거예요. 저는 전문가라는 말을 별로 안 좋아해요. 전문가라 그러면 높여주는 말 같은데, 사실 학자나 지성이 높여주는 말이거든요. 전문가라고 하면 약간 비꼬는 말이잖아요. 그런데 다들 좋아하잖아요. 학자는 책임을 져야 하거든요. 지성이라고 하면 강한 시대적 책임감을 주는 말이잖아요. 국민들은 학자들한테 "니들이 무슨 학자냐, 전문가지"라고 하는 거죠. 전문적이지 않아도 전문가라고 하면 욕이거든요. 자기들도 "돈만 받으면 되지" 하는 건데, 그 속에서 아무도 책임은 지지 않는 거니까 책임을 회피하는 면피용 시스템만 만든 거거든요.

　다들 바쁜 것 같은데, 사실 하는 일은 별로 없잖아요. 우리나라 국민들은 다 바쁘잖아요. 우리가 풀었어야 할 문제 중에서 푼 게 하나도 없잖아요. 1990년대 또는 1980년대에 이러이러한 게 문제라고 했는데, 가령 87년 체제가 문제라고 했을 때 과연 87년 체제가 가지고 있는 문제점을 푼 게 있냐는 거죠. 푼 게 별로 없는 것 같아요. 오히려 87년 체제에서는 지역감정은 없었거든요. 바쁘다고 하면서 지역감정을 엄청나게 부풀려놓고, 차별도 더 많아진 것 아닙니까? 그럼 풀어야 할 것 아닙니까? 결자해지라고 만든 놈이 풀든지, 지성계에서 풀든지 해야 하는데, 지성계에서도 그걸 즐기고 있는 거 아닙니까? 학연이나 지연 같은 것을 은근히 더 즐기지 않나요? 그러니까 국민들만 죽어나는 거죠.

자체로 선인 존재는 신밖에 없다

지 '신자유주의라는 용어의 부작용'에 관해 말씀하시면서 "반신자유주의는 아무것도 하지 말자는 말이 될 수 있다"고 하셨는데요.

우 신자유주의라는 용어 자체가 너무 함의가 넓어요. 정확하게 무슨 맥락을 말하는지 해석의 여지가 너무 많거든요. 자본주의 일반이 가지고 있는 속성이 분명히 있는데, 교환·거래·시장 그런 것들이 있잖아요. 그것은 아주 일반적인 건데, 신자유주의라는 용어를 썼을 때는 자본주의 일반과 특수한 양상이 뒤섞이거든요. 서로 똑같은 용어를 쓰는데 용어 정의가 매번 바뀌어야 하고, 매번 재정의해야 하니까 서로 다른 뜻을 가지고 서로 얘기하는 겁니다. "한국이 신자유주의냐?"라고 물어보면 그런 용어를 쓸 수 있기도 한데, 아주 많이 변형되어 있는 특수한 신자유주의 같은 거거든요.

노무현이 신자유주의냐 하면 그게 아니고 노무현주의인 거죠. 일부 신자유주의적 요소가 있다는 거지, 그 자체를 신자유주의라고 규정하는 건 좀 무리죠. 용어 자체가 불분명하니까 상황을 규정하기 위한, 그런 용어 규정을 위한 노력을 해야 한다는 생각이 있구요.

그 다음에 신자유주의는 세계적인 흐름이 아니에요. 그렇다고 신자유주의가 세계화냐 하면 그것도 아니잖아요. 세계화랑은 다른 특수하게 규정되는 것이 있는데, 반신자유주의라고 얘기하면 많은 사람들은 세계화를 포함하는 모든 전체 흐름을 다 없애야 한다는 것으로 받아들이거든요. 하지만 그것은 그렇게 될 수도 없거니와 한 국가나 단체가 할 수도 없는 거거든요.

일반인들에게는 신자유주의 얘기하면 대세를 따라가라는 얘기로 들리거든요. 개인이 어찌 할 수 없는 큰 흐름 같은 것으로 얘기하니까 경제학에 익숙하지 않은 사람들한테는 만유인력처럼 느껴지거든요. 떨어뜨리면 땅에 떨어진다는데, 거기 대항해서 뭐 어쩌자는 거냐는 느낌을 갖는 것 같아요. 가끔 쓸 수는 있는데, 신자유주의도 함의가 너무 복잡하고, 반신자유주의도 '뭘 반대하자는 거냐'는 식으로 불분명할 때가 많은 것 같습니다.

용어들을 상황에 맞게 정의해서 얘기해야 한다고 생각합니다. 맥락을 보면, 우리나라에서 시민단체와 민중단체 사이에 노선 싸움 속에서 그 얘기가 커진 거거든요. 2년 전에 민중단체에서 "반신자유주의가 우리가 합의할 것 아니냐"고 한 건데, 시민단체도 자기 영역이 있잖아요. 환경운동이든, 여성운동이든, 자치운동이든 여러 가지가 있는데, 이것도 다 반신자유주의 흐름 속에 들어가 있는 건데요. 그것 말고 또 뭘 하라고 그런 건데, '그게 뭐냐' 하는 대목에서 대화가 안 된 거죠.

지   처음에는 순수한 마음으로 시작했던 운동이 나중에는 그 운동을 위해서 그 조직이 존재하게 되기도 하지 않습니까? 그렇게 되면 "당신들 순수한 마음으로 했으니까, 늘 순수해야 한다"고 말하는 사람들의 바람하고 충돌하게 될 텐데요.

우　조직 내에서 처음에 시작했던 뜻하고 가야 할 목표가 있잖아요. 그것을 계속해서 점검해야 하는데요. 그런 긴장관계를 금방 놓치게 되거든요. 그거는 좀 욕을 먹어야 할 것 같아요. 자기들은 왜 있는지도 모르면서 누군가한테 희생을 요구하는 것은 부도덕하잖아요. 다른 사람에게 돈을 내라고 하고 희생을 요구할 때는 '왜'를 설명해야 하는데, 어떤 운동단체는 그 '왜'를 설명하지 못하는 경우가 있잖아요. 그러지 않도록 노력해야 하는데, 뻔뻔하게 '그렇다'고 하면 '저거 뭐하는 놈들인데' 하는 생각이 들거든요. 그 자체로 선인 존재는 신밖에 없거든요.

지　생각하시기에 신자유주의라는 용어를 바꿔본다면 어떤 게 있을까요?

우　구체화해야 할 것 같아요. 교육이든 환경이든 어느 쪽이든 자기들 식으로 정의해야 할 것 같아요. 한두 가지 개념으로 시대를 다 설명하려고 하는 게 과욕인 것 같거든요. 그런 일반적인 대척점은 쉽게 못 찾을 것 같아요. 그러니까 더욱 구체화해서 여러 가지 말을 만들려고 해보고, 그러다보면 몇 가지가 상황을 잘 설명한다고 해서 자리를 잡게 될 거라고 생각하는데요. 신자유주의라는 것 하나로 싸잡아서 설명하게 되면 다른 적절한 용어를 찾는 노력조차 못 하게 되잖아요. 실제로 어떤 게 있냐 하면요. 신자유주의가 문제라고 하는데, 그럼 한국에 신자유주의자가 누구냐 하면 없어요. 자기가 신자유주의자라고 말하는 사람은 없다니까요. 누구나 다 나쁘다고 하는데, 나쁜 놈은 없는 상태죠. (웃음) 재경부에 있는 사람에게 물어보세요. 자기가 신자유주의 신봉자라고 하는 사람 한 명도 없거든요. 기업에 있는 사람한테 "니들이 신자유주의를 만들었냐?"고 하면 "무슨 얘기냐?"고 하겠죠.

지　"가장 좋은 국민경제는 전쟁이 없는 것"이라고 하셨는데요.
우　그게 제가 평소에 국민경제의 미래를 정의하는 방식이에요.

지　전쟁이 좋아서 하는 경우는 없겠지만, 역사를 보면 미국의 독립전쟁처럼 국가의 관계나 국가경제를 완벽하게 재정립하는 전쟁도 있지 않습니까?
우　아주 고전적인 해석이구요. 지금은 국가 단위라는 게 어느 정도 형성되었잖아요. 독립이라든가 이런 것은 계속 있을 거구요. 일반적인 국가와 국가 사이의 전쟁은 독립 과정까지구요. 전쟁은 피곤하잖아요. 제일 피곤한 거 아닌가요? 사실 어떤 식으로든 파병을 하면서 전쟁에 관여하잖아요. 한국도 이미 전쟁을 하고 있는 거구요. 자기 모국에서 전쟁이 나는 것은 제일 싫어하잖아요. 좁게 정의하면 모국에서 전쟁이 나면 그런 건데, 그건 다 피하려고 하잖아요. 피하려고 하면 장치를 많이 만들어야 하거든요.

　그런 면에서 국민경제의 목표를 적극적인 의미로 '전쟁이 없는 상태'라고 정의하는 거죠. 전쟁이 없으려면 외부 에너지나 자원, 외부 시장에 너무 의존해서도 안 되는 거죠. 또 어느 정도 자기 방어력도 갖춰야 하지요. 그런 것들을 위해서 여러 조건을 맞추다보면 상당히 많은 문제가 균형조건에 들어간다는 거죠. 적도 너무 많이 만들면 안 될 거구요.

지　어떤 사람들은 "외국 자본을 많이 유치해놓으면 그걸 보호하기 위해서라도 전쟁을 할 수 없다"는 논리를 펴는데요. 그런 의견은 어떻게 생각하십니까?

우　그런 식으로 치면 중동에 자본이 얼마나 많이 들어가 있어요. 실제로 이라크, 이란만 봐도 아주 많이 들어가 있는 나라 아닌가요? 온 나라의 석유자본은 다 들어가 있는데, 어디 보호해주던가요?

지　자본주의적으로 일정한 궤도에 오른 나라들은 전쟁의 방식이 아니라 다른 방식으로 착취하는 구조가 되기 때문에 막상 전쟁을 하지 않게 되기는 한 것 같은데요.

우　그러려면 적극적으로 장치를 만들지 않으면 안 되죠. 이를테면 미국은 본토에서 전쟁이 없었잖아요. 비대칭적인 전략 속에서 테러가 많잖아요. 저게 전쟁이냐 아니냐를 따졌을 때 조금만 더 일반화되면 정의하기 어려우니까요.

지　한꺼번에 수천 명이 죽는 상황은 전쟁이라고 봐야겠죠.

우　조금 민감하고 예민한 정의들을 써야 할 것 같아요. 제가 생각한 '전쟁 없는 나라' 모델은 스위스나 오스트리아거든요.

그런 나라는 전쟁이 없을 거라구요. 그런데 그런 나라에 다국적기업이 없느냐, 군대가 엄청 강하냐 하면 아니거든요. 지들은 강하다고 하는데, 강하긴 뭘 강해. 그 중에서 여러 가지 전략들과 함께 상징적인 뭔가를 계속 만들어야죠. 그런 보호장치는 군대로만 되는 게 아니라 외교나 상징적인 것들이 있어야 가능하다는 거죠. 한국은 전쟁 날 확률이 굉장히 높다고 보는 사람들이 많잖아요. 통일되면 전쟁은 없을 거라는 게 우리의 잠재적인 가정인데, 오히려 통일되면 전쟁 날 확률이 높아질 것 같거든요. 여기만 치면 된다고 생각할 국가들이 많아지잖아요. 그러면 전쟁이 날 수 없도록 하는 장치를 굉장히 많이 만들어야 하거든요. 그런데 국민들은 통일만 되면 어디든 한판 붙어보자는 생각들을 하고 있지 않습니까?

지　우리도 일정하게 인구도 된다고 생각하고, 말씀하셨듯이 외부 의존도가 높고 팽창하는 나라이기 때문에 좀더 커지면 '일본하고 붙어보자'는 마음도 생길 수 있을 것 같은데요.

우　대결하는 거랑 전쟁은 차원이 다른 거거든요. 자본을 유치하면 전쟁이 없을 거라는 논리는 턱도 없는 소리죠. 제3세계 보세요. 얼마나 많은 각축을 벌입니까?

시가 죽어버린 자리에 **개발 복음**만 넘친다

예술은 질서정연해지고 경제는 혼란스러워졌다

지 경제학자로서, 노무현 정권을 어떻게 평가하십니까?

우 케인즈 우파, 악질 케인즈주의자들이죠. 케인즈를 제일 악랄하게 해석한 경우입니다.

지 그것도 좀 갈팡질팡하고 분열적인 부분이 있었지 않습니까? 일관성 있게 추진하지도 못했던 것 같은데요.

우 어떻게 보면 그냥 모피아가 제일 나쁘게 진화한 상태 있잖아요. 모피아들이 생각했던 방식대로라면, 이를테면 시장대로 한다고 하면 시장이 원활하게 작동하느냐, 그런 시장질서 같은 것을 세우는 게 같이 갔어야 하는데요. 독과점에 대한 반대가 강한 게 시장주의자들인데, 모피아가 제일 나쁘게 진화하

고, 케인즈주의가 제일 악랄하게 움직였던 그런 상태라고 보면
될 것 같아요.

지　그러면서도 양극화를 해소하겠다는 말은 많이 하지 않았
습니까?

우　집권 후반기 되어서 몇 마디 한 것 아닌가요? 논리를 찾다
보니까 나온 말이지, 원래부터 그런 생각을 갖고 있었던 것 같
지는 않구요. 실제로 한 것도 없잖아요.

지　"예술은 질서정연해지고, 경제는 혼란스러워졌다"고 하
셨는데요. 가장 큰 이유는 뭘까요? 예술이 먼저 치고 나간 다음
에, 시인들이 시대의 아픔을 먼저 느끼고 글을 내놓으면 학자
들이 따라가야 한다고 하셨는데요.

우　어떻게 보면 사회가 어려워질 때 인류역사가 그랬던 것
같은데요. 글씨가 있기 전에 사람들이 그림부터 그렸잖아요.
글을 쓰기 전에 노래부터 불렀던 것이 사람이잖아요. 중남미나
유럽이나 미국을 보더라도 어떤 경우라도 예술은 직관적으로
움직일 수 있는 거니까 시대 변화에 가장 민감하거든요. 이론
은 데이터가 있거나 현상이 있어야 분석하는 거 아닙니까?
　예술가들이 먼저 말을 만들어내고, 소설에서 무슨 인간형 하
다보면 학자들은 몇 년 뒤에야 움직이잖아요. 정책은 그것보다
더 뒤고, 늘 엇박이 나는데, 우리나라는 정책이 시대 변화와 무
관하게 움직이는 거구요. 예술가들은 예술 하면서 괴로운지 안

괴로운지 얘기 안 하거든요.

그림도 굉장히 민감한 분야인데, 포트폴리오나 이런 게 나오면서 그림에 돈이 들어오잖아요. 화가들은 입이 찢어졌잖아요. 너무 행복하잖아요. 사람들은 죽겠다고 하는데, 그런 게 전혀 반영이 안 되고 있구요. 민중 속에 가장 가까이 있었던 게 시였거든요. 그런데 시는 죽어버렸잖아요.

지　김수영 같은 시인이 안 나오는…….

우　김수영이 시를 쓸 때는 누구나 다 김수영을 알았잖아요. 지금 우리 시대의 시인이 누구냐 하면 아무도 모르잖아요. 이 시대랑 같이 호흡하면서 울고 웃고 하는 시인이 있느냐 하면, 없잖아요? 그것은 시인들만 책임질 일은 아닌데, 시가 죽은 것은 사실이죠. 이 시대를 노래하는데, 사람들이 그 시인의 입을 보면서 울기도 하고 웃기도 하고, 그런 게 시 아녜요.

지　요즘은 원더걸스나 슈퍼주니어를 보면서 울고 웃고 그러잖아요. (웃음)

우　시는 희랍시대부터 굉장히 오랫동안 사람들하고 가장 가까이 있던 건데요. 시가 죽었죠. 그 죽음이 지속될 거냐 하면, 제가 보기엔 또 시인은 나오게 되어 있거든요. 시는 그런 것이거든요. 좋은 시인이 나올 때는 혼자 나오는 경우가 많아요, 앞에 누가 있어서 그런 게 아니고. 철학은 혼자 나오지 않죠. 철학뿐 아니라 학문이 다 그래요. 그런데 예술은 괜히 나오는 때가 많잖아요. 이중섭이나 이런 사람이 나올 때 그 앞에 엄청 좋은 스승이 있었거나 그렇지 않고 그냥 나오는 거잖아요. 학문은 그러기가 어려워요. 혼자서 천재가 되어 나오지는 않거든요. 예술은 그럴 수 있잖아요.

지　은퇴 후에 작곡 공부도 하고 싶다고 하셨고, 좋은 글을 쓰시고 싶은 열망도 큰 것 같은데요.

우　글을 잘 못쓰니까요. (웃음)

지　거의 유일하게 인정하는 글쟁이가 김수영 시인 같은데요.

우　김수영 시 재밌잖아요. 안 알려진 시들도 재미있어요. 김남주 시도 그렇구요. 10여 년 전까지만 해도 대표적인 시인들이 있었잖아요. 그런데 1990년 이후부터는 사람들에게 새롭게 알려진 시인이나 시가 거의 없죠. 최영미의 《서른 잔치는 끝났다》가 나온 이후로 시가 사라진 거 아닙니까?

　시인은 배고픈 거거든요. 시인은 사회를 먹이고, 사회가 시인을 먹이고 그런 관계인데, 사회가 먹이고 싶은 시인이 없는 거 아녜요. 저 사람 밥은 줘야지 하는 말인데요. 사실 시인은 동냥질하는 것과 비슷하거든요. 다니면서 노래 부르고 시 읊어주면 밥 주고, 방랑시인이 있을 수 있는 게 그런 거잖아요. 사람들이 보편적으로 좋아하니까 아무데나 가도 시를 읊으면 밥을 주니까 방랑시인을 할 수 있는 거죠. 뭐 대단한 것을 주는 게 아니라 그저 밥 한 그릇 주고 하는 게 사회가 먹여 살리는 거잖아요. 이제 그런 게 없어진 거죠. 오죽했으면 "시인은 이제 더 이상 직업이 아니"라고 하겠어요.

지 민중시인으로 우러름을 받았던 김지하 선생이 극우 성향을 보이는 것을 어떻게 생각하십니까?

우 본인이 생각했던 길들을 계속 찾아나가는 건데요. 일관성은 있는 것 같아요. 여러 가지 선택들이 있었는데, 자신은 민족의 영광 같은 데서 가능성을 본 거거든요. 어떻게 보면 보편주의와 민족의 특수주의가 모든 사람에게 있는데, 왜 그 중심이 한국이어야 하느냐는 설명이 안 되는 것 같거든요. 그런 것을 앞에다 놓으면 결국 민족 중심주의 같은 데로 가기 십상이잖아요. 그런 면에서는 극우적 요소가 있다고 생각하는데, 한국이 아니라 몽고나 티베트라면 왜 안 되는 건가요? 그렇게 하려면 신비적인 것을 끌고 와야 하잖아요. 무슨 말인지 잘 모르겠더군요. 약간 사이비 종교와도 관련된 것 같다는 생각이 드는데, 하여간 우리 아니면 안 된다는 말은 위험하거든요.

지 만약에 파시즘으로 간다고 하면 나치 시대의 바그너 같은 역할을 하지 않을까 하는 생각도 드는데요.

우 바그너가 실제로 파시즘을 지지한 것은 아니에요. 바그너의 오페라에 그런 요소가 좀 있을 뿐이죠. 히틀러가 듣고 너무 좋아했다는 것 아닙니까? 바그너가 죽고 나서 숭배한 것인데, 어떻게 보면 바그너로서는 좀 억울한 거죠. 자기가 독일인을 부끄럽게 묘사한 것도 많거든요. 우리는 죄 많은 민족이라고 하기도 했는데, 결국 그의 곡이 히틀러를 만나면서 행진곡이 되어버린 것이거든요.

그런 눈으로 보면 바그너보다 훨씬 더한 사람들 많잖아요. 정명훈이 2년 전 8.15 땐가 시청 앞 광장에서 오케스트라 지휘를 하면서 태극기를 갖고 있다가 어느 순간에 지휘봉 대신에 태극기를 들고 지휘했거든요. 기획된 연출인데, 주머니에 태극기를 30분 전부터 넣고 있었을 거 아닙니까? 그게 다른 나라에서 그랬으면 말이 되냐고 했을 텐데, 한국이다 보니까 사람들이 열광했는데요. 그건 바그너보다 더 간 거죠. 바그너도 국기를 휘두르거나 그러지는 않았거든요.

〈니벨룽겐의 반지〉가 최고의 극우파 오페라라고 하는데, 오페라에서는 그렇지 않아요. 〈니벨룽겐의 반지〉에 '난쟁이 조곡'이 나와요. 오페라에서는 그렇지 않은데, 사람들은 그게 유태인을 의미한다고 해석했거든요. 그걸 파시즘 행진곡으로 만든 건데, 태극기 들고 연주하는 그 정도가 되면 이미 클래식이 아니고 광시곡 같은 거죠. 국악을 하는 사람들도 태극기를 들고 하지 않거든요. 국악은 오히려 보편주의를 추구하거든요. 우리나라 음악이라서 특별히 좋은 것도 아니고, 어느 나라든 민속음악이 있는데, 우리는 그때 이런 음악을 했고, 상당히 우수하니까 좀더 해보는 것이 좋겠다는 게 국악 하는 사람들이 지닌 생각이거든요. 일반적으로 생각하면 국악이 파시즘 음악이 될 것 같은데요. 뭔가 계속해서 질문하지 않으면 모든 음악은 파시즘 음악이 되거든요. 정명훈 같은 경우가 자본, 쇼비니즘, 파시즘이 딱 결합되기 좋은 경우죠.

지 '신경제소외계층'이 생길 거라고 말씀하셨는데요.

우 이미 생긴 거 아닌가요?

지 "신경제소외계층에게는 파시즘 또는 민중, 두 개의 정체성이 동시에 열려 있다"고 하셨는데, 지금 상황에서는 어느 쪽이 더 가깝다고 보십니까?

우 아직은 모르겠어요. 그런데 조선시대로 생각해보면 홍길동을 좋아했던 사람들 있잖아요. 그 사람들은 파시즘과는 거리가 멀잖아요. 똑같이 민중을 감동시켰던 소설인데, 그런 데 비해서 이명박 신화는 홍길동 신화와는 정반대 이미지잖아요. 이명박 신화를 대신할 수 있는 다른 뭔가가 나타나서 길을 열지, 소설 같은 데서 보면 이명박을 육화시킨 소설이 등장할 수 있잖아요. 그러다보면 홍길동하고는 정반대의 길을 가게 만들 수도 있구요. 그것은 아직은 열려 있는 것 같아요.

지 우리나라 사람들은 비록 도적이라고는 하지만 임꺽정 같은 사람을 '의적'이라고 하고, 대도 조세형 같은 사람도 그다지 부정적으로 생각지 않았던 것 같은데요.

우 어떻게 보면 우리나라 사람들은 당한 사람들을 불쌍하게 여기는 게 있는 것 같아요. 무당집도 가보면 한이 많은 사람들이 약발이 좋다고 관운장도 모시고, 노국공주도 모시고, 어떤 데 가보면 예수도 모시고, 맥아더도 모시잖아요. 대도大盜나 그 런 것은 핍박받은 사람들에 대한 애환 같은 건데요. 이명박 같 은 경우는 특별한 것 같아요. 이렇게 비도덕적인 사람들을 좋 아했던 적이 많지 않거든요.

지　약자를 옹호하는 의식이 많이 약해진 거 아닌가 하는 생 각도 드는데요.

우　또 모르죠. 어떤 영웅이 나올지. 아직은 상당히 부정형하 게 섞여 있는 것 같아요. 황우석, 디워 등 일련의 코드들이 있잖 아요. 그런 게 형성되고 있는 것은 맞는데, 이게 진짜로 현실 생 활까지 지배하고 있느냐 하면 아직은 아닌 것 같아요. 딱하게 생각하는 것 곧 연민 같은 게 함께 있거든요. 독일에서 히틀러 가 나왔을 때 유태인한테 아주 가혹할 정도로 에너지가 뭉친 거잖아요. 그런데 제 생각에는 조금 더 지나 노동력이 개방되 면 북한 주민들이 거기에 대해서는 파괴적이고 무서운 역할을 할 수도 있지 않을까, 그런 우려를 해요. 아직은 외국인 이주노 동자에게 그렇게까지 폭압적으로 하지는 않거든요. 일은 막 시 켜도 말은 그렇게까지는 안 하잖아요.

　제가 20대 문제에 주목하는 이유는, 적절한 균형을 찾지 못하 면 외국인 노동자들이나 북한 주민들하고 경쟁하게 된다는 데 에 있거든요. 그러면 훨씬 극우파로 갈 수도 있죠. 다 쫓아내고 우리끼리 해보자, 그러면 유럽식의 극우파가 되는 거죠. 아직은 20대가 그것보다는 더 포용력이 많은 집단이니까 현실은 그런 데로 많이 갔어도 의식은 아직 거기까지 안 간 거거든요. 조금 더 열려 있다고 생각합니다.

지　북한을 생각해보면, 남한 자본이 북한하고 교류하면서 북한의 싼 노동력을 이용하면서 그쪽이 또 하나의 소외계층이 되고 내부 식민지가 될 가능성이 높은데요. 처음에야 먹고 살 수 있으니까 만족하겠지만, 사람이란 게 시간이 지나면 위화감이 점차 커지지 않을까요.

우　상대적 박탈감 같은 것들이 커질 거구요. 제가 좀 더 심각하게 생각하는 것은 북한의 토지 소유관계인데요. 지금은 공적 소유로 되어 있는데, 적절한 제도를 만들지 않으면 서울의 아줌마, 아저씨들이 가만 놔두겠어요? 그 분들이 지방으로 몰려가 땅을 사들이면서 남한 시스템이 무너진 거 아닙니까? 그 분들이 또 북한에 가서 한탕 더 하겠죠.

지　지금 휴전선 근처의 땅들도 다 그렇다고 하던데요.

우　스탠바이 상태니까요. 통일은 먼 일이라고 쳐도, 지금 개방은 시키려고 하는 거 아닙니까? 그러면 어떤 일이 벌어질 건지 너무 빤한 거 아닙니까? 조금 천천히 가더라도 그런 제도들을 만들면서 가야 하는데, 정동영이 그걸 만들 것 같지는 않거든요. 북한에 대해서 정동영이 갖고 있는 생각은 다다익선이잖아요. 개성공단 같은 거 많을수록 좋다는 거죠. 제가 통일에 반대하는 것은 아니지만, 통일 환원주의나 근본주의가 가지고 있는 위험성이 있잖아요. 그게 이 경우에는 다른 계층이나 문화적인 문제는 좀 부작용이 있다가 마는 건데, 북한이라는 큰 덩치에 대해서 근본주의적으로 접근하는 것이 이제는 위험하고 뭔가 제동장치가 필요한 거죠. 북한에도 적절한 제도가 필요한 것 아닙니까? 그런데 일단 가면 된다는 것은 부작용이 분명히 있을 건데, 서로를 위해서 만드는 것이 좋지 않겠냐는 거죠. 그 중에서 제일 큰 것이 토지 장치인 것 같거든요. 북한이 알아서 하지 않겠느냐고 하는데, 전 못할 것 같아요. 강원도, 전라북도, 자기네 땅 못 지키잖아요. 제주도도 못 지키고, 그런데 북한이 어떻게 지키겠어요?

하여간 한국 부동산 기획회사들의 효율성은 이미 입증된 거거든요. 남한 내에서는 얼마나 무서운 사람들인지, 노무현도 제어하지 못하잖아요. 북한도 제어하지 못할 것 같아요. 북한에 가서 제일 먼저 한 게 금강산에 골프장 세 개 만든 거잖아요. 어떻게 할 건지는 너무 눈에 선하잖아요.

지   어떻게 보면 골프는 칠 수도 있고 안 칠 수도 있는 건데, 건전한 것을 유지하는 사람들은 대개 골프를 안 하는 것으로 건전성을 유지하고 있는 게 아닌가 하는 생각이 들구요. 골프 치는 자체가 나쁜 것은 아닌데, 공직에 있는 사람들이 골프 치는 경우를 보면 그 사람들이 대개 좀 오버하고 불안하기도 하거든요. 나중에 문제가 터지는 경우가 많구요.

우　개별적으로 여러 가지 생각이 있을 수 있는데요. 일단 싼 건 아닙니다. 월급으로 치면 한 달에 1000만 원 밑인 사람들이 골프를 친다는 것 자체가 적잖은 기회비용이거든요.

지　그게 어떻게 보면 접대 행위가 되면 반대급부를 줘야 하는 경우도 생길 거구요.

우　특수한 경우죠. 골프장 자체가 일반적인 스포츠와는 달리 지역에서의 토지 소유관계들 있잖아요. 그런 것과 관련해서 움직여나가니까 야구장이나 축구장이나 수영장에서는 그런 일이 안 생기거든요. 다른 거랑 다른 게 골프장은 사람 사는 데서 좀 멀리 떨어진 데서 개발되거든요. 미개발지나 도로 없는 맹지 같은 데 들어가거든요. 그래서 인근의 땅값을 많이 올리죠.

지　새만금 문제는 어떻게 풀어야 한다고 생각하십니까? 골프장을 100개 짓자는 사람도 있고, 관광특구로 만들자고 하는 사람도 있는데요.

우　새만금이요. 제가 보기에 턱도 없는 소리인 게, 물이 부족한 지역이에요. 강이 둘 있는데, 둘 다 식용수로 적합하지가 않아요. 그래서 지금 목표 수질이 원래 용어대로 치면 4급수거든요. 4급수는 음용수로 못 써요. 위쪽에서 물을 끌어다가 그 지역에서 물을 마시는 건데요. 대규모로 뭘 개발하려고 하면 거기에 물이 없어요. 뭘 할 수가 없는 데라구요. 그래서 골프장 얘기가 나오는 겁니다. 공장도 힘들고, 아파트도 힘들지만, 골프장은 물이 오염되어도 가능하거든요. 그렇더라도 겨우 그거 하려고…….

　골프나 관광이 어떤 맹점이 있냐 하면, 경기 민감도가 높은 사업들이에요. 특정 지역에 경기 민감도가 높은 사업으로 지역경제를 구성하잖아요. 그러면 경기가 좋을 때는 괜찮은데, 경기란 좋을 때도 있고 나쁠 때도 있잖아요. 나쁠 때는 아주 피곤한 것이거든요. 그래서 사람이 그런 곳에 살다보면 황폐해져요. 언제나 좋은 게 아니거든요. 골프장 위주로 해놓잖아요. 그러면 경제가 나빠질 때가 되면 주민들이 못살게 되거든요. 그런 것을 몇 번 겪다보면 정서적으로 황폐해지니까 지역경제를 구성할 때는 경기 민감도가 높은 거랑 낮은 거랑 적절한 비율로 구성할 필요가 있거든요. 그런데 난개발하고 그럴 때는 아무 생각 없거든요. 자기한테 직업을 선택하라고 할 때 한탕 하고 노는 직업을 할 거냐, 경기랑 상관없는 것을 할 거냐 하면 다 안정적인 것을 한다고 그럴 거잖아요. 지역경제도 마찬가지거든요.

한국의 386은 역사를 배신한 세대다

지 어릴 때부터 경제교육을 하는 게 좋을 것 같은데요. 아이들 경제교육을 어떻게 해야 할까요?

우 어려운 문젠데요. 우리나라엔 지하경제가 많거든요. 다단계 같은 경우도 빠르게 움직이고, 건전한 시민이라고 할 때는 지하경제에 대한 이해가 필요하겠죠. 낭비하거나 쓸데없는 소비 같은 건 줄이는 게 개인으로서는 편하잖아요. 그런 개인을 불법 다단계라든가 낭비 같은 거에서 지키는 교육은 일찍 해도 좋을 것 같은데요. 그게 윤리교육만은 아니구요. 그런데 지금의 경제교육은 그것과는 거꾸로 가고 있죠. 돈이 최고라는 것이 경제교육의 다는 아니거든요. 그런데 경제교육이 너무 과하다보니까 오히려 지하경제라든가 투기경제에 취약하게 만들어요. 경제교육을 많이 받으면 '바다 이야기' 안 할까요? 할 거예요. 쇼핑 중독 같은 거 안 할까요? 정작 그런 중요한 거는 안 가르치는 것 같더군요.

지 20대도 마찬가지고, 그들을 수용할 조직이 많지 않다보니까 조직폭력배나 그런 데로 갈 확률이 높다고 하셨는데요. 외국인 노동자들의 범죄가 늘어나는 추세잖아요. 소외감이 커지면 그런 식으로 분노가 표출되는 걸 텐데요.

우 지금 러시아가 그런 상태잖아요. 해마다 수백 명이 인종 관련 살인사건으로 희생되니까요.

지　유력 정치인이나 기자를 암살하는 경우도 있던데, 아직 한국은 그런 데까지는 안 갔지 않습니까?

우　어떻게 보면 규칙이나 이런 게 무너지기 시작하면 어디까지 갈지 예측할 수가 없는데요. 충돌이나 이런 것들은 문화나 제도로 방지하는 장치를 만드는 게 좋을 것 같거든요. 현재로서는 무방비죠.

지　만약에 북한이랑 인적 교류가 많아지면 그쪽에서도 그런 일이 발생할 가능성이 높은데요.

우　가능성이 높죠. 부자 국민과 가난한 국민이 섞여서 살면 어떤 일이 벌어질 거냐 하는 건데, 한국인이 일본인한테 당한 경험이 있잖아요.

　동경대지진 때 일본인들이 한국인들을 학살하고 그랬는데, 우리라고 그러지 말라는 보장은 없잖아요. 교육이나 사회적인 장치를 통해 계속해서 '그러면 안 된다'고 의식화하지 않으면 그런 일이 벌어지게 되거든요. 옛날에 일본 사람들 욕했는데, 한국이 그 입장이 되면 안 하란 법이 없거든요. 처음 시작할 때 '이코노믹 애니멀'(경제인간)이라는 말을 했었잖아요. 그게 원래 동남아에서 일본 사람들 부르는 얘기거든요. 그럼에도 불구하고 일본은 효율성을 지킨 편인데, 한국은 욕만 먹고 효율적이지도 않거든요. 이미 동남아에서 한국 사람들 좋게 생각하지 않잖아요.

지　한국 유학생들이 하도 지저분하게 놀거나 현지 국민들을 하인 대하듯이 해서 인식이 안 좋다고 하던데요.

우　결국 졸부들이 보일 수 있는 창피한 모습들이죠.

지　"프랑스의 68세대와는 달리 한국 386의 자기 결집은 사회에 대한 긍정적 효과를 만들어 다음 세대에게 더 많은 기회를 부여하는 방식으로 진화하지 못했다. 곧 대학 국유화를 쟁취한 뒤 다음 단계로 진화했던 프랑스의 68세대와는 달리 우리의 386은 대학개혁에 대해 거의 아무런 청사진이나 의미 있는 노력을 개진하지 않았을 뿐 아니라 오히려 학벌사회를 더욱 강화시키며 교육 엘리트주의를 강화시키는, 일종의 역사에 대한 배신을 행한 세대"라고 하셨는데요.

우　유럽은 그런 상황을 겪으면서 대학 서열화 같은 게 어느 정도 정리된 모델인데요. 한국은 오히려 더 강화시켰잖아요. 아주 일부가 대안교육 같은 걸 고민했지만, 대부분의 사람들은 과외 열심히 시키고, 지금의 사교육이나 이런 문제는 그 사람들이 부모가 되면서 생긴 거잖아요. 객관적인 사실인데 누구한테 책임을 돌릴 수도 없는 거잖아요. 니들이 부모 되서 그런 거 아냐, 어떻게 보면 대학생 중심의 사회개혁 프로그램이 지닌 한계 같은 걸지도 모르구요. 프랑스는 중고등학생도 많이 참여했고, 노동운동하고도 결합이 되서 총체적인 운동으로 간 것이거든요. 우리나라에서는 대학생들이 학벌을 가지고 다시 사회에 적응하게 된 것이고, 자기 것을 내놓지 않은 거죠. 감옥 가서 고통 받았다고 하는데 그건 극히 소수에 불과하고, 대부분은 기득권을 누린 거잖아요. 오히려 대학 학벌이 얼마나 소중한지 뼈저리게 느끼면서 내 자식들만은 꼭 좋은 학벌을 갖게 하겠다, 이렇게 되니까 비극이 반복되는 거죠. 1980년대에는 10년만 지나면 서울대니 연고대니 하는 게 없어질 거라고 믿었거든요. 저 학교 다닐 때는 '스카이'(SKY)라는 말 잘 안 썼거든요. 창피한 얘기라고 해서 의식적으로 피했죠. 최근에 대학교 강의 몇 번 갔는데, 질문에서 자연스럽게 스카이라는 말을 막 쓰거든요. 이게 뭐냐, 20년 전에도 이러지는 않았는데, 도대체 역사가 발전했다고 하는데, 어디서 발전한 거냐는 겁니다.

지　요즘 대학생들 자기들끼리 소개하는 것이 있던데, 너무너무 획일적이더군요.

우　20년 지나면 나아질 거라고 생각했는데, 뭐가 나아진 건지 모르겠어요. 오히려 더 팍팍해진 것 같아요. 프랑스는 레지스탕스 했던 사람들이 그것을 자기 계급처럼 활용한 측면이 있거든요. 그런 게 우리나라에서 1980년대 운동했던 사람들이 레지스탕스 했던 사람들이 가졌던 것과 같은 지나친 자부심이라고 할까, 그런 걸 가지고 있는 것 같아요. 도덕적인 반성이 정지하면 그때부터 망가지는 거잖아요. 노무현 정부의 속성 자체가 그런 것 같아요. 끊임없이 자기반성을 해도 욕먹기 십상인데 반성은커녕 "나만큼만 하라"고 하면 자연히 웃기지 말라는 소리가 나오는 거죠.

지 과거 세대가 잘못한 게 있다손 치더라도 그 사람이 잘못했다고 해서 우리가 저절로 옳아지는 것은 아니지 않습니까? 베트남 파병만 해도 보수주의자들이 고민했던 흔적이 있던데요. 지금은 국익이라는 이름으로 정당화해버리는데요. 물론 전쟁에 참여하는 방식에서 조금 차이가 난다고 해도 그게 386이 자기 성찰을 하지 못하는 문제 같기도 한데요.

우 국익이 그리 좋은 용어는 아니거든요. 국가 중심으로 움직이니까 그런 말을 쓰는데, 쓰면서도 반성을 해야 하거든요. 위험할 수 있다는 생각을 해야 하는데, 예전에 민중이라고 했던 얘기를 국익이라고 치환만 한 것이거든요. 내용은 전혀 다른 건데, 그러면서 반성 자체가 없어진 것 같아요. 선무당이 사람 잡는다는 말이 맞는 것 같아요.

지 그러면서도 스스로에 대한 도덕적 우월감도 많이 갖고 있기 때문에 문제 해결이 어려운 것 같은데요.

우 학자나 예술가들이 비꼬거나 풍자를 통해서 그런 것을 계속 환기시켜줘야 하거든요. 지난 5년 동안은 오히려 학자나 예술가들이 한나라당은 죽여야 한다고 그쪽으로만 힘을 쏟은 거 아닙니까? 그런데 이런 상황을 한나라당이나 《조선일보》가 만든 거냐면 꼭 그런 것만은 아닌 것 같거든요. 조금 중간에 서거나 위에서 보면서 풍자 같은 게 많았어야 하는데, 어떻게 보면 좀 다른 의미에서 어용 예술가나 어용학자가 나온 셈이죠.

지 　그렇게 얘기하면 "나쁜 한나라당이 있는데, 우리끼리 싸우면 어떡하냐"고 해왔는데요.

우 　역사에 '우리'가 어디 있냐는 거죠. 역사는 옳은 것, 그른 것, 혹은 잘 모르는 것으로 구성될 거 아닙니까? 우리라고 하는데, 누가 우리냐 이거죠. 프랑스도 그렇고 독일도 그러는데요. 사회당이 휩쓸 때 예술가들이 사회당 꼬집고 그래요. 미테랑 웃긴다고 하지, 기립박수 치거나 용비어천가 부르는 일은 별로 없어요. 남세스럽잖아요.

지 　대기업들이 규제완화 해달라고 계속 주장하고 있는데요. 한국 기업에게 규제가 많다고 생각하십니까?

우 　규제는 상당부분 일종의 사회적 제재 같은 건데요. 사실은 많은 게 일종의 특혜이기도 하거든요. 다시 말해, 특정 산업을 보호하기 위한 장치이기도 하거든요. 그러니까 규제가 일방적으로 많으니 적으니 하는 논의는 사실 무의미하죠. 전체적인 틀로 보아 없애야 할 것도 있고, 늘려야 할 것도 있을 거구요. 산업이 어떻게 가야 할 거냐, 국민들이 어떻게 갈 거냐를 두고 봐야 하거든요.

　규제를 다 없애면 큰 기업 몇 개만 남겠죠. 그런데 그 기업도 자기가 빨아먹을 것이 사라지고 나면 결국 또 죽겠죠. 이렇게 온 모습도 역사적 산물이거든요. 일본은 오히려 기업이 해달라고 해서 만든 규제도 많아요.

지　남들한테는 진입장벽이 있었으면 좋겠다고 하면서 이미 진입한 자기들한테는 규제를 없애달라는 건데요.

우　정부에서 많이 도와줬잖아요. 도와준 것에 대한 어떠한 반대급부로 뭘 신설하는 대신 뭘 도와준다는 거였거든요. 제도는 그게 생겨난 의미나 변천해온 역사가 있잖아요. 그런 걸 종합적으로 봐야 하는데, 그게 쉽지가 않죠.

지　구조론과 관련해서 "좌파는 분열로 망하고, 우파는 부패로 망한다"는 말을 어떻게 생각하세요?

우　턱도 없는 소리죠. 그냥 해보는 말이죠. (웃음)

지　이런 잘못된 얘기들이 어떤 상황을 규정해버리는 경우도 있지 않습니까? "절이 싫으면 중이 떠나라"는 식으로 상황을 몰아가고, "사촌이 논을 사면 배가 아프다"는 식으로 국민성을 규정해버리는 경우도 있는데요. 이런 말에 공세적으로 대응해서 "틀린 말"이라고 바꿔줘야 할 것 같은데요.

우　문학 하는 사람들이 안 싸우면서 조롱도 하고, 언어유희 같은 것도 하잖아요. 이런 말 자체가 그래서 나온 말인데요. 어느 순간인가 우리 말 갖고 재밌게 노는 그런 문학을 하는 사람들이 줄어든 것 같아요. 누구나 알 수 있게 쉽게 꼬집고 그러면 재밌잖아요. 문학도 너무 경건해지고 엄숙해진 것 같아요.

경제의 껍데기만 볼 뿐 실체는 보지 못한다

지　노무현 정부에서 한미FTA를 하자는 것도 우리에겐 사람밖에 없으니까 서비스 산업을 강화해서 경쟁을 하자는 얘기 같은데요.

우　역시 턱도 없는 소리죠. 서비스 산업? 지금 우리나라는 건설을 서비스 산업으로 놓고 분석하는데요. 사실은 우리는 제조업을 했는데, 제조업이 뭔지에 대해 잘 이해하지 못하고 있는 거죠. 서비스 산업이란 생각보다 복잡해요. 1차, 2차, 3차로 기계적으로 나눠서 볼 게 아니고, 서비스 산업도 얼마나 넓은데요. 엔지니어링은 말이 좋아서 서비스 산업이지, 그거는 제조업 바로 옆에 붙어 있는 거거든요. 그것과는 전혀 상관없는 순수 서비스 산업도 있고, 그걸 다원적으로 봐야 하는데, 복잡한 것을 너무 단순하게 놓고 비교하는 것 같아요. 제조업처럼 그렇게 일반화할 수 있는 게 아니고, 그저 편의상 1차, 2차, 3차 하는 건데, 국가 전략을 그렇게 단순하게 잡으면 안 되죠.

지　금융 강국이 될 수 있다고 생각하는 것 같은데요. 런던이나 뉴욕처럼 금융이 전통적으로 강한 도시는 물론 홍콩이나 도쿄 같은 곳과 경쟁하는 것도 어려울 텐데요.

우　쉬워보였으니까요. 경제에는 껍데기가 있고 안에 실체가 있잖아요. 실체를 보는 것은 어렵거든요. 실물은 금융보다 훨씬 어려워요. 누군가 그걸 계속 봐야 하고, 금융과의 함의 같은 것을 분석해줘야 하는데요. 사실 우리나라 경제학계가 그런 깊은 얘기들을 분석하는 게 약했거든요. 금융 해도 되는데, 어떤 경로로 어떻게 하고, 제조업과의 관계는 어떻게 할 것이냐, 지역과의 관계는 어떻게 할 것이냐 논의를 많이 했어야 합니다. 그런데 지금은 금융이 많으면 좋다는 것 외에 명제가 없잖아요.

일본이 금융으로 해서 다 간 거냐 하면 그것도 아니거든요. 일본 경제 요즘 도요타 얘기 하는데, 일본 경제가 금융을 잘해서 살아난 거 아니거든요. 미국도 금융이 세다고 하지만, 자동차나 철강을 포기했느냐 하면 그런 적 없거든요. 반대로, 죽어가는 것 알면서도 죽어라고 살리려고 하잖아요. 미국이 우리나라에 쇠고기 죽어라고 팔려고 하거든요. 대통령까지 나서서 팔려고 하는데, 우리 식으로 얘기하면 거기 금융 강국인데, 금융으로 가면 되지, 광우병이라고 욕먹어가면서 왜 죽어라고 팔려고 하겠어요. 1차 산업이잖아요. 벌써 버렸어야 할 산업인데, 그게 그 나라에서 그만큼 중요하다는 거잖아요. 하지만 사실 쪽팔리잖아요. "쇠고기 좀 사라"고 하면서 그 사람들이 얼마나 입이 안 떨어지겠어요. (웃음) 그다지 하고 싶은 얘기는 아닌데, 국내에서의 요구가 강하고, 그만큼 필요하니까 쪽팔려도 그 얘기를 하는 거거든요.

그러니까 금융 강국이 모든 걸 다 해결해준다면 미국도 쇠고기 같은 치사한 소리 할 일이 없거든요. 멋있게 얘기하다가도 FTA 하면 자동차가 어쩌고 구질구질한 얘기를 하는 거거든요. 그 사회에서 필요하니까 하는 거거든요. 세계 최강의 뉴욕 금융시장을 갖고 있는 미국도 금융 강국 어쩌고 하지 않잖아요. 기를 쓰고 쇠고기도 팔고, 옥수수도 팔고 그러잖아요.

지　어떤 산업이 우리한테 경쟁력이 있다고 생각하십니까?

우　저는 소재는 정밀기계나 이런 것은 해볼 만하다고 생각하는데요. 문제가 장인이 움직일 수 있게 해주고, 조그만 단위로 움직일 수 있게 해줘야 하거든요. 뜯어먹는 재벌과의 관계에서 중립적으로 해주고, 공구상은 특수공구에서는 해볼 만했던 건데, 이명박이 와서 다 때려부숴 놨잖아요. 그런 점에서는 중소기업에 대해서 정부가 심판만 제대로 봐줘도 충분히 갈 만한 건데, 못하고 있다고 생각해요.

정부가 나서서 몇몇 큰놈들 손만 들어주지 않으면 시장은 적절히 균형을 잡게 되어 있거든요. 그런 면에서는 정부가 너무 나서서 경제를 망쳤다는 것에는 생각이 비슷해요. 삼성 손도 너무 들어준 거 아닙니까? 그래서 IT가 다 죽은 거죠. 다 삼성이 빨아가는데, 어떻게 할 수가 없잖아요. 영화도 가만히 내버려뒀으면 되는데, 스크린쿼터 알아서 축소했잖아요. 나서서 죽인 거고, 한류도 가만히 내버려뒀으면 괜찮았을 텐데, 그걸 이데올로기로 바꾼 거잖아요. 뭣도 잘 모르면서 기획한답시고 너무 정부시장으로 끌고 가려고 한 건데요. 그게 문화인데 그런 단순논리로는 잘 안 되는 거거든요.

지　"경제정책의 일관성과 국토생태를 포함한 종합적인 시각에서 보자면, 노무현 정부의 정책 기조는 사실 박정희의 유신 경제보다도 더 성장 이데올로기에 가깝게 다가와 있다. 산업화에 따른 문제가 없는 건 아니지만, 그린벨트와 조림정책에 대한 이해만큼은 박정희가 종합적이었다는 점을 지적하지 않을 수 없다"고도 하셨는데요. 민주화 진영에서는 박정희 시대의 개발정책 때문에 환경이 많이 망가졌다고 비판하는데, 어떤 시각이 맞는 건가요?

우　두 개가 다 있는데요. 박정희가 종합적이긴 했죠. 실제로는 그린벨트는 안 만들어도 됐거든요. 뭔가 박정희도 고민한 거였죠. 그래서 만들어 놓은 건데, 지금은 그런 안전장치 때문에 불편한 거 아니에요. 그래서 다 치운 거구요. 박근혜가 경선 때 "농사 그만 짓고, 그린벨트도 좀 풀자"고 했는데, 만약 박정희가 살아서 들었다면 "내가 그럴까봐 해놨는데……" 할 것 같아요. 박정희 때 해놓은 자산들 있잖아요. 그것을 조금씩 갉아먹다가 노무현 때 다 끝장낸 그런 과정이라고 볼 수 있죠. 박정희는 좀 다면적이에요. 일방적으로 개발만 했다고 보기는 어려운 게 위에서 얘기한 선험적인 역할도 했으니까요. 그린벨트 그거 지금 한다고 생각해보십시오. 씨나 먹히겠어요. 박정희 때 강남 개발 시작하면서 누군가 박정희한테 도시가 너무 팽창하면 문제가 생길 거라고 조언해줬을 텐데요. 박정희가 그걸 받아들여 "그럴 것 같다. 내가 힘 있을 때 해놓아야겠다"고 한 거죠. 비슷하게 노무현도 "내가 힘 있을 때 FTA 같은 거 해놔야겠다"고 한 건데, 방향이 좀 다른 것 같아요.

지　"2002년 대선 때에는 나도 열렬히 노무현 대통령을 지지했지만, 2003년 3월 막 취임식을 마친 후의 대통령은 선거 전에 내가 보았던 그 사람이 아니었다"고 하셨는데요. 뭘 보고 그렇게 느끼신 겁니까?

우　인수위원회 구성이나 초기 장관 인선을 보면서 '이건 아니다'고 생각했죠. 제가 김영삼 때부터 정부랑 일을 같이 했었는데요. 김대중 정부 때는 정부 내에서 계속 일을 했었어요. 인수위 때 김영삼이나 김대중도 그 정도는 아니었거든요. 노무현 인수위 하는 것을 보면서 토껴야지, 이거 큰일 나겠다고 생각했습니다. (웃음) 그때쯤 전북 가서 새만금에 대해서 얘기하는데, 첫마디가 자기가 봐도 이상하다는 말이거든요. 시민단체는 새만금 안 한다는 말로 들었고, 주민들은 개발한다는 말로 들었는데요. 결국 농사를 짓는 것은 이상하다는 말이었어요. 공약은 그거 안 한다는 거였는데, 다 뒤집더군요. 인선은 모르고 한 건데, 인수위 내에서 움직이는 거랑 밑에서 움직이는 것을 보면서 여기에 발 걸치고 있다가는 나중에 진짜 곤란한 일 생긴다, 도망가야겠다는 생각을 한 거죠.

지　적극적으로 조언해주실 생각은 없으셨나요?

우　조언을 해줄 루트가 없어요.

지　사람들이 남의 얘기를 잘 안 듣는다는 생각이 들긴 하더라구요.

우　대화가 어렵더라구요. 하여간 아주 대화하기 힘든 상대였습니다. 말을 안 들어요. 도무지 듣지를 않아요. 명색이 듣고 반박하고 하는 게 토론 과정인데 들어야 할 거 아녜요. 듣지를 않는데, 뭐 얘기할 길이 없죠.

지　말로는 토론공화국이라고 하면서 큰 정책이 결정된 걸 보면 토론이 제대로 된 적이 없는 것 같은데요.

우　선험적인 판단이 많죠, 그 집단이. 그리고 공약 뒤집은 것도 많잖아요. 그러면 사과해야 할 거 아닙니까? 사과하는 법도 없어요. 황우석 사태 때도 사과해야 하는 거 아닌가요? 자기가 생물학 전공이 아니라서 '잘 몰랐다'고 하면 되는 건데, 대화가 안 되는 상황이죠.

지　오늘의 대화를 정리하는 차원에서 해주실 말씀은?

우　복잡한 것은 복잡하게 풀고, 간단한 것은 간단하게 풀면 되는데, 우리나라는 보면 복잡한 것은 간단하게 풀려고 하고, 간단한 것은 복잡하게 이해하려고 하는 측면이 있는 것 같습니다. 외교나 대외관계 같은 것 있잖아요. 그것은 객관적으로 봐야 하는데, 너무 보고 싶은 대로만 보는 것 같아요. 그래서 문제가 생기는 것 같은데요. 좀 냉정하게 생각해봐야 하는데, 냉정한 사람이 별로 없는 것 같아요. 냉정하게 본다는 것은 차갑다는 것과는 다르거든요. 학자들은 좀 냉정한 사람이어야 하는데, 학자들도 별로 냉정하지 않은 것 같아요.

지　문제를 제기하기 힘든 부분도 있고, 예전에 강정구 교수처럼 그렇게 얘기하면 난리가 나니까요.

우　뭔가 좌파, 우파 양쪽이 다 얘기할 수 있는 중립지대가 별로 없는 것 같아요. 그렇다고 우리나라가 좌우토론을 하느냐 하면 그런 것도 아닌 것 같구요. 논의 자체가 실종된 상태죠. 우파에서 얘기하면 좌파들이 생까고, 좌파들이 얘기하면 우파들이 생까구요. 토론이 좋은 것은 직접 싸우는 것보다 말로 싸우는 게 더 부드럽잖아요. 그리고 말로 이렇게 해보면 어떤 부작용이 생길지 여러 가지 드러나잖아요. 그런데 지금은 얘기는 없고, 행동만 많은 거잖아요.

지　토론이 잘못 진행될 경우 감정의 앙금이 크게 남는 경우도 있지 않습니까?

우　그래도 주먹질하는 것보다 낫잖아요. 아무리 말이 독하다고 해도 말은 말이죠. 예를 들어 광주학살 생각해보세요. 물론 말은 얄미운데, 싸우는 것보다는 그래도 말로 싸우는 게 낫죠. 말로 싸우는 게 싫다고 주먹질하면 황당하잖아요. 노무현은 말하기 싫으니까 조치부터 해버리잖아요. 어차피 너희들은 반대할 거니까 하면서 일을 저지르는데, 반대해도 얘기는 해야죠. 매사가 저지르고 나서 통보하는 식이잖아요.

국민들이 좀 사려 깊어지고 지혜로워지는 게 해법인 것 같은데요. 지금처럼 잘

속아서는 민주주의나 경제나 다 힘들죠. 우리나라 국민들 다 잘 속잖아요.

황우석한테도 속고, 노무현한테도 속고, 신정아한테도 속고, 하여간 잘 속아요. 속는

것은 어쩔 수 없다고 생각해도 속고나면 단단해져서 속이기 어려운 국민이 되어야

할 텐데요. 그렇게 되면 지금 이 상태보다는 훨씬 나아질 것 같습니다.

CHAPTer 03

우리 이제 **무엇**으로
희망을 말할 것인가

가장 큰 **문제**는
'**천천히 죽어가는 것들**' 이다

민주주의의 본질은 절차가 아니라 콘텐츠에 있다

지 《도마 위에 오른 밥상》이라는 책을 내셨는데요. 원래 제목이 '음식국부론'이었다고 들었는데, 음식국부론이란 보통사람들이 얘기하는 보이는 재산이 아니라 눈에 보이지 않은 건강 같은 것이 국부로 계산되어야 한다는 메시지 같은데요.

우 문화나 안전 같은 것들이 앞으로 굉장히 중요해진다는 거죠. 사실《아픈 아이들의 세대》도 그렇고, 농업이 왜 필요한지를 현대적 의미에서 해석하려는 시도 중에서 나온 거거든요. 《아픈 아이들의 세대》는 도시 복원이나 도시 생태라는 면에서 그렇게 들어간 거구요. 음식국부론은 음식 안전이라는 개념을 가지고, 농업이 왜 중요하냐는 것을 다룬 거죠. 그런데 잘 안 됐어요. (웃음) 농업 얘기를 굉장히 강조했는데요. 《88만원 세대》

에서도 나름대로 농업 얘기를 강조했는데, 그건 전혀 안 보는 것 같더군요. '농업 공무원' 같은 얘기는 우리나라에서 사실 제가 맨 먼저 했던 거예요. 그 얘기를 전농, 민노당한테 다 했어요. 그래서 기간농민제 같은 여러 가지 형태로 진화했는데요. 첫 번째 원형에 대한 생각이, 농업 공부 하면서 음식국부론 쓸 때 '어떻게 2,30대가 새로 농사를 짓는 농민이 되게 할까?' 그런 고민을 했던 거구요. 그게 지금까지 계속 이어져오는 거죠.

지 우리 경제에서나 삶에서 농업이 굉장히 중요하다는 말씀을 하시는 거구요. 책을 읽다보면 미국을 지탱하는 가장 큰 힘이 농업 정책이라는 생각이 들던데요.

우 다양성하고 농업 두 가지에 있겠죠. 미국이 생각보다 연대정신이 강한 나라라는 생각이 들거든요. 미국 사회가 시장으로 다 움직이고 힘없는 놈들 죽으라는 사회냐 하면 전혀 그렇지 않거든요. 유색 인종에 대한 사회적 지지나 지원 같은 것을 만들어냈잖아요. 그게 한 축이고, 미국에서 농업을 할 이유가 없을 것 같아 보이는데도 그걸 계속 지지해온 거잖아요. 일부는 화학농업이나 이런 대로 가기도 했지만요. 미국에도 자영농이 있거든요. 직불제를 만들어서, 농사짓는 사람을 없애지는 않는 겁니다.

우리가 단순하게 생각해서 미국서는 뉴욕 스타일만 있는 것 같은데, 보면 그렇지 않은 것 같아요. 미국 중서부 같은 잘 사는 곳으로 알려져 있는 데를 보면 건물도 높지 않고, 도시 자체는 보수적이지만 뉴욕 스타일의 규모와는 다른 식으로 도시연대나 도시 내부에서의 사회적 관계 같은 것이 있는 것 같거든요. 영화 〈심슨 가족〉을 보면 배경이 중서부의 도시로 설정되잖아요. 〈심슨 가족〉에 나오는 그런 모습은 이를테면 〈배트맨〉이나 〈슈퍼맨〉 같은 데 나오는 고담시티와 전혀 다른 거거든요. 우리는 고담시티 버전의 미국만 보잖아요. 그것만으로 미국이 서 있는 것은 아닌 것 같다는 생각을 하는 거죠.

지   미국은 기본적으로 자기네들은 농업을 지키면서 다른 나라 농업은 무너뜨리는 무역질서를 만들어내려고 하지 않습니까?

우   다른 나라에 대해서는 "니들 농업은 니들 지식인이나 지도자가 지키라"는 거잖아요. (웃음) "우리는 우리 것 지킨다"고 하구요. 게임을 한다고 치면 "니들은 니들이 해결해. 그것까지 미국이 알아서 해줄 필요는 없잖아" 하는 거죠.

지   우리나라에서 보호정책을 제대로 만들지 못하면서 미국이 하는 얘기를 앵무새처럼 반복하는 통상 관계자들을 보면 흔히 하는 얘기대로 "몸은 한국인이지만, 정신은 미국 관료"라는 생각이 들기도 하는데요.

우   스펙트럼이 좁다고 생각하죠. 철광업이 여러 가지 문제가 있는 것은 다 알 거구요. 구조적 문제가 있고, 1990년대 초중반에 미국을 논의할 때 그런 것 다 버리고 갈 거라고 했는데, 미국이 철강이나 자동차 산업을 넘어가게 그냥 두지는 않거든요.

제조업도 붙잡고 있는 거구요. 사실은 교육이 부족하다거나 하는 사람들, 이를테면 중·고등학교만 나온 사람들이 가장 인간답게 살 수 있는 것이 농업이거든요. 저학력인 사람들에게 열려 있는 사회적 문 같은 거구요. 농업이 국토 생태에서 중요한 기능을 하잖아요. 가난한 사람들에 대한 복지정책 같은 것을 농업 자체가 해주는 역할이 있는 건데요. 그것을 종합적으로 봐야 하는데, 한국에서 경제 얘기하는 사람들은 너무 맨 마지막에 있는 상징들인 뉴욕이나 금융만 보려고 하는 게 아니냐는 거죠. 당장 금융이 고도화되어 있다는 미국도 금융과 서비스로만 구성되어 있는 건 아니거든요.

지 학교 급식이나 이런 걸 봐도 미국이 다른 나라에는 패스트푸드를 팔려고 하면서 자국의 초등학교에는 유기농 급식을 늘려가고 있다고 하던데요.

우 유럽은 굳이 웰빙이라는 말이 필요 없을 만큼 웰빙이 보편적으로 구현된 사회거든요. 미국도 그보다는 못하지만 반₩웰빙에 가까운 사회인데, 우리나라에서는 웰빙을 럭셔리 마켓이라고 해서 고급시장이라고 보는데요. 그것만은 아닌 것 같아요. 철학적인 반성도 있고, 문명적인 전환을 시도하는 그런 것도 좀 있거든요. 그게 한국으로 들어오면 완전히 현대백화점 풍으로 가는 거죠. (웃음)

그러니까 미국은 굉장히 다면적인 모습을 가지고 있어서, 51개 주가 저마다 51개의 서로 다른 문화를 가지고 있는 거잖아요. 그런데 한국 사람이 보는 미국은 굉장히 획일적이고 단편적이거든요. 만약 미국이 그런 나라일 뿐이라면 무엇으로 그런 거대한 제국을 운영할 수 있겠어요?

지　뒤집어 생각하면 자기네 나라가 무너지지 않게 하기 위해서 그런 정책을 쓰는 것 같은데요. 그렇지만 자기네 나라에서도 거의 절반의 사람은 "아파도 할 수 없다" 하고 대충 버려두고 가는 나라 아닙니까?

우　미국도 고민이 있는 거죠. 미국 정치인들 만나서 얘기하면 그게 좋은 게 아니라는 것은 자기들도 알아요. 미국도 전환을 해야 하는데, 1970~80년대에 그걸 만들 수 있는 기틀을 못 만든 거죠. "지금 미국의 의료 상태가 좋으냐?" 하면 사실 자기들도 불편해한다구요. 예를 들면 이런 게 있어요. 미국 의사들끼리 계 비슷한 것을 만들어요. 거기는 치과의사나 내과의사, 정신과의사 이런 사람들이 모임을 해서 이 사람들 식구가 오면 실비로 해줘요. 치과의사는 자기 친구 식구들이 오면 싸게 해주는 식이죠. 미국의 의사 하면 사회적 레벨이 굉장히 높은 거잖아요. 그런 사람들도 감당이 안 되니까 자기들끼리 상조회 같은 걸 만드는 거거든요. 사회복지 상태가 좋지 않다는 걸 반증하는 거죠. 그런데 의사들이나 그렇게 하지, 변호사들은 어떻게 하겠어요. 분명히 미국식 모델은 한계가 있는 건데, 미국도 그걸 다시 바꿀 수 있는 계기를 못 찾는 것이거든요. 그걸 우리가 따라갈 이유가 하나도 없는 거죠.

지　우스갯소리로 야구장 갔다가 옆에 있는 의사에게 "머리 아픈데 어떻게 해야 하느냐?"고 하니까 "아스피린 먹고 집에 가서 쉬어라"고 해서 쉬었는데, 의료비 청구서가 날아왔다고 하더라구요. 그래서 옆집 사는 변호사에게 "그걸 내야 하냐?"고 물었더니 "당연히 내야 한다"고 하면서 법률 상담료를 청구했다고 하는 얘기가 있던데요. (웃음)

우　미국 중서부 모델이라는 게 있는데요. 그런 도시에서는 소비자협동조합도 강하구요. 개러지 마켓이라고 해서 지역공동체 차원에서 운영하는 값싸고 낭비를 줄이는 것들이 잘 발달되어 있거든요. 박원순 변호사가 하는 아름다운 가게가 상당부분 미국 모델에서 가지고 온 건데, 공식적으로 미국이 이렇게 표방하고 있다거나 전문가들이 말하는 미국은 이렇다고 하는 것만 있는 것은 아니라는 겁니다. 유럽식 연대라고 부르기는 어려운데, 나름대로 지역공동체 같은 것을 계속 만들면서 한계점들을 보완하거든요. 미국 모델로 간다고 할 때는 그 안에 내재된 다문화적이거나 다원적인 것들까지 가져와야 그 모델이 폭발하지 않거든요. 그런데 우리는 시장만 가져오면 마치 금세 미국처럼 되는 것으로 착각하는데, 결코 그런 건 아니죠.

중남미에서 실험을 해봤잖아요. 역시 실패한 거잖아요. 신자유주의를 가장 적극적으로 받아들인 나라가 아르헨티나 같은 덴데요. 거기도 사실 처음에는 인디오 정신 같은 게 없었는데, 이건 아니다 싶으니까 새로 만든 거거든요. 자기들끼리 왜 서로 도와야 하는지, 새롭게 인식한 거죠. 유럽 게 좋다느니, 미국

게 좋다느니 하는 얘기만 할 게 아니라 그런 사회가 어떻게 해서 폭발하지 않고 움직이는지, 그 속을 자세하게 들여다볼 필요가 있거든요. 그런데 우리나라는 그런 고민을 너무 하지 않은 것 같아요.

민주주의냐, 아니냐 하는 것도 바보 같은 얘기죠. 민주주의가 가능하려면 사회적 장치가 굉장히 많이 필요한 거잖아요. 그것은 절차만 가지고 되는 것이 아니고, 비공식이라고 얘기되는 수많은 요소들이 개입하면서 민주주의를 만드는 거죠. 경제도 마찬가지죠. 시장경제라고 하면 대부분의 나라가 시장경제인데, 그게 다 하나의 형태가 아니라 나라마다 처한 상황에 따라 보완하는 과정에서 다양한 형태와 색깔을 띠게 되는 겁니다. 심지어 미국도 시장경제의 폐해를 보완하면서 간다는 거죠. 자본주의나 시장경제 같은 것을 자기 손으로 안 만들어본 나라들이 있잖아요. 그런 나라들이 외국 모델을 빌려왔을 때 생기는 폐해는 대개 껍데기만 차용한 데서 비롯하는데요. 해당 국가에서는 그 제도가 총체성 내에 들어가 있는 거니까 거기서 생기는 좋은 점과 나쁜 점이 있을 텐데요. 이를테면 좋은 점은 더 크게 만들고, 나쁜 점은 보완해주는 다양한 것이 있는데, 그거는 시장 분석에만 들어가 있지는 않거든요.

지　책을 쭉 보다보면, 현재 우리나라 농업 문제도 개발을 하기 위해 농지를 다른 용도로 쓰는 것 때문에 발생하는 것 같은데요.

우 　지역마다 외지인이든 토호든 땅(개발)을 통해서 일상적인 경제활동으로는 상상하기 어려운 부를 누리는 집단이 있거든요. 말은 토지의 효율적인 사용이라고 하는데, 그것을 국가나 생태 관점에서 보는 것이 아니고, 일부의 토지 소유자들 위주로 결정되잖아요. 그러다보면 분명히 문제가 생길 거구요. 그런데 이게 노무현 시대에는 여러 지역에서 동시다발적으로 벌어졌거든요. 그러다보니까 문제가 해당 지역경제에만 그치지 않고, 전국적으로 부동산 가격이 폭등하는가 하면 비개발 부분이 개발 경제에 짓눌려 정상적으로 발전하지 못하는, 그런 폐해가 크다고 생각하는 거죠.

　그런데 민주주의를 만들었던 사람들에게는 토호라는 개념이 없거든요. 그런데 유럽에서는 대개 귀족들이 그것을 가지고 있어요. 그 대신에 "귀족과 토지가 없는 사람들 사이에 어떻게 경쟁을 하면서 서로 제어를 하느냐" 하는 사회적 장치가 있거든요. 미국도 보면, 오히려 무기라든가 전국적 기업 같은 데서는 발생하는 문제는 아직 제어하지 못하지만, 지방에서 토지를 많이 가진 사람들이 전국적인 개발을 만들어서 하는 것들을 이미 제어하는 장치가 있는 것 같으니까 그런 사람들이 민주주의 얘기할 때 토호 같은 개념을 고민할 필요가 없습니다. 그런 존재가 없으니까요. 그런데 우리는 고민할 필요가 있다는 거죠.

　노무현 정부가 잘 안 될 거라고 생각했던 이유도 원래 유럽이나 미국의 교과서에 토호와 어떻게 지내야 하는가에 관한 것은 나와 있지 않거든요. 실제로 노무현도 지방 토호들과 손을 잡

우리 이제 무엇으로 희망을 말할 것인가

은 거거든요. 이 사람들이 정치적으로는 상관이 없는데, 경제적인 통치 같은 것을 하기 위해서 균형발전위원회 한다고 하면 나와서 대화도 하고 그러잖아요. 노무현 정부에서는 지방에 사는 서민이라든가 서울에 사는 집 없는 사람들하고는 아무도 대화를 한 적이 없거든요. 뉴타운 같은 것 한다고 했을 때, 이를테면 이명박이 서울에서 뉴타운 했다고 치면 전국 단위에서의 도시 형성 계획이 그거하고 본질적으로 뭐가 다르냐는 거죠. 서로 규모를 놓고서 경쟁했을 뿐이지, 똑같은 일들을 했던 게 아니냐는 겁니다. 그러다보니 자연스럽게 땅 없는 사람, 집 없는 사람, 상징적 자본이 없는 사람에게는 아무 기회도 없는 5년이 펼쳐진 겁니다.

모든 걸 '욕망'으로만 풀려고 하는 권력이 나라를 망친다

지 개혁이라면 "내가 저걸 빼앗아서 누려야겠다"는 게 아니라 좀더 근본적인 태도를 가지고 변화를 시도했어야 하는데, 쇠고기나 골프장 같은 경우에는 해법이 같았던 것 같습니다. 유럽에서는 귀족만 먹던 것을 시민들까지 먹기 위해 쇠고기 대량 생산이 필요했던 건데요. 지금 한국의 골프장도 그런 식이잖아요. 골프장의 '문제'를 얘기하는 게 아니라 "하나라도 더 지어서 싸게 해서 우리도 치자"는 식이 되지 않았습니까?

우 자본주의가 커지면 따라서 욕망이 커져요. 사회적 욕망이라는 것이 커지다보면 생태적인 문제라든가 제어되지 않는 새로운 문제들이 생기거든요. 한국 자본주의가 커지면서 생긴 문제들을 어떻게 적절하게 풀 것인지에 대한 고민이나 성찰 없이 욕망으로만 풀려고 했던 겁니다.

"니네 원하는 거 다 해줄 테니까 나한테 투표해줘" 하는 것은 이명박도 그렇고 노무현도 마찬가지였거든요. 욕망을 부추기는 형태로 정치를 한 겁니다. 민주주의는 껍데기만 쓴 거죠. 자본주의가 성숙하려면 기계적 욕망이 아니라 문화적인 것이라든가 하는 부분도 신경을 써야죠.

제3세계 민중에 대해서도 미국이나 유럽도 관심이 가게 되어 있거든요. 어느 정도 1차적인 필요가 충족되면 그 다음에 고급스런 욕망이나 욕구 같은 게 생기는 건데, 굉장히 기계적인 욕망으로만 치환하다보니까 사람들을 경제동물로 만들어버린 거죠.

지　그렇기 때문에 바꾸기 힘들 것 같은데요. 욕망을 서로 조율하고 타협하는 것이 필요할 것 같습니다.

우　그런 면에서 저는 한국에서는 생태주의나 생태적 사유가 훨씬 많이 필요할 거라고 생각하는데요. 1990년대에 신좌파가 나오면서 여성주의라든가 소수자 문제, 인권 문제 등 구좌파들의 질문을 뛰어넘는 것들이 나왔거든요. 그런 것 중에서 스스로 욕망을 줄이도록 주문하는 게 생태주의거든요. 우리가 하고 싶은 것을 다 하고 살 수는 없다는 메시지를 갖고 있는 건데요. 유럽이나 미국을 보면 그런 생태주의가 모든 정치집단이나 사람들에게 한 번씩은 사유가 된 겁니다. 하다못해 부시 입에서도 환경 얘기가 나오거든요. 전혀 그럴 것 같아 보이지 않지만, 자기는 생태주의로 정치를 했던 엘 고어와 경쟁을 하는 거잖아요. 고어와 경쟁을 하면서 반생태만으로 간 것이 아니고 생태주의를 일부 흡수한 거거든요. 부시가 "기술적으로 어려워서 못하지만, 생각을 안 한 것은 아니"라는 얘기를 합니다. 그것은 집단이 아니라 개인한테도 마찬가지거든요.

한국은 어떤 자기 스스로 제어하는 장치가 없는 상태예요. 그게 여성주의에서도 나올 수 있고, 지역주의에서도 나올 수 있는데요. 실제 여성주의도 생태주의와 결합되지 않으면 여성들의 욕구만으로 담론이 흘러갈 수 있거든요. 지역주의도 생태공동체라든가 이 마을을 어떻게 하면 안정시킬 것이냐에 대한 생태적 고민을 하지 않으면 '땅값만 오르면 장땡'이라고 생각하게 되는 거죠. 사실 지난 5년 동안 '개발이 되어서 땅값 오르면 우리 지역이 잘살게 되는 것 아니냐'고 생각해온 거잖아요. 이런 게 장기적으로는 심각한 문제를 일으키죠. 이걸 국가 단위로 모아보면 결국 온 국민이 욕망덩어리가 되어버린 거거든요. 그런데 그렇게 높은 수준의 욕망을 만족시킬 수 있는 장치가 현재의 자본주의에는 없다니까요. 모든 사람한테 큰 아파트를 주고, 큰 승용차를 주고, 전국을 돌면서 놀 수 있게 돌릴 수 있는 시스템이라는 건 존재하지 않거든요.

사람들의 욕구를 문화라든가 하는 비물질적인 것으로 충족시킬 수 있는 뭔가가 계속 나와야 하는데, 5년 동안 한 게 물질적인 욕구만 키운 거잖아요. 결국 돈만 많으면 행복한 게 아니냐는 건데요. 모든 사람들이 그렇게 생각하면 민주주의도 그것을 만족시킬 수 없고, 자본주의도 그렇게는 못 돌아가거든요.

지 경제학에 나오는 '국부론' 개념을 먹을거리에 적용하면서 어떤 부분을 염두에 두신 건가요?

우 맛이라는 게 굉장히 감각적인 것이라서, 먹어서 안전한지 아닌지 인식할 수가 없잖아요. 텔레비전 같은 데서 음식을 다루는 걸 보면 그저 맛 위주로만 가거든요. 그건 말초적인 접근인데요. 말초적인 것의 특징이 뭐냐면 직관의 뒤를 받치는 미학이 없다는 거예요. 건물도 그런 거잖아요. 60~70층짜리 빌딩이랬자 사실 별거 아닌데, 그걸 멋있다고 생각하잖아요. 뭐가 진짜 아름다운 거냐 하는 미학적인 얘기도 같이 있어야 하는데, 음식이나 건물이나 다음 단계의 미학에 대한 고민이 없으니까 경제학에서 그런 논의까지 열어보기가 쉽지 않더라구요.

지　몽골 기병이 유럽을 휩쓸었을 때 저장과 보관이 편리한 육포의 도움도 컸을 거라고 하셨는데요. 음식이 민족성에 영향을 주는 것이 큰가요? 민족성이나 환경이 거기에 맞는 음식을 만들어내게 하는 측면이 큰가요?

우　상호작용이 있는데요. 어떻게 보면 세계화라는 흐름에서 고유한 음식이라는 게 이제 큰 의미가 없거든요. 그래도 보존할 것들에 대한 얘기는 음식문화에 강조점을 둬서 그런 쪽에서 생각해볼 수 있지 않느냐는 거죠. 단순히 칼로리나 맛만 생각하면 우리나라 음식을 지킬 이유도 없고, 잘 팔리지도 않을 건데요. 그러니까 산업적인 이유라고 할 것도 없거든요. 그런데 지금은 약간 민족주의나 쇼비니즘에 더 가까운 것 같아요.

우리나라 음식이 왜 좋으냐고 하면 "우리나라 거니까, 외국에 팔릴 거니까"라고 하는데요. 그게 아니고 진짜로 고유한 뭐가 있느냐, 다른 데서도 그걸 고민하는데 반드시 상업적인 이유 때문만은 아니라구요. 세계화라는 흐름 속에서 뭔가 지켜야 할 이유를 찾는 작업의 하나로 음식을 시도해보고 싶었던 거죠. "왜 된장국에 김치 먹는 것을 지켜야 하느냐, 한국에 오래된 검증된 식단이라는 게 여전히 좋은 거더라, 맛은 개인들이 판단할 거지만 이렇게 먹으면 암이라든가 여러 가지 병을 예방

할 수 있는 사실이 수백 년 동안 입증된 것이다. 여기에 화학첨가물이라든가 다른 게 들어오면 들어올수록 이런 것들이 입증이 되지 않은 거니까 앞으로 50년이나 100년 후에는 어떤 일들이 벌어질지 모른다"고 한 건데요. 어떻게 보면 음식에 관해서는 굉장히 보수적인 입장을 택한 거죠.

지   거기에 대해서 사람들은 담배가 해로운 것은 알지만 담배를 못 피워서 스트레스를 받기보다는 담배를 피우는 게 낫겠다고 하는 사람도 있구요. 음식물 강박증 때문에 스트레스 받는 게 더 해로울 수 있지 않냐, 뭐든 맛있게 먹는 게 좋은 거 아니냐고 하는 사람도 있을 수 있는데요.

우   개인들의 선택은 그런데요. 음식이라는 게 모아놓으면 결국은 국내 농업과 연결이 되거든요. 모든 물건이 그렇기는 한데 "농업을 지킬 것이냐, 안 지킬 것이냐?" 하는 질문에서는 음식을 생각해보는 게 1차적인 문제죠. 경제성만 얘기한다고 하면 다 사다 먹으면 될 거구요. "사다 먹는 것이 안전하지 않다"고 하면 어디선가 누군가는 농업을 해야 할 거구요. 그 누군가가 농업을 하는데 그게 돈이 안 된다고 하면 그 사람이 먹고살 수 있게 해주는 방법이 뭐가 있느냐 하면, 그것을 사회적 지지의 연장선상에서 보고 싶었던 거죠. "우리나라에서 농업은 돈이 안 된다는 것을 인정하는데, 그래도 농업이 필요하다면 어떻게 할 것이냐?" 하는 것을 경제학에서 해야 할 고민이 아니겠냐는 거죠. 그냥 알아서 잘된다고 하면 경제학자가 고민할 필요가 없잖아요. 그런데 이것은 죽게 생겼는데, 죽으면 어디선가 부작용이 반드시 나타나거든요. 이게 개인한테는 건강 문제일 거고, 국가 전체로는 생태 문제일 건데, 그런 해법들이 만나는 지점이 분명히 있을 거라는 것이 처음 생각이었죠.

지 화학조미료를 쓰지 말고 천연조미료를 쓰자는 얘기도 건강 문제도 있겠지만, "농업을 살리자"는 얘기를 포함하는 걸 텐데요. 사람들 입맛이 화학조미료에 길들어 있지 않습니까?

우 화학조미료에 대한 일반의 우려는 생각보다 큰 흐름이 된 것 같더라구요. 그래서 제가 거기서 하고 싶었던 것은 뭐가 위험하다는 고발보다는 근본적으로 해결할 수 있는 시스템이 뭐냐, 개인들의 선택과 판단의 문제로 다 돌리지 말고, 그것을 국가 차원에서 풀어야 하는 것 아니냐는 거죠. 모든 사람이 밥 때마다 어떻게 안전성을 따지고 고민하면서 먹겠어요. (웃음)

사람들이 안심하고 밥을 먹을 수 있게 하는 그런 총체적인 시스템은 국가의 일이라고 본 거죠. 다른 나라의 보건정책도 다 그런 거구요. 그런데 그때 농업하고 음식에 대해 많이 고민하면서 제가 책에서 제시한 식품 정책에 대한 정부 개편안 같은 게 있었거든요. 그런 것을 늘리고, 사회적인 목소리를 내려고 했는데, 공교롭게 그 시절에 유시민이 보건복지부 장관이 된 겁니다. 오히려 유시민 전에는 국회에서도 그런 것을 만들어보고, 보건복지부에서도 "문제가 있으니까 시민단체 같은 데하고 같이 논의할 수 있는 안이 있냐?"고 해서 대화를 하고 있었거든요. 유시민 장관이 들어오면서 그런 대화가 다 끊겼어요. 제가 볼 때는 의약이나 음식 같은 게 보건복지부에서 다뤘던 큰 과제였는데요. 유시민 때는 오히려 식품 안전이라든가 그런 쪽은 많이 약해지고 약사들 얘기로 훨씬 더 많이 간 것 같아요. 대통령이 누구든지 간에 특별한 정책에서는 대화를 하거든요. 유시민 장관 때 그런 게 많이 깨졌어요. 아직까지도 같은 생각인데, 그 당시 현장에 있던 제 느낌으로는 그 시절에 정책이 몇 년 후퇴한 것 같다는 생각을 했죠.

지   그분들이 말하는 개혁이라는 게 의사들한테 좀 빼앗아서 약사들한테 나눠주자는 정도가 아니었을까요? (웃음)

우   모든 정책에서 정답이라는 것을 찾기는 어렵고, 장기적으로 볼 때 부작용을 최소화하면서 잘 조율해야 하거든요. 참여정부 때 보면 많은 부처가 너무 쉽게 문제를 본 거예요. 최소한 자기 이전 단계보다 낫게 해주면 엄청나게 발전한 거 아니냐는 건데요. 행정이 꼭 그런 것만은 아니어서요. 대통령과 상관없이 부처 내에 형성된 고유한 발전 방향 같은 게 있거든요. 이를테면 전두환이나 노태우 때 정치는 후퇴했을지 몰라도 행정이 다 후퇴했냐 하면 그렇게만 볼 수는 없거든요. 나름대로 합리성이 있었는데, 참여정부 때는 종합적인 판단 같은 게 좀 부족했던 것 같아요. 최소한 앞의 정부보다 잘할 수 있는 쉬운 답이 한두 개는 있거든요. 그것만 하면 되는 거냐 하면, 그것보다 복잡한데 너무 쉽게 문제를 본 것 같더군요. 에너지, 환경, 부동산 같은 것도 문제를 너무 쉽게 봤다는 생각이 들어요. 보유세 같은 것도 좋은 정책이긴 한데, 그것만으로 모든 게 해결되고 시간이 지나면 안정화될 것이냐 하면 그렇지는 않거든요. 어떤 방식으로 전개되느냐에 따라서 결과가 다를 텐데 "우리가 하는 것이 다 맞다. 조금만 지나면 다 잘될 것"이라는 말을 앵무새처럼 되풀이했는데, 잘되긴 뭐가 잘됩니까? (웃음) 그래서 저는 이 정부가 양아치 정부 같다고 계속 표현하는 거예요.

지 "우유를 통해 칼슘 섭취를 높일 수 있다는 주장은 전형적인 식품자본주의 마케팅"이라고 하셨구요. "우유는 사람들의 뼈를 소리 없이 녹이고 체질을 약하게 하는 숨은 바이러스"라고까지 말씀하셨는데요. 대개들 우유를 완전식품으로까지 생각하지 않습니까?

우 조금씩 먹고 보완적으로 먹는 것 정도는 당연히 좋죠. 우유 자체는 좋은 식품이니까요. 하지만 미량씩 들어가는 성장촉진제라든가 항생제 같은 것은 워낙 미량이니까 기준을 넘기지 않는다고 하더라도 섭취량을 너무 높이면 문제가 생기거든요. 그런데 키 크라고 하루에 1리터씩 먹으라고 하는데, 그런 것은 문제가 있다는 거죠. 칼슘은 계속 만들어내는 거거든요. 그게 적절한 선에서 얘기가 되어야 하는데요. 그게 과잉으로 가고, 또 이윤과 결합되는 방식으로 갈 때 문제가 생긴다는 거죠. 다른 것과 달리 옷은 입었다가 아니라고 생각하면 버리면 되지만 음식은 잔류효과가 오래가는 거라서 함부로 마케팅 대상에 넣으면 안 된다는 게 제 생각인데요. 제어 없는 자본주의가 한국 자본주의의 특징이라고 하면 거기서도 지독한 마케팅이 있는 거죠. 전 세계에 그런 나라가 어디 있냐구요. 우유를 날마다 1리터씩 먹었을 때 어떤 일이 벌어질지 아무도 모르는 거거든요. 그런데 무조건 먹으라는 거잖아요.

지 "고추장도 공업용 고추장이라고 불러야 한다. 특별한 제재를 가해야 한다"고 하셨는데요.

우 결국 지금은 단기적으로는 비싸지는 수밖에 없거든요. 공업용 재료를 덜 넣고 천연재료를 더 넣으면 비싸지거든요. 그런데 시장에서 정상화되면 비싸지 않게 하는 방법이 있을 수 있다는 거죠. 그것은 정부의 힘이 일정 정도 필요한데, 정부가 아무런 개입이 없이 그대로 음식을 내버려두면 대부분의 가난한 사람들은 인간이 먹기 어려운 것을 싸니까 먹어야 하고, 몇 줌 안 되는 부자들만 안전한 음식을 먹는 건데, 그런 식의 미국 모델이 좋냐는 거죠. 과거에는 맛과 칼로리라는 두 가지로만 봤거든요. 환경 호르몬이나 환경성 질환이 많아진 상태에서는 여기서도 가난한 사람들의 접근권을 해결해야 하는 게 아니냐는 거죠. 가난한 집 아이들일수록 아토피 발병 확률이 높아요. 그걸 내버려두면서 산업 논리로만 갈 거냐는 거죠. 그렇지는 않다는 겁니다.

지 지구 전체로 봐서도 그렇고, 안전하지 않은 먹을거리로 경계의 대상이 되고 있기도 한데요. 쇠고기를 '최고의 살인기계'로 표현하시지 않았습니까? 그런데 쇠고기는 부자들도 많이 먹지 않습니까?

우　부자들은 하이엔드마켓으로 가는 거죠. 일부 부자들은 횡성 어디 한우 목장에서 금값을 주고 '청정 쇠고기' 대놓고 먹고 있잖아요. 쇠고기 한 근에 10만 원짜리가 나오는 시대가 온다니까요. 이미 어지간한 식당에 가면 쇠고기 1인분에 5만 원이 넘거든요. 하이엔드라는 시장의 특징이 계속 시장을 분할시키는 거거든요. 아주 간단하게 1세기 전에는 누구나 먹어도 안전한 음식이라는 것이 특권층만 먹을 수 있는 고급음식이 되는 형태로 가는 것, 그건 국가가 가난하다는 거거든요. 부자 나라가 되는 데 갖춰야 할 여러 가지 자산들이 있잖아요. 안전한 음식을 만들고, 유통될 수 있는 장치를 만드는 것이 필수적인 요소 중 하나일 거란 거죠.

모든 게 정치·경제논리로 결정되는 사회의 비극

지 초록정치연대 정책실장 하실 때는 어떤 일들을 하셨나요?

우 결국은 이명박 시절에 서울시에서 벌어졌던 일들하고 싸우는 게 제가 했던 일들 가운데 제일 컸어요. 그 다음에 우리나라에서 녹색당이라는 정치집단이 생겼을 때 거기서 그릴 수 있는 '녹색경제학'이라고 할까, 그런 것은 어떤 모습이어야 하나, 또 구체적으로 어떤 정책을 써야 하고, 그에 따른 세제 변화는 어떻게 추구해야 하나, 이런 걸 많이 고민했죠. 그때 제가 내렸던 결론은 정부 지출을 엄청나게 늘리지 않고도 후생을 높이고, 그 다음에 그린 GDP라는 관점에서 볼 때 훨씬 나은 효율성을 보일 수 있는 길이 있는데, 못하고 있다는 생각을 가졌죠.

지 3년 정도 계셨죠? 계시면서 우리 환경운동에 어떤 문제점이 있다고 생각하셨나요?

우 우리나라 환경운동이 명망가 위주로 되어 있어요. 스타 시스템처럼 되어 있는데, 장기적으로는 스타가 아닌 사람들도 할 수 있는 쉬운 실천 방안 같은 것들을 만들면서 저변을 확대해야 하는데, 그렇게 전환하지 못하고 계속 스타 시스템으로 간 거죠. 그러다보니까 1세대 명망가들의 권한이 굉장히 커진 것이고, 그 다음 세대가 등장하지 못한 겁니다. 그 구조가 되면 "한때 유행했는데, 아직도 환경운동 하는 사람이 있냐?"고 하면서 유행에 뒤처진 그런 사람으로 생각될 위험이 커졌다는 거죠. 실제로 어떤 지방자치 운동이라든가 풀뿌리 민주주의 같은 게 들어왔을 때 그런 측면이 있었어요. "아직도 환경운동 하고 있냐?"고 비아냥대는 사람들이 있었습니다. 다음 세대의 환경운동 비전을 현장에서 많이 고민하면서 명망가 중심으로 가는 틀을 깨야 하는데, 결국 못 깬 거죠. 그러다보니까 최열이나 문국현을 비롯한 몇몇 사람들이 10년 넘게 스타로 '군림'하면서 환경운동을 상징했거든요. 그 뒤로는 아무도 없는 것 아닙니까? 그 사람들이 잘나서 그런 것도 있지만, 그보다 잘나지 못한 사람들도 할 수 있는 운동들이 많은데, 명망가 중심을 벗어나는 방법들을 못 찾아낸 거죠.

지 박원순 변호사는 자기 말고도 다른 사람들이 활동할 수 있게 다른 쪽으로 영역을 바꾼다고 하셨는데요. 새로운 스타가 나타나지 않는 이유는 뭘까요?

우 시민운동도 생활운동 폭으로 내려왔어야 하는 거죠. 공중전을 하면서 운동을 만든 건데, 일상성에서 뭘 끌어낸다든가 피부에 와 닿을 만큼의 문화적인 접근 체계 같은 걸 못 만든 거죠. 환경운동도 굉장히 큰 사이트에서 벌어지는 대치점만 보이는 거지, 생활 속에서 뭘 바꾼다거나 하는 쉽지만 별로 폼은 안 나는 그런 것으로 못 넘어간 겁니다. 주로 하는 게 (저도 마찬가지였지만) 기자회견 하면서 성명서 내고, 토론회 하고, 그런 건데요. 그게 하나의 큰 흐름을 만드는 것으로 전개되지 못하고, 새로운 공중전만 찾는 거거든요. 그런데 또 막상 그런 방식 말고는 다른 방식이 없으니까 계속 반복하게 되는 거구요. 서로 뭐가 문제라는 건 다 알고 있지만, 획기적인 전환 방식 같은 것을 못 찾고 시간이 흐른 것 같아요. 그렇다보니까 그나마 명망가 운동마저도 잘 안 되고, 사회운동이 전체적으로 어려움에 빠진 거죠.

지 생활협동조합을 통한 먹을거리로 아토피를 치료할 수 있다고 하셨는데요. 한살림 같은 생협 활동이 어느 정도 정착이 된 건가요?

우 뿌리만 내린 거고, 발전은 못한 상태라고 생각합니다. 그래도 짧은 시간 동안 1990년대 중반 이후 생협이 등장한 것은 희망인데요. 안 해봤던 거잖아요. 하지만 특히 20대랑 잘 못 만나고 있는 것은 큰 문제라고 생각합니다. 《88만원 세대》에서도 그런 것을 많이 분석했어요. 왜 협동이라는 말의 실천이 그렇게 어려운가, 우리 사회에서 상부상조라든가 협동을 어떤 식으로든 복원해야 한다고 생각한 겁니다. 그런 거 없이 발전한 자본주의는 없거든요. 자본주의는 굉장히 문제가 많은 시스템이기 때문에 이름이 뭐가 되었든 그것을 보완해주는 장치를 만들어내야 하거든요. 그래서 생활협동조합은 지금 맹아이면서 마지막 희망인데, 조금 더 커지고 더 많은 것을 해야 한다고 생각합니다. 아직은 그러고 있지 못한 상태죠. 완전히 착근한 것은 아닌 것 같아요. 버틸 수 있는 교두보가 생긴 정도가 아닐까 생각하는 거죠.

지　완전히 뿌리내리려면 어떤 게 필요하다고 생각하십니까?

우　다른 시민운동은 활동가와 회원 간의 거리가 상당히 멀거든요. 반면에 생활협동조합은 활동가와 회원의 벽이 높지가 않아요. 많은 사람들이 생활인이면서 자기 사는 데서 뭔가를 실천하는 건데요. 위험하다고 생각된 것은, 1990년 후반에 만들어진 대학생협이에요. 서울대, 연대, 고대, 이대 등에 생겼는데, 오히려 최근 대학생들의 변화와 함께 이게 확대된 것이 아니고 있던 것도 철수하는 상황이거든요. 이건 굉장히 나쁜 징조라고 본 거죠. 요즘엔 학교마다 그야말로 세계적인 브랜드의 프렌차이징 커피숍 같은 것들이 들어오고, 결국 생협이 버티지 못하고 물러난 거거든요. 이것은 중대한 위기죠. 대학생협이 커져야 중·고등학교 생협으로 내려갈 거고, 그래야 뿌리를 튼튼하게 내릴 거 아닙니까? 그게 전국적으로 확산되길 바랐던 건데, 시험적으로 들어갔던 큰 몇 개 대학의 생협도 물러나면 10년이 지나 그 학생들이 3,40대가 되었을 때 지금의 생협도 위험해질 거라고 우려하는 거죠.

지　2005년에 출간한 《아픈 아이들의 세대》에서 "서울은 PM10(미세먼지)의 지옥이고, 앞으로 적어도 5년간은 도저히 아이를 낳고 기를 수 없는 죽음의 땅"이라고 지적하셨는데요. 서울의 환경 문제로 청계천 복원과 25개의 뉴타운, 균형발전 촉진지구, 재개발 등을 거론하셨는데요. 지금 상태는 더 나빠졌을 것 같은데, 대책은 없는 건가요?

우 상황은 상당히 안 좋죠. 해결될 수 있는 행태로 바뀐 것은 없으니까요. 제가 제일 상징적으로 보는 게 서울시에서 겨울철에 하는 스케이트장 같은 거거든요. 사실 서울시청 앞이 전국에서 오염도가 제일 높은 곳 중 하나입니다. 공기가 들어오면 갇혀서 안 나가는 지형이에요. 그런 데서 스케이트 같은 격렬한 운동을 하게 되면 숨을 많이 쉬게 되고, 오염물질이 다 몸속으로 들어가거든요. 그런 데는 보건상의 이유로 할 수 없게 하고, 다른 데다 만들어야 합니다. 이명박 시장 때 정치적인 이유로, 눈에는 멋있게 보이니까 그냥 만든 건데, 그건 사회적 죄악이나 마찬가지거든요. 그것을 오세훈 시장 들어서도 창의시정이라면서 위치만 조금 바꿨어요. 위치를 약간 바꿔서 접근하기 좋게 만들어준 건데, 우리가 살아가는 사회가 어떤 수준인지를 상징적으로 보여주는 풍경이라고 생각합니다. 공무원들하고도 얘기를 해봤어요. "문제 있는 것 아니냐?"고 했더니, 환경 담당 공무원들은 문제가 있다고 그래요. "그런데 왜 얘기를 안 하냐?"고 하면 얘기할 분위기가 아니라고 합니다.

지 "30~40년에 걸쳐 조금씩 도시의 형상을 변화시키는 외국의 도시들을 보면, 도시행정을 담당하는 사람들이 바보라서 그렇게 하는 게 아니다. 우리 식으로 한꺼번에 공사를 펼치면 도시 생태가 도저히 견뎌낼 수가 없을 뿐더러 그 안에 사는 사람들이 아프지 않고 살아갈 수가 없기 때문"이라고 하셨는데요. 책에서 인용하신 자료를 보면 2002년 OECD 국가 수도 중에서

우리 이제 무엇으로 희망을 말할 것인가

서울이 PM10 오염도는 1위, 이산화질소는 2위, 이산화황은 9위
던데요. 다른 나라에 비해서 심각한 오염상태 아닌가요?

우   OECD 국가 중에서는 그렇구요. 대개는 속도의 문젠데요.
압축성장 같은 것을 하게 되면 특정 지역, 특정 시점에서 문제
가 생기게 되어 있거든요. 건설기가 지나고 나면 안정화가 되
어야 할 거 아닙니까?

그런데 한국은 재개발이라는 형태로 계속 하겠다는 거 아닙
니까? 그러니까 "다 지으면 안정화 시기가 오니까 지을 때는 좀
참아라"고 한 거거든요. 그런데 이게 고치고 또 고치고 하니까
이게 안정화할 시간이 없잖아요. "지금 이명박에 이어 오세훈
이 공사 끝내고나면 안정될 거냐?" 하면 그렇지 않아요. 그 다
음에 누가 와도 또 공사판 벌일 거거든요. 그러니까 이게 항상
적인 조건이 되는 거죠.

지   앞으로 공사를 안 한다고 해도 상당기간 되돌리기 위해서
노력하지 않으면 그냥 좋아지지는 않을 것 같은데요.

우   PM10(미세먼지)는 교통문제랑 공사문제가 같이 붙어 있는
거거든요. 지금 교통문제로만 원인을 돌리는 건데, 물론 교통
문제도 심각하긴 하지만 공사문제도 그에 못지않아요. 교통이
나 공사 모두 단기간에는 계속 지금의 패턴대로 갈 거라구요.
그걸 완화할 방법은 있는가? 제가 초록정책연대 할 때 녹색당
이 서울시장을 맡는다면 어떻게 할 것이냐는 관점으로 많이 본
건데요. 완벽한 해결은 없더라도 어느 정도 균형적인 것을 만

들 수 있다고 본 겁니다. 그런데 "그런 정책이 표가 될 거냐?"
하면 절대 그렇지 않죠. (웃음)

지　다른 데도 많이 개발해서 서울시민을 분산시키면 되지 않
겠느냐는 해법을 제시하는 사람도 있지 않습니까? (웃음)

우　그렇다고 서울의 공사가 줄지는 않을 겁니다. 예를 들면
지금 행정수도 이전 얘기를 하면서 정부에서 갖고 있던 건물들
을 민간에 매각할 거 아닙니까? 그러고 나면 그 자리에 매우 높
은 주상복합 아파트를 지을 거라구요. 그 그간이 또 10년일 거
구요. 그러다보면 한 세대가 지나가는 거거든요. 우리 세대에
서는 답을 못 찾는 거예요. 사람이 그렇게 오래 사는 것이 아니
잖아요. 지금 태어나는 애들은 성인이 될 때까지는 그렇게 사
는 거예요.

천천히 죽어가는 것들은 누가 울어줄 것인가

지 주위에서 장하준 교수에 대한 비판을 많이 요구한다면서요.

우 모두가 장하준의 제자가 될 필요는 있지만, 그냥 무시하는 것은 문제가 있다고 봅니다. 장하준은 학자죠. 학자로서 할 만한 얘기를 한 거고, 밑에 깔린 의미 같은 것은 충분히 씹어볼 만합니다. 그러나 저랑 학문적 취향이 맞는 것은 아니구요. 한국 정도의 경제 규모가 되는 곳에서 장하준 정도의 테제를 낸 곳이 없거든요. 디테일이 좀 부족하다는 생각도 드는데, 아직 젊으니까요. 장하준 교수도 나이를 먹으면 디테일이 생길 겁니다.

지 김상조 교수는 사회적 대타협을 비판적으로 보는데요.

우 뭐 그게 틀릴 수도 있는데요. 장하준의 모든 얘기가 대타협으로 환원되는 건 아닙니다. 세계화라는 거대한 질문 속에서 여러 가지 고민을 해보자는 거죠. 사회적 대타협은 그 중에서 조그만 방안의 하나입니다. 그게 틀렸다고 나머지 부분이 다 틀렸다고 할 수는 없죠. 사회적 대타협에 장하준의 모든 것이 들어가 있다고 볼 수 없습니다. 장하준은 하나의 사례를 이루었다고 볼 수 있는 겁니다. 방법론적으로는 훨씬 더 많이 고민해볼 필요가 있다고 봅니다.

지 방송도 기피하고, 사람들 만나는 것도 별로 안 좋아하는 것 같은데요. 어릴 때부터 사람들과 잘 안 어울리는 편이었나요?

우 안 그랬어요. 음악 할 때는 무대 체질이었을 정도로 활달했는데요. 20대를 지나고 나서 카메라 앞에 서는 것을 안 좋아하게 되고, 뒤에서 조용히 고민하는 것을 좋아하게 된 거죠. 그렇게 바뀐 것 같아요.

지 그런 계기가 있었나요? 예술 쪽에 조예도 어지간히 깊고, 끼가 있다고 볼 수도 있을 것 같은데요.

우 제가 잘못한 게 많다는 생각을 하게 된 거죠. 제가 앞에 나서면 제가 잘못한 것을 아는 사람들이 "저 새끼 아직도 안 죽고 저러고 있네"라고 생각할 거라고 무의식적으로 생각하는 거죠. 되도록이면 조용히 있고 싶어 하구요.

지 죄의식이 많은 편인가요?

우 저는 현대그룹에도 있었고, 정부에서도 오래 있었고, 시민단체에서도 깊숙이 있었는데, 그 안에서 잘한 짓이 아니라고 생각하는 것도 많이 했어요. 아는 데도 입 다물고 있었던 적도 많구요. 그렇기 때문에 마치 지금 와서 하나도 잘못한 것이 없고, 엄청 순결하다고 얘기할 것은 아닌 것 같아요.

그래서 조용히 뒤에서 돕고 싶고, 선동적이지 않지만 진실에 관한 그런 것들을 써보고 싶다는 거죠. 앞에 서는 것을 부담스러워 해요. 누가 내 얼굴을 보는 것을 진짜 싫어하고요. 아무도 얼굴 보면 못 알아보는 그런 상태를 죽을 때까지 유지하고 싶어 하는 거죠.

지　어차피 메시지를 강하게 전하려면 방송매체도 활용해야 하지 않느냐고 말하는 사람도 많을 텐데요.

우　교육방송에 많이 나갔어요. 해봤는데요. 그때는 그게 강력해 보이는데, 길게 보면 책만큼 오래가지 못한다는 게 제 생각이에요. 잘생기고 말을 잘하는 사람들은 그렇게 해도 될 거라고 생각하는데요. 저는 두 경우 다 아니고, 그게 입증된 거니까요. 고민 많이 해서 조금씩 써내려가는 게 제가 편하게 움직일 수 있는 공간인 것 같아요. 책은 몇 달 자기 손에 붙잡고서 곰곰이 생각해서 해볼 수 있는 거잖아요. 그런 매체가 저한테는 편한 것 같아요. 다른 것은 잘 못하겠는데 책을 계속 내는 것은 그런대로 해볼 수 있지 않나 싶은 거죠. 이를테면 "많은 사람들 앞에서 연설을 하고, 사람들의 마음을 움직여보라"고 하면 저는 못하거든요. 방송에 잠깐 나와서 사람들 가슴을 움직여봐라 하면, 못한다는 게 이미 증명이 됐거든요. (웃음) 그나마 할 수 있는 것을 조용하게라도 해보겠다는 거죠.

지　《아픈 아이들의 세대》에서 "아이를 낳기 위해서 서울을 탈출해야 한다"고 하셨는데요. 우 박사님은 아직 탈출에 성공하지 못한 셈이네요.

우　애도 아직 못 낳았죠. 서울을 탈출하는 것도 혼자만 결정해서 되는 게 아니더라구요. 아내도 함께 결정해야 하구요. 복합적이죠.

지　제주도는 골프장 개발 등으로 인한 여러 가지 문제가 있다고 지적하셨는데요.

우　일단 광역지자체로 보면 아토피 발병 빈도가 제일 높은 곳이 의외로 제주도예요. 그러니까 신제주 쪽에 아파트가 집중되고 흩어져 살던 제주도 사람들이 신제주에 모여 살게 된 거거든요. 서울이 문제가 아니고, 서울과 같은 도시양식이나 생활양식 같은 게 문제거든요. 지금 우리가 알고 있는 그런 아파트와 고층빌딩 등의 집중형 방식이 아닌 다른 방식들을 찾아내야 하는 거죠.

지　"골프장이 가지고 있는 생태적인 문제는 별도로 보고서 한 권이 필요할 정도"라고 하셨는데요. 참여정부도 골프장 건설 많이 했는데요.

우　다른 것은 거의 얘기가 되었구요. 제가 얘기하고 싶은 것은 보건문제예요. 골프장은 제초제를 많이 쳐야 하는 데고, 특히 그린은 농약 범벅이에요. 서울 사람들이 그렇게 심각한 오염지역에 노출되는 경우는 골프장 가기 전에는 거의 없거든요. 거기에 가면 캐디가 있는데, 대부분 2,30대 가임 여성들이에요. 분명히 그 사람들 가운데 유산한 사람도 있을 거고, 암에 노출된 사람도 있을 텐데, 그게 꼭 골프장 때문에 그런 건지, 다른 요인도 있는 건지 입증하기가 어렵거든요. 이런 것을 연구한다고 하면 어렵기도 하고 시간도 많이 걸리거든요. 그런 면에서 그게 '별거 아닌 게' 아니고 사실은 '모른다'는 것이 진실이에요. 모르는 것을 찾아내려면 상당한 연구가 있어야 하는데, 그 전에는 아무도 모르는 거라는 거죠. 저도 위험의 여지가 있다는 정도만 말할 수 있는 거지, 얼마만큼 위험하다고는 말 못하거든요. '괜찮다'고 하는 사람들도 알려지지 않았다는 거지, 정말 괜찮은지 아닌지는 모른다는 거죠. 그런데 너무 많은 사람들이 그런 것을 생각지 않고 그냥 막 가잖아요. 진실이 무엇인지 알려면 연구를 해야 하는데, 그런 면에서 돈이 많이 드는 진실인 거죠.

지 "변화를 되돌리기에는 시간이 너무 없다"고 하셨는데, 어떻게 해야 하나요? "일단 시급하게 서울의 모든 공사를 전면 중지시키고, 2년간의 대기 안정화 기간을 긴급 선포한 다음, 2년 사이에 각 공사의 우선순위를 결정하고 공사 총량제나 그와 유사한 효과를 낼 수 있는 대책을 마련하는 것이 길"이라고 하셨는데요. 그게 좀 힘들지 않습니까? 우리 분위기에서는 이루어질 성싶지도 않구요.

우 기술적으로는 현실 가능한 것이 있고, 불가능한 게 있는데요. 이를테면 "문제를 풀기 위한 답 중에 최적은 뭐냐?"고 할 때 최적의 방안으로 그것을 제시한 것이죠. 진짜로 문제를 풀려면 꼭 그렇게 해야 하는데 "그게 안 되면 그 다음에 어떻게 할 것이냐?"는 질문들을 계속 해보자는 거죠. 기술적인 답변은 일단 그렇게 세우고, 우선순위를 정해서 다시 하는 그런 과정이 있는데요. 일단 정책적인 관점에서는 뭐라고 할까요. 정책

전문가는 아니고, 기술적인 답변 같은 게 있잖아요. 문제를 풀
마음이 있다면 가장 이상적인 정책이 그거라는 겁니다. 그런
공사 같은 데 전혀 가담하지 않았던 사람들이 희생자가 되는
거잖아요. 그런 피해자가 나오는 것을 줄이기 위해서 할 수 있
는 정책적인 최적안은 그런 거라고 생각하는 겁니다. "되냐, 안
되냐?"는 다른 얘기고, 된다고 쳤을 때는 어떻게 하는 것이 정
답이냐를 얘기한 거구요. 가장 이상적인 답변 같은 거였죠.

지 "현재의 PM10(미세먼지) 및 PM2.5(극미세먼지) 지수들, 그
리고 향후 5년간 예견되는 증가 추세를 놓고 계산해보면, 서울
은 이미 재난지역 또는 긴급대피지역으로 지정했어야 옳을 상
황"이라고 하셨고, "2005년부터 향후 3년 동안 서울에서 PM10
과 관련된 대기오염으로 인해 사망할 사람의 숫자는 5세 미만
의 아이들과 노약자를 포함하여 10만 이상으로 추정할 수 있
다"고 하셨는데요. 지금 상황에서 일정하게 증명이 된 부분이
있습니까?

우 여전히 모르는 건데요. 그 정도는 사망할 거라고 생각해
요. 전체 사망자의 사망 요인에 대한 분석이 없어서 그런 건데
요. 다른 요인으로 죽을 수도 있지만, 이 요인으로 사망한 사람
들은 그 숫자보다는 많을 것 같다는 생각이 듭니다. 그게 한꺼
번에 발생한다면 문제를 풀 수 있거든요. 그런데 분산되어 있
고, 장기간에 걸쳐서 높아진 거니까요.

지　특정한 기업체에서 특정한 위험에 노출된 사람들의 사망 원인을 밝히는 것도 쉽지 않으니까요. 이번에 기름 유출 사고도 워낙 대형 재난사고다 보니까 사람들이 관심을 갖지 않습니까? 평소에 조금씩 오염되는 문제에 대한 관심을 갖기는 어려운데요.

우　새만금 아니더라도 갯벌을 10년 내내 죽여놓고서 "갯벌이 큰 일"이라고 얘기하는 게 웃기는 거죠. 석유 같은 것은 위험해 보여도 중장기적으로는 분해가 되거든요. 카드뮴이나 중금속 오염에 비해서는 훨씬 부드러운 겁니다. 저건 그냥 내버려두고, 극단적으로 얘기하면 10년 동안 거기 있는 거 안 먹으면 되거든요. 그런데 중금속 오염 등으로 갯벌 죽는 것은 10년이 아니라 100년이 가도 답이 안 나오는 거예요. 영원히 죽는 거잖아요. 지금 자원봉사 할 정성을 다른 곳에 쏟았으면 새만금을 살릴 수 있었을 겁니다. 천천히 죽는 것들에 대해서는 누가 울어주느냐는 거죠.

지　이번 자원봉사도 국가나 사회가 벌여놓은 일들을 국민들이 모여서 해결하는 것처럼 보이는데요. 금 모으기 운동하고 비슷한 것 아닌가요? 금 모아서 근본적인 해결이 되면 좋은데, 그렇게 되지는 않는 것 같은데요.

우　저 사람들이 돌아가서 자연이나 생태가 중요하다는 생각을 한 명이라도 하고 나면 나아질 텐데요. 저러고 돌아가서 새만금은 전북 발전을 위해 중요한 거라고 할 수도 있잖아요. 모

순이죠. 어떻게 보면 피해를 일반인들한테 전가시키는 거거든
요. 그런데 전 세계 어느 국민도 기름 유출되었다고 저렇게 가
지는 않거든요. 다른 나라에서는 환경정책이나 이런 걸로 근본
적으로 풀려고 하죠. 저런 일은 또 생겨요. 내년 봄에 저기서 유
조선 또 터질 수도 있거든요.

지 5000달러 이하의 소득을 가진 사람들의 서울 탈출을 위해
서는 어떤 것이 필요하다고 생각하세요?

우 일단 농사를 짓거나 농업에 종사하지 않더라도 관련 활동
이 많이 있을 수 있거든요. 서울의 빈민이라고 할 경우, 정부에
서 지원할 때 어떤 방식으로 해야 그 사람들한테 실질적인 도
움이 되느냐 하면, 제 생각에는 농촌에 정착하도록 지원하면
오히려 그 돈이 덜 들거든요. 그런 식으로 이 사람들이 생산적
인 일을 할 수 있게 해주는 것이 중요합니다. 2년 전에 조사한
것을 보니까 도시 빈민 중에서 15~20퍼센트 정도는 귀농할 생
각이 있어요. 그 정도면 농촌을 살릴 수 있는 숫자거든요. 본인
들도 갈 마음이 있다고 하고, 국민경제 내에서도 해결해볼 수
있는 방법이 있는데요.

　그걸 김대중 정부 때처럼 그저 단발성 단순노무로 도울 것이
냐, 아니면 친환경 농업 같은 지속가능한 것으로 방향을 잡아
서 정착할 수 있도록 도울 거냐, 그런 선택이거든요. 한 번쯤 그
렇게 해볼 수 있었을 거라고 생각하는데, 지금까지 안 했어요.
앞으로도 그렇게는 할 성싶지 않구요. 도시 빈민과 농촌의 친

환경 농업이 연결되는 순간은 생각보다 오래 걸릴 것 같아요.

하여간 도시에서 생계를 걱정할 정도로 가난하게 사는 것보다는 농촌에서 자리를 잡으면, 제가 관찰해보니까 굶거나 그렇지는 않거든요. 농촌이 가난할 것 같은데, 도시 빈민보다는 삶이 더 나아요. 노동시간도 적고 가처분소득도 많아요. 그런데 문화적인 것이 많이 끼어들어가 있으니까 누군가가 보증을 해주고 지원을 해주겠다는 약속이 없으면 가기 어려운 거잖아요. 서울에 있는 도시 빈민층이 노동하는 시간의 절반 정도만 일을 해도 훨씬 생활이 나아지거든요. 그리고 그런 노동력이 있다고 하면 친환경 농업 같은 것으로 전환해볼 수 있는 것 아닙니까?

그런데 다리를 놓을 수가 없는 거죠. 그러다보니까 농촌은 사람이 없다고 생각하고, 농업은 죽는 거라고 생각하고, 도시 빈민은 갈 데가 없고, 그냥 그렇게 해서 지금처럼 온 거 아니냐는 겁니다. 자조적으로 "농사나 지으라는 얘기냐?"고 하면 할 말이 없죠. 그래서 통합적인 해법을 찾아보자고 했던 건데, 지금의 농업정책은 지역에서 땅 많이 가진 토호들, 외부에서 온 부재지주 같은 사람들을 위한 정책이거든요. 그런 고리를 한번 끊어야지, 상식적인 사회가 되는 거죠.

농촌 지원에 농업은 없고 토목개발만 넘쳐난다

지 　그런데 우리나라 사람들은 왜 이렇게 아파트를 선호하는 걸까요? 외국에서는 고급 주택으로 생각하는 주거 형태는 아니지 않습니까?

우 　없는 사람들이 사는 거죠. 그건 미학 문제인 것 같은데요. 루소가 그랬잖아요. "자연으로 돌아가라"고. 그 얘기를 듣고 돌아간 사람이 마리 앙트와네트거든요. 어떻게 보면 그런 획일적인 것에 대한 반감 같은 것이 서양문명에는 좀 있었던 것 같아요. 그러다보니까 아무리 아파트를 고급스럽게 만들어도 파리나 베를린에 있는 사람들이 자기 죽기 전에 가고 싶은 곳은 아니거든요. 자기가 은퇴하고 돌아가고 싶은 데는 조그만 텃밭이 있는 아담한 집입니다. 그것도 일종의 사회적 미학 같은 거거든요. 우리는 그것을 형성하지 못했죠. 아파트에서 죽는다는 게 불행한 일이거든요. 완전히 노동의 획일적 생산을 위한 거주공간이잖아요. 그런 것에 대한 반성이 나올 시간이 아직 안 된 거죠. 아파트 같은 양식이 텔레비전 광고에 나오는 나라는 우리나라밖에는 없어요. 그러니까 일반적인 건 아니죠.

　이건 조금 다른 얘기인데요. 시인도 아파트에 살고, 화가도 아파트에 살고, 작가도 아파트에 사는 나라가 있습니까? (웃음) 외국에서는 음악 하는 사람들은 스튜디오만 시내에 두지, 자기가 사는 데는 시내에 안 두거든요. 소설가도 마찬가지죠. 헤밍웨이는 쿠바에 가서 살았잖아요. 나름대로는 일상성이라든가,

평범함을 벗어나려고 한 건데요. 우리나라는 예술도 공장형이 된 것 같아요. 그 꼭대기에 공지영이 있는 거구요. 분당 아파트에 하루 종일 사는 공지영에게 감정을 투입하는 거잖아요. 소설가 공지영도 이렇게 사는데, 우리가 여기서 이러고 살면서 인스턴트 커피 마시고, 하루 종일 텔레비전 보고 사는 것은 너무 당연하다고 생각하는 거죠. 공지영 소설이 공감도가 높기도 한데요. 어떻게 보면 약간의 공범 의식이 있는 것 같아요. 결국은 분당이나 일산에서 하는 게 예술이라는 거죠. (웃음)

지 김훈도 그런 공범의식을 자극하는 거 아닌가요? 세상이 어차피 다 그런데, 먹고 살기 위해서 어쩔 수 없는 거 아니냐고 하는.

우 그런 사람들이 팔리는 게 마음을 편하게 해주는 것 같아요. 시인들은 그렇지 않았잖아요. 기행도 하고, 길거리에서 자기도 하구요. 시가 안 팔리는 것은 어떻게 보면 좋은 시가 줄어서가 아니고, 시인들이 여전히 가슴 아픈 시를 쓰고 있는데, 갑자기 이런 인스턴트 방식에 벗어난 것을 받으면 너무 마음 아프잖아요. "어차피 너나 내가 똑같은 아파트 인생 아니냐" 하는 것을 인정하라는 거죠.

지 좋은 시인이 나와서 "이만큼 우리 시대가 아프잖아"라고 해도 사람들이 받아들이지 않고 오히려 공격할 것 같은데요.

우 제가 느낀 건데, 좋은 시는 굳이 설명이 필요 없는 것 같아요. 시인이 어디서 살았는지, 뭘 했는지 따지기 전에 보자마자 눈물이 핑 돌거나 가슴이 뜨거워지는 그런 좋은 시를 쓰는 시인이 있잖아요. 그런 특급 시인들이 나오기를 바라고, 또 나올 거라고 생각합니다. 시가 그래서 희랍 때부터 버틴 거잖아요. 지금 잠시 시가 쉬고 있는 거죠.

지　"시가 살아나야 하고, 그런 좋은 시인이 나오면 그걸 돕는 방법으로 내년에는 200권 정도의 책을 사서 선물하려고 한다" 고 말씀하셨잖아요. 그런 시인은 발견하셨나요?

우　이제부터 보려구요. (웃음) 시가 좋다는 것은, 누가 좋다고 해서 좋을 수는 없잖아요. 제가 좋다고 해서 남들도 꼭 좋다는 건 아니잖아요. 저도 마음이 움직여야 하겠죠. 장정일이나 최영미 정도까지는 크게 고민하지 않고도 좋은 시인이라고 느꼈던 것 같아요. 제가 얘기하는 좋은 시인은 호메로스라든가 인류사에 한두 명 나왔던 그런 사람들 말구요. 한국사에 계속 있었던 10년에 몇 명씩 나오는 그 정도면 좋겠다고 생각하는 거죠. 장정일이 "나에게서 시귀詩鬼가 빠져나갔다"고 했잖아요. 그게 어딘가 있겠죠. (웃음) 장정일의 〈햄버거에 대한 명상〉이 최고의 시는 아니었을지 몰라도 1990년대에 그 시 봤을 때 상당한 보편성이 있었거든요. 또 그런 게 나올 것 같아요.

지　그런 시인이 나오지 못하는 면도 있지만, 우리 사회가 그런 사람을 보호해주지 못하는 면도 있는 것 같은데요. 장정일도 감옥 갔다 와서 좀 변했잖아요. 삼국지를 쓰기도 했구요.

우 이제는 좋은 시인이 있어도, 김수영이 그랬던 것처럼 닭이라도 쳐야 하는 정도로 갈 게 당연하거든요. 굉장히 춥고 배고플 게 분명하기 때문에 제가 다른 건 못 도와주고 시집이라도 사야겠다는 거죠. 소극적이지만 제가 생각하는 시인에 대한 사랑이라고 생각해요. 시인도 제가 개인적으로 가서 사인해 달라고 하는 것보다는 조용히 시집이나 사면 고마워할 거라고 생각합니다. 티 안 내고 조용히 하는 이런 건 도움이 되거든요. 저도 책을 내고 해보니까 조용히 책 사서 봐주는 사람이 제일 좋은 것 같아요. 저는 거꾸로 시나 소설에 대해서는 소비자의 위치에 가는 거잖아요. 제가 느끼는 것은 누군가가 시집을 사주면 시인은 시 내고 싶을 겁니다, 몇 권이라도 사주겠다고 하면. 저도 소설가나 시인에 대한 비판은 가끔 하는데, 가능하면 책은 사주고 비판을 하려고 해요. 시가 요즘 조건상 어렵잖아요. 그래서 많이 사주고 싶고, 시집이 계속 나오는 나라가 되기를 바라거든요. 시 쓰라는 얘기는 하나마나한 거구요. 어차피 선물로 줘도 그 정도를 의식적으로 하고 싶다는 거죠. 영화를 좋아하는데, 외국 DVD를 많이 사거든요. 제가 좋고 재미있어서 사는 건데요. 이거 살 때 시집도 좀 사야 하는 거 아니냐고 저 스스로도 생각하는 거죠.

지 좁은 지역을 집중적으로 개발하는 모델이 미국 모델도 아닌 것 같은데요. 미국은 땅이 넓지 않습니까? 한국의 이 모델이 중국이나 동남아 등의 다른 나라에도 확산되는 것 같은데, 사실은 그렇게 되면 지구 차원에서 볼 때 엄청난 재앙일 수 있지 않습니까? 한정된 에너지를 과도하게 소비함으로써 문제가 발생할 수 있는데, 중국 같은 나라에서 이 모델을 택하면 전 지구적 재앙이 될 텐데요.

우 　한국 모델의 부작용은 토호를 만든다는 데 있어요. 미국이나 유럽 모델은 토호를 안 만드는데요. 한국식 발전 모델은 받아들이기는 쉬운데, 토지 소유를 중심으로 해서 토호를 만들게 되거든요. 그래서 이 모델을 극복하고 싶다는 게 제 생각이구요. 한국 모델에 관심을 둔 다른 나라도 수정된 모델을 받아들이기를 바라는데요. 아직은 그런 게 없으니까요. 한국 모델을 받아들인 데는 토호들이 쎄져요.

지 　어떻게 보면 그 모델이 중남미 모델인데요.

우 　중남미 모델에다가 훨씬 더 강력한 미국주의가 합쳐진 거죠.

지 　우리는 중남미와 전혀 다르다고 착각하는 부분이 있는 것 같은데요. 말씀하신 대로 토호를 만드는 것은 중남미 시스템인데요.

우 　다를 거 없죠. 그렇지만 중남미는 좋은 대학들을 가지고 있죠. 좋은 문화, 좋은 예술가들도 가지고 있는데, 그래도 안 되는 거잖아요. 더구나 한국에는 좋은 학자, 좋은 대학, 좋은 예술가도 없는데요. 베트남이 지금 그렇게 가는 것 같아요. 그래서 이 모델을 극복하는 게 한국에게도 중요하지만, 나머지 저개발 국가들한테도 굉장히 중요한 것 같습니다. 그런 문제는 제가 학자로서 계속 해보려고 하는 질문이에요. 핀란드와 한국이 다르다는 것은 너무 명확하잖아요.

지 2003년 9월 10일 멕시코 칸쿤에서 이경희 전 한국농업경영인협회 중앙연합회장이 자결했는데요. 그 이후 상황이 엉뚱하게 벌어졌다고 하셨습니다. "농업을 살린다는 것과 농민을 살린다는 것"은 전혀 다른데 정부가 "농업에 대한 관심을 농민에 대한 관심으로 이해"하고 정책을 잘못 폈다는 건데요. 그 문제가 한국 농업뿐 아니라 한국사회 전체를 어렵게 만든 것 같은데요.

우 농업을 살린다고 했으면 농업에 들어가는 돈이 특정 부분 있는데, 그걸 농민이라고만 생각하잖아요. 그것은 매수에 가까워요. 그 집단을 매수하려고 한 거죠. 119조 원이라고 하는데, 추가로 돈을 주는 것도 아니고, 그야말로 조삼모사인데요. 그것도 농업에 들어가는 게 아니고, 농촌지역의 건설에 들어가거든요. 기존의 잘못된 모델을 농업을 통해서 반전하자는 거였는데 농촌도 개발지역이 되어버린 거거든요.

지 그 과정을 통해서 농림부마저 새로운 개발부서가 되었다고 하셨는데요.

우 완전히 그렇게 됐죠. 농어촌기반공사가 그 이후에 한국농촌공사로 이름을 바꿨거든요. 농업이라는 것은 뗀 거예요. 농촌이라는 지역개발을 한 거거든요. 지금은 3대 개발공사로 체계가 바뀐 것이 토공, 주공에 농공까지 가세한 거죠. 그럼 농업은 누가 살릴 겁니까? 한국농촌공사에 주는 돈은 농업을 하라고 준 건데, 이 사람들이 농촌 지역에 아파트 만들고 도로 닦는 것이 우리 일이라고 하면 개발공사의 1970년대 방식이 더 세진 게 아니냐는 거죠. 농민이 자결한 뒤에서야 그 문제를 풀겠다고 하면서 이렇게 된 게 제가 가슴이 아픈 거예요. 농민들이 자랑스럽게 긍지를 갖고 있을 것을 원했을 것이고, 농업을 살리려고 했을 거잖아요. 그런데 그걸 핑계 삼아서 농업을 죽이는 것으로 정리했으니까요. 죽은 사람 시신 뒤에 그런 일을 했다는 게 경제학을 떠나서 인륜에 거슬리는 일이죠. 죽은 사람을 완전히 바보 취급한 거잖아요.

　제가 그때 전농이나 이런 데서도 그런 얘기를 했거든요. 거기서도 죽음은 안타까워하는데, 돈 받으면 되는 거라고 이런 식으로 생각하는 느낌이 들어서 이건 진짜 아니라는 생각을 했죠. 이경희 열사가 죽으면서 "한국 농업 살려달라"고 죽은 거지, "농촌 살려달라"고 죽은 건 아니잖아요. 열사의 유지를 받든다고 해도 그것은 아닌 것 같아요. 반WTO 싸움에서 국제적으로 농촌 살리기 하자는 것은 지역경제 살리기만은 아니라는 거죠. 반WTO 이런 것은 농업을 살리자고 하는 상식적인 전선 아닙니까? 그 양반은 그 최전선에서 죽은 거구요. 그런 면에서는 진짜로 이 정부가 나쁜 정부였죠. 시늉으로라도 '농업'을 살리려고 하다가 안 된다고 한 게 아니라, '농촌'을 살리자고 하면서 지역개발로 돌아가 버린 것 아닙니까? 그건 너무한 거죠.

지　2004년 2월 24일 발표된 농업·농촌 종합 대책(이른바 농정 10개년 로드맵)은 119조 원의 예산을 책정했다고 신문에 나왔는데요. 그게 119 역할을 하게 될 거라는 의미였을까요. 그 예산은 어떻게 나오게 된 겁니까?

우　원래 한 해 농업 예산이 10조예요. 그걸 10년 하면 그 돈입니다. 제가 노무현 정부에 대해 조삼모사라는 표현을 많이 썼는데요. 그냥 있어도 119조 쓴다니까요. 그걸 농민한테 줄 때는 지원금 내지는 직불제로 가는 건데요. 농업을 농촌이라는 말로 바꾸면서 길 닦고 하는 데 그 돈을 써버린 거거든요. 오히려 없던 것보다 못하게 된 거죠. 어떻게 보면 운동권들이 쉽게 국면 전환을 생각하잖아요. 이런 생각은 이것저것 따져보면서 계산해봐야 할 수 있는 생각이거든요. 한나라당이 농촌지역 가서 이런 거 많이 했잖아요. 그것과 하나도 다르지 않은 거죠.

지　지금 상황에서 농업이 무너지는 것이 국민경제에 어떤 영향을 줄 거라고 생각하십니까?

우　두 가지 문제인데요. 농민들이 도시로 올 겁니다. 그래서 도시 빈민으로 시작되는 빈곤의 경제 있잖아요. 그쪽 블록이 더 커져요. 그게 첫 번째 문제예요. 농촌이 개발지역으로 풀리잖아요. 건설 사업에 일감을 대주거든요. 그런 게 생산적인 방식으로 가면 말을 않겠는데, 죄다 골프장이나 관광이라는 말로 유희산업으로 가는 거거든요. 그게 장사도 안 될 거예요, 갈 사람도 별로 없는데. 결국 버블을 키우는 방식으로 가니까요. 농촌이 실업자를 받아줘야 하는데, 오히려 거기가 실업자를 만들고 있으니 어떻게 공황으로 안 가고 버틸 수 있겠어요? 균형과는 거리가 멀다는 거죠.

지　한-칠레FTA 할 때도 농민들이 반대했는데요. 그게 농촌에 어떤 영향을 준 겁니까?

우　직접적으로는 과실수가 많이 빠져나갔어요. 농촌은 논, 밭, 과수원으로 구성된 거잖아요. 과수원이 그때부터 점차적으로 무너졌다고 봐요. 과수원을 다시 하려는 사람은 없거든요. 거기서 하는 얘기는 그때 그만큼 빠지지 않았다는 얘긴데요. 토마토로 바꾼 거예요. 지금 보시면 알겠지만 유실수들을 많이 없앴어요. 토마토는 특징이 단작이거든요. 자두나 이런 것은 4~5년 가꿔야 되거든요. 농업으로 치면 사회적 자본 같은 건데요. 그런 애들이 움직이는 공간이 없어진 거예요. 시작은 포도로 했는데, 포도 했던 사람들이 그것보다 쉬운 자두나 이런 것으로 바꾸거나 토마토로 온 거거든요. 그러다보니까 과당 경쟁이 벌어지게 된 걸 보면 한-칠레FTA가 직접적으로 과수원을 무너뜨린 거예요. 정서적으로 반대했던 사람들은 신자유주의 전체를 반대한다고 생각했던 건데, 싸움이 그렇게는 형성되지 못한 거죠.

우리가 **모르**거나 **잊었**거나 **죽인** 것들

본질은 외면한 채 현상만 갖고 호들갑떠는 사회

지 토건국가로 유명한 일본도 1996년에 '총지출 대비 건설 비중'이 15퍼센트라고 하셨는데요. 우리는 왜 20퍼센트가 넘게 된 걸까요?

우 그게 언제 높아졌냐 하면, 박정희 때도 초기엔 안 그랬는데 1978년부터 높아지거든요. 전두환 때는 오히려 낮췄어요. 1988년도에는 11퍼센트까지 낮춘 적이 있었거든요. 그런데 노태우 때 다시 높아졌고, 김대중 때는 조금 낮아졌다가 노무현 때 다시 높아졌거든요. 이미 토건 구조가 있는 거예요. 이것을 해소하려고 했는데, 결국 못한 거구요. 노태우, 노무현 두 사람은 이것도 경제라고 본 겁니다. 수치상으로 보면 그런데, 하여간 이명박은 그게 좋은 거라고 생각하는 사람이거든요.

뭐든지 과해서 국민경제에 불균형이 생기면 못 버팁니다. 건설은 7~13퍼센트 정도가 선진국에서 가지고 있는 자연률이고, 일본이 15퍼센트로 너무 높았다가 버블이 터진 건데요. 한국이 버틸 수 있었던 것은 워낙 다이내믹했잖아요. 그게 다른 데로 전가되고 그랬던 거죠. 국민소득이 2만 달러 이상 넘어갔을 때 그 비율을 유지할 수 있느냐? 사실 지금 우리나라 정도의 경제 규모를 건설로 일정부분 뒷받침한다고 하면 엄청나게 지어야 하거든요. 그게 집값과 무관하게 움직이면 괜찮은데, 가격 상승을 동반한다구요. 다른 데 갈 요소를 이리로 빼오는 겁니다. 그러다보니까 정상적인 문화산업이라든가 제조업이나 중소기업 이런 데는 돈이 못 들어가니까 굶어죽게 되는 거죠.

지 "한국 경제의 중요한 경제공황 국면은 건설업의 비중이 20퍼센트를 넘어서는 순간으로 설명할 수 있다"고 하셨는데요. '건설과 빈곤'의 관계를 좀 설명해주시겠습니까?

우 기계적으로는 말을 못하는데요. 20퍼센트 넘어가면 너무 높아진 거거든요. 그러면 많은 사람들한테 돈이 안 가는 거고, 부담이 생기는데요. 그때 건설 쪽에 가는 돈을 빼고 다른 데 넣어도 되는데, 한국의 경제 구조상 건설에 위기 낌새가 보이면 오히려 돈을 더 풀어서 한국형 뉴딜이라고 해서 건설에 집어넣은 거죠. 그러니까 계속 위 단계로의 구조조정 시기를 놓친 겁니다. 그러다보면 재수 없게 IMF나 이런 것을 만나면 터지는 거고, 운 좋게 선순환을 만나면 조금 버티는 건데요. 해외 경제가 안 좋으면 굉장히 큰 부담이 올 수 있습니다. 운이 굉장히 좋아야만 갈 수 있는 널뛰기 경제거든요. 그런데 세계경제가 늘 한국에 우호적으로만 움직이는 건 아니거든요. 인과론을 얘기하기가 쉽지는 않아요. 개연적으로는 분석할 수 있는데, 예측은 어렵죠. 어떻게 보면 해석에 가까운 겁니다.

지 "박정희 때의 1973년이 경제적 도약의 시기였고, 전두환 시절에 건설 과잉에 대한 조정을 거치면서 선진국형 패턴을 갖추고 한국 경제의 '황금비율'에 도달했다고 할 수 있다"고 지적하셨는데요.

우 박정희와 전두환 시기가 조절하는 경제 같은 거였어요. 특정 부분이 너무 커지면 안 되겠다는 생각을 했던 것 같고, 두 사람 다 중소기업에 대해서는 상당한 강조점을 갖고 있었거든요. 분명히 재벌, 대기업과 손을 잡은 건 마찬가지인데, 중소기업을 죽이면 안 된다는 생각을 가지고 있었던 것 같아요. 특정 재벌 업체가 가지고 있는 건설업체만 밀어준다고 해서 잘사는 것은 아니라는 그 정도의 기초 인식은 했던 것 같습니다. 나머지 경제부처에서는 잘되는 경제만 살린 게 아니고, 지금은 어렵지만 이런 건 살려야 우리가 먹고 산다는 것을 인식했던 것 같아요. 그걸 모아내 보면 건설 같은 쉬운 것 말고도, 어려운 것들을 나름대로 지원한 거 아닙니까?

박정희 때는 그린벨트나 조림처럼 자본의 룰로 설명이 안 되는, 위에서 보는 조절자의 역할들을 자기도 하려고 했구요. 일방적으로 건설이 확 커지지 않는 유형이 거시적으로 나타난 것 같아요. 전두환 때 나온 그런 수치 같은 것을 보면 경이적이죠. 이건 단순히 ‘국제 유가가 낮고 환율이 좋다’는 것만으로 설명할 수 없게 나타나거든요. 전두환 본인이 깊은 생각이 있었던 것 같지는 않고, 약한 것들도 좀 살려야 하지 않겠나 하는 지시 정도는 했겠다 싶습니다. 지금도 중소기업이라든가 지역경제에 뭔가 넣다보면 형태가 건설이 줄고 다른 쪽 투자가 느는, 그런 유형이 나올 것 같아요. 저도 아직 해석은 어려운데, 그때 한국 경제가 선진국으로 도약할 수 있는 기본구조를 상당히 갖춘 게 아닌가 생각합니다.

지 어떻게 보면 두 사람 다 치명적인 약점을 갖고 있어서 오히려 균형을 잡기 위해서 노력했다는 생각도 드는데요.

우 박정희 후기에는 건설이 높아졌어요. 늘 그랬다고 하기는 어렵구요. 전두환 때랑 노무현 때를 수치만 놓고 비교해보니까, 말씀하신 것처럼 전두환은 자기 약점이 있으니까 눈에 안 보이는 것도 해보려고 노력했던 것 같구요. 노무현은 약점이 없다고 생각하니까 너무도 당당하게 인기 위주로 간 것 같아요. 한국에서 인기 위주는 땅값 올리는 거거든요. 전두환 때 한국 경제가 튼튼해진 게 그때 인플레이션을 완전히 잡았어요. 그런 측면에서 땅값과 변동되는 것을 잡아보겠다, 그러다보니까 나온 게 건설업 조정인데, 너무 하면 땅값이 올라가니까 잡은 거 같거든요. 우연히 했던 요소인데, 황금비율 같은 게 나왔고, 그 시기에 중장기적인 투자 같은 것들을 하게 된 게 아니냐

우리 이제 무엇으로 희망을 말할 것인가

는 겁니다. 땅값이 오르게 되면 아무도 어려운 기술 투자나 새로운 산업에 대한 진출 같은 거 안 하거든요. 앉아서 돈 버는 길이 있는데, 어려운 것 하겠냐는 거죠.

제가 한국 경제에서 최고 악질로 보는 것이 에버랜드 같은 존재입니다. 에버랜드는 돈을 모을 수 있는 힘이 있잖아요. 그런데 너무 빤한 걸 하잖아요. 놀이동산, 아파트, 골프장 등 그야말로 땅 짚고 헤엄치기 아녜요. 삼성 가운데 가장 한가하게 돈을 모으는 에버랜드가 그러고 있으면 일반 기업들이 어려운 일에 투자를 하겠습니까? 에버랜드가 그렇게 돈을 버는 걸 보면서 다른 기업들도 "우리도 에버랜드처럼 하자"고 하겠죠. 당연한 거잖아요. 에버랜드처럼 늘 이기는 방식이 있잖아요. 그것은 깨져야 한다는 게 제 생각입니다. 수익이 높은 거는 위험도 크고, 수익이 낮은 거는 위험도 적은 게 정석이잖아요. 그러다보면 여러 가지 다양한 게 생기는데요. 에버랜드는 위험은 아주 적은데 수익은 아주 높게 나온 거잖아요. 나머지 재벌들도 에버랜드 카피 형태가 되니까 국민경제가 위험해진 거죠.

저는 엔론 사태에서 크게 본 게 있어요. 엔론은 에너지 쪽에서 약간 장난쳐서 돈을 많이 벌고, 부시한테 돈을 대줬는데요. 걔가 이겼으면 누구나 다 그렇게 했을 것 아닙니까? 분식회계가 걸리니까 날려버린 건데요. 다른 기업들은 '엔론처럼 하면 안 된다'는 인식을 갖게 된 거죠. 하더라도 엔론처럼 빤한 수법으로 하면 아예 사장이 잡혀가서 평생 감방 살게 된다는 걸 보여준 거죠. 그래야 어려운 것도 하는데, 너무 빤한 답을 주면 다 그것처럼 하려고 하죠. 그런 면에서 '공정거래'도 해석의 여지가 많은데요. 경제에서는 늘 이기는 법이 나오기도 하는데, 그러면 안 된다는 겁니다. 늘 이기는 방법은 리스크가 높아야 하는데, 에버랜드는 리스크도 없잖아요.

지 문국현이 새만금을 얘기하지 않았다는 이유로 지지 가능성을 배제했다고 하셨는데요. 어떤 얘기를 해주길 원하셨나요?

우 우리나라에서 새만금 개발을 반대하고, 다른 방식으로 끌어가기를 원하는 사람이 40~50퍼센트 정도 된다고 생각하거든요. 그런 힘을 모아서 대변할 정치세력이 필요하잖아요. 지금 보면 모든 정치인들이 새만금 개발을 찬성하잖아요. 그런 정치인들은 떼거리로 50퍼센트를 대변하는 거잖아요. 문국현이 10퍼센트밖에 못 얻는 사람인데, 오히려 새만금 같은 걸 적극적으로 얘기해서 그런 이미지를 갖게 되면 혼자서 50퍼센트를 대변할 수도 있잖아요. 저는 그런 걸 이 시대의 큰 정치로 보거든요. 그런데 그 얘기를 안 하더군요. 왜 안 하냐면, 똑같은 거예요. 문국현은 전북의 개발파가 오히려 자기 지지 세력으로 크다고 본 거죠. 아니, 개발 하면 이미 다 이명박인데, 그렇게 정치를 해서 어떻게 이기겠냐구요. 요즘 국민의 40퍼센트 정도는 새만금에 대해 개발이 아닌 방식을 지지한다구요. 또 한미 FTA도 최소한 30~40퍼센트는 아니라고 하잖아요. 바로 그 아니라고 하는 국민을 대변하면 정치가 되거든요. 한국에서 30~40퍼센트 얻으면 되는 거잖아요.

우리 이제 무엇으로 희망을 말할 것인가

문국현이 왜 그걸 못하는지 생각해보니까요. 그도 숲 가꾸기 정도만 생각했지, 본질적인 생태 전환 같은 것은 생각해보지 않았다는 거죠. 오히려 숲 가꾸기는 쉬워요. 이명박도 서울에서 했잖아요. 딱 그 정도의 가치관이 있는 사람인 것 같아요. 그런 의미에서 새만금을 얘기하는 것은 전환을 얘기하는 거거든요. 그때 후보 본인이 그런 철학을 가졌으면 그 얘기를 했을 텐데, 본인도 그만큼의 생각을 하진 못한 것 같습니다. 굳이 답을 내놓으려고 애쓸 것도 없이 "새만금을 다시 고민해보자고"만 말해도 되는 거거든요. 답은 아무도 못 내놓은 것 아닙니까? 그런데 입을 꼭 다물고 있을 필요는 없잖아요. 의식적으로 한 번도 말한 적이 없는 것 같아요. 그게 개발파를 의식한 거 아닌가 하는 겁니다. 자기 생각이 뭔지 아는 사람이라서 더 그런 거죠.

지 새만금특별법은 어떤 문제가 있나요?

우 지금 상태에서는 그걸 농지로만 개발하게 되어 있는 거잖아요. 그래서 현행법 절차에서는 할 수 있는 게 없어요, 농사짓는 거 말고는. 그래서 특별법이 필요한 거예요. 이게 보통은 절차상으로 논의가 된 게 없기 때문에 대선 이후에 논의할 거였는데, 실제로 대선 중간에 묻어서 가버린 거죠. 반대하는 사람이 없으니까요. 통과도 시켜버리자고 한 거죠.

바로 이렇게 갯벌 죽이는 데 앞장섰던 사람들이, 석유 유출 터지자 갑자기 돌변해서는 "아이고, 갯벌이 죽는다" 면서 생 쇼를 다 한단 말이죠. 불과 한 달 전에 특별법 통과시킨 사람들이 그러고 자빠졌다구요. 석유가 유출되어서 무섭긴 한데, 석유는 자연물질이기 때문에 10년만 지나면 원상회복이 될 거예요. 그 중간에 나오는 것을 누가 먹으면 힘들겠지만, 10년간 안 먹는다고 치면 여기는 내버려두면 되는 거거든요. 갯벌 중요하다고 떠벌리는 사람들이 새만금도 막고, 다 막으면 그것은 복원 대상인데, 돈이 많이 들고, 복원은 못 하거든요. 그걸 죽이겠다고 하는 사람들이 오히려 내버려두면 되는 것을 가지고 가슴 아프다고 하면 그것은 뭐냐는 거죠. (웃음)

석유는 내버려두면 원상복원이 되는 거거든요. 사람들이 가서 고생하는데요. 사실은 갈 필요도 없어요. 사람들이 아무리 개입한다고 해도 100분의 1 정도 줄이는 거예요. 눈에 보이는 기름을 없앤다고 하는 건데, 그건 다 분해되기 때문에 충격이 줄지 않아요. 그런데 너무 많은 사람들을 괴롭히고, 이뤄지는 것은 별로 없거든요. 진짜로 죽어가는 것들은 따로 있어요. 새만금 막고 해서 진짜로 죽이고 있잖아요. 진짜 재앙은 새만금 같은 거라구요. 석유 묻은 갯벌은 10년이면 저절로 돌아오지만 새만금처럼 그렇게 죽인 갯벌은 영영 돌아오지 못하거든요.

지 좀더 근본적으로 고민할 일을 이벤트 형식으로 돌려버리는 것 같은데요.

우 사람들이 많이 오잖아요. 그 정도 힘으로 새만금 같은 걸 살려야죠.

지 금 모으기 운동할 때 자신에게 굉장히 중요한 트로피를 녹여서 금 모으기에 동참하는 경우도 있었는데요. 그건 좀 폭력적이라는 생각도 들더라구요. 개인한테 굉장히 소중한 기념품인데요.

우 그 정성을 모아서 정답으로 가는 사람이 좋은 정치인인데요. 그런 정성을 모아서 더욱 사람들을 바보 만드는 거죠.

지 개인에게 그런 것을 내놓게 하면서 정답으로 가는 길은 더욱 더 멀게 만드는 거 같은데요.

우 흑해나 북해 이런 데서도 석유 유출은 가끔 터지거든요. 석유를 배로 운송하는 한, 10여 년마다 한 번씩 이렇게 터지는 걸 완전히 막을 순 없어요. 유럽에서는 사람들이 이렇게 나오지 않잖아요. 정성이 없는 게 아니고, 나온다고 해서 문제가 나아지지 않거든요. 그리고 그 사람들은 "그럴 거면 석유를 사용하지 않거나 아주 적게 사용하는 경제로 가자"고 하는데요. 그게 답이잖아요. 사람들이 모여서 그렇게 하지만, 대형차 타고, 그렇게 계속 하면 석유는 계속 필요하고, 계속 와야 하거든요. 바다를 물 샐틈 없이 지킨다는데, 어떻게 지켜요. 계속 태풍 오고 그러는데, 10년에 한 번은 이런 일 계속 생기는 거거든요. 인재라고 하는데, 어떻게 사람이 컴퓨터처럼 매번 그렇게 할 수 있겠어요. 근본적인 답을 찾아야 하는데요. 제가 웃기게 본 게, 지들이 언제부터 갯벌을 소중하게 생각했냐는 거죠. (웃음)

"가난한 사람들과 함께 하는 것이 미래다"

지 《도마 위에 오른 밥상》에서 영화 〈반지의 제왕〉을 빗대서 글을 쓰셨는데요. 위트와 유머를 이해하지 못하는 상황에서 그게 효율적인 방법인가요?

우 제가 고전을 좋아하기도 해서구요. 제가 이렇게 생각했다고 하는 것보다는 가령 《로미오와 줄리엣》을 가지고 얘기하는 게 서로 대화하기 편하잖아요. 오래된 텍스트들은 일관성이 있기도 하구요. 《춘향전》의 주인공들을 놓고 우리 10대를 생각해보자는 게 보편성이 높잖아요. 대화하고 싶은 건데, 내 얘기를 듣지 말고, 어떤 멋진 소설이나 멋진 음악 같은 것들을 가지고 그런 얘기를 해보자, 거기에 제 얘기를 얹고 싶어 하는 거죠.

지 그걸 읽은 사람한테는 임팩트가 있을 수 있는데, 그걸 안 읽은 사람들은 이해가 좀 어렵지 않습니까?

우 《크리스마스 캐럴》의 스쿠루지 영감 같이 점점 더 쉬운 걸 찾는 거죠. 《장화홍련전》 같은 것을 영화로 만든 사람이 있잖아요. 한국 사람들이 《장화홍련전》을 모르는 사람이 없을 거고, 〈토끼와 거북이〉 같은 보편적인 텍스트로 얘기해보고 싶은 겁니다. 경제학도 한국에서 특수한 담론이잖아요. 아담 스미스의 《국부론》, 마르크스의 《자본론》, 케인즈의 《고용 이자 및 화폐의 일반이론》 같은 책을 본 사람은 많지 않으니까 그렇게 어려운 걸 갖고 얘기하지 말자는 거였구요. 누구나 다 아는 세종대

왕이나 이순신을 갖고 얘기를 시작하여 일반적인 얘기로 가보고 싶은 거죠. 그래도 〈반지의 제왕〉 같은 영화만 해도 《국부론》보다는 훨씬 많이 봤을 거 아닙니까? 제가 '음식 국부론' 했는데, 《국부론》 본 사람이 드물잖아요.

저는 그렇게 다수와 통하는 대화를 하고 싶은 거죠. 그러려면 같이 얘기할 수 있는 소재가 필요한 건데, 능력만 되면 〈마징가Z〉나 〈원더우먼〉 〈소머즈〉 같은 걸 갖고도 얘기할 정도가 되면 편할 텐데, 거기까진 미치지 못하구요. 아무튼 같이 얘기할 수 있는 소재를 찾는 거죠.

지 아라곤을 찾아야 한다고 하셨는데, 아라곤은 아직도 못 찾으셨나요?

우 써도 될지 모르겠는데요. 그거 쓸 때는 박진섭이 아라곤이라는 가설을 해봤어요. 사노맹 출신이거든요. 사노맹 잡지의 편집위원을 했고, 환경운동연합의 기획실장을 했는데, '저런 사람이 대통령이 되면 어떨까?' 하는 상상도 해본 거예요. 사노맹 출신이면 완전 좌파 출신이잖아요. 빈민운동이나 환경운동도 오래 했는데요. 꼭 그 사람이라기보다는 그런 일을 오래 해온 사람들한테 기대하는 거죠. 사실 노무현은 운동을 제대로 안 했잖아요.

지 사노맹 출신 중에서는 《노동의 새벽》 박노해가 제일 유명하지 않나요? (웃음)

우 박노해는 너무 화려한 것을 탐하는데, 그 사람은 원래 영화에서는 스트라이더라는 개념인데, 무명 시절의 춥고 배고픈 것을 많이 거친 사람이 아라곤이 되거든요. 지금도 생각해요. 언젠가 빈민운동과 민중운동, 환경운동으로 대변되는 어떤 시민운동을 다했고, 스트라이더라고 얘기할 수 있는 것처럼 춥고 배고픈 현장에서 오래 있었던 사람 중의 한 명이 대통령이 되었으면 하는 거죠. 〈반지의 제왕〉 3편이 '왕의 귀환'이잖아요. 아무도 모르는 사람이 왕이 되는 거잖아요. 그런데 그게 얼마나 걸릴지 모르겠는데, 그런 때가 한번 와야 이 고리를 끊지 않겠냐는 겁니다. 아무나 적당히 대통령 만들어서는 답이 안 나오는데, 노무현 때 그런 생각을 좀 했어요. 그건 아닌 것 같구요. 현장에서 상당히 오래 무명으로 일한데다가 나름대로 정통성도 있으면 좋겠어요, 저도 아라곤이 누군지는 모르겠지만요.

지 그런 사람이 아라곤이었으면 좋겠다, 기대할 수 있다는 말씀이신데요.

우 그래야 이 구조를 끊을 수 있겠다고 생각한 거구요. 상당히 상징의 상징으로 가는 고민들을 많이 한 거죠.

지 고 제정구 의원에 대해서도 호감을 가지신 것 같은데요.

우 확실한 것은 제정구가 "가난한 사람들의 고민으로부터 출발해야 한다"는 메시지를 전했죠. 가난한 사람들과 함께 한다고 늘 옳을 수는 없지만, 노무현 정부는 들어서자마자 부자들과 힘 있는 사람들의 힘을 빌려야 한다는 생각을 너무 크게 한 것 같습니다. 제정구가 "가난한 사람들과 함께 하는 것이 미래"라고 했는데요. 우리나라 운동은 그런 걸 너무 쉽게 잊어버린 게 아닌가 싶습니다. 제정구가 대단한 사람이거나 신이냐 하면 그런 것은 아니거든요. 하지만 제정구의 메시지는 명확하잖아요. 그런데 노무현 정부 사람들이 운동을 출발한 것이 제정구 같은 사람들과 한 거거든요. 타협 몇 번 잘한다고 해서 풀리는 게 아니라는 것은 명확하잖아요. 그렇게 어려울 때도 제정구는 우파한테도 인정받은 사람이거든요.

제가 만난 우파들은 "제정구는 좌파, 아니 빨갱이인 것은 다 알았는데, 똑똑하지는 않아도 훌륭한 사람"이라고 얘기하더군요. 한국 좌파가 다시 출발한다고 해도 우파한테도 존경받아야 좋은 좌파잖아요. 제정구 정신 같은 것은 굉장히 오래갈 것 같아요. 제정구를, 특히 죽은 다음 제정구를 욕하는 우파를 보지 못했습니다. "제정구를 어떻게 생각하냐?"고 물으면 다들 "안타깝다"고 하고 "훌륭하다"고 얘기하거든요. 그게 한국 좌파가 가지고 있는 뿌리에서의 힘이라고 생각하거든요. 소수였지만 우파들이 봐도 '저렇게 생각하고 사는 것은 우리를 위해서 나쁜 것이 아니'라고 생각하게 하는 힘이 있으니까 여기까지 온 거죠. 제정구도 국회의원 하면서 욕을 먹기는 했지만, 그 욕먹은 게 본인의 출발을 다 엎을 정도로 그렇게 가지는 않았거든요. 죽은 다음에도 남아 있잖아요. 제정구 얘기하면 욕하는 사람이 없어요. 어떻게 보면 좌파에게는 큰 어른이고 꿈같은 거라고 생각하는 거죠. 우리가 마음을 터놓고 얘기하자면 우리가 죽고 나서 제정구 정도 평이라도 받으면 살아볼 만하지 않겠어요. 죽었는데 "제정구 같은 사람"이라는 평을 듣는다면 그렇게 살고 싶을 거 아닙니까? 아라곤 같은 얘기를 할 때 진짜 뿌리는 거기서 나오는 거라고 생각했던 거죠.

지 좌파하고 일할 때랑 우파하고 일할 때랑 어떤 차이점이 있습니까?

우 좌파는 돈이 없잖아요. 할 수 있는 상상이나 범위가 처음부터 굉장히 좁죠. 반면에 우파는 외국하고 비교해본다면 우리나라 우파가 움직일 수 있는 여지가 별로 없어요. 양쪽 다 공간이 협소한 상태죠. 교육, 농업, 환경 문제를 보면 좌파나 우파나 바꿀 수 있는 여지가 얼마 안 되죠. 알면서도 못하는 경우가 많아요. 좌파나 우파가 같이 한 테이블에 의제를 올려놓고 할 수 있는 여지가 많은데, 그것 자체가 없어요. 우리나라는 좌파가 국회에 들어간 지 얼마 되지도 않았고, 한 주제를 놓고 오랫동안 고민해본 적이 없습니다. 좌파도 우파를 무시하고, 우파도 좌파를 무시하고, 서로 고사시키려고 하는데요.

우파에도 지성이 있을 텐데, 존경할 만한 우파도 없는 상태구요. 좌파는 신문이라든지 이런 게 우파 매체라고 생각하니까 상대를 안 합니다. 반면에 우파는 여기저기 쏘다닐 매체가 많으니까 책을 쓰거나 시간이 많이 걸리는 작업들을 안 하게 되는 거죠. 사회과학이 좌파나 우파만 얘기하는 게 아니거든요.

각자 자기 것을 내놓고 대중하고 대화를 하는 건데요. 그게 좌파한테도 위기지만, 우파한테도 위기고 궁극적으로 한국 지성계 전체의 위기가 아닌가 생각하는 거죠.

지 손석희 교수가 "토론할 때 보면 좌파, 우파 모두 피해의식을 느끼는 것 같다"고 얘기한 적이 있는데요.

우 한국에서는 양쪽 다 그것을 조정할 원로가 없고, 중립지가 없는 것 같아요. 논쟁 자체가 실종되어서 서로 피해의식을 가지고 있고, 그것을 중재할 심판이 없는 것 같은데요. 텔레비전의 경우 시청률만 놓고 얘기하니까 버라이어티 프로그램만 활성화됐는데, 다른 영역도 마찬가지인 것 같습니다. 국가의 미래 같은 것을 얘기할 논의의 장이 형성되지 않은 것 같습니다. 책도 보면 국내 저자들이 쓴 책에 비해서 번역서에 대한 선호도가 굉장히 높거든요. 그런데 외국 사람들이 우리의 고민을 대신해줄 수 없잖아요. 우리가 어떤 모습이고, 어떤 고민을 해서 문제를 풀어야 할지에 대한 장 자체가 열려야 하는 거죠.

지 텔레비전도 토론이나 다큐멘터리 같은 심각한 건 안 보고, 버라이어티나 드라마만 보지 않습니까?

우 버라이어티랑 드라마를 비교해보면 드라마가 좀 나은 것 같아요. 한 사회가 문제를 푼다고 할 때 그것을 누가 대신 풀어주지는 않거든요. 자본주의 사회는 어떤 문제가 계속 오거든요. 각 단계마다 새로운 과제가 왔을 때 어떻게 풀 것이냐 하는 것이 과제인데, 세밀하고 긴급한 질문들을 다룰 장이 없는 거죠. 진지한 얘기를 재미있게 해야 한다는 생각이 있는데요. 사회가 그렇잖아요. 재미가 없는데도 참고 보라고 하는 것은 사람을 바꿔야 하는 거니까 어렵죠. 우리는 그런 고민을 더 해야하는데, 무관심한데다가 싸우는 게 얼마나 힘든지도 모릅니다. 그런 점에서 에코(이탈리아의 문학비평가 · 소설가 · 기호학자. 자신의 전문 연구와 관심을 《장미의 이름》이나 《푸코의 추》와 같은 흥미진진한 추리소설에 녹여내는 작업을 통해 전 세계 수많은 대중과 소통하였다. _편집자) 같은 사람이 했던 작업들을 많이 참고해야 할 것 같습니다. 그 당시 이탈리아 상황이 우리랑 비슷했을 텐데, 에코가 싫다고 하더라도 재미있어서 볼 수밖에 없게 만들었지 않습니까?

소통과 공론의 장이 사라지면서 정치가 죽었다

지　지금 경제학자들이 사회과학의 전면에 나서게 되는 상황 같은데요.

우　자본주의 사회가 얼핏 투명해 보이지만, 직관적으로 이 사회가 어떻게 움직이는지 알기가 어려운 사회거든요. 그렇게 보면 한국의 지도자라고나 할까, 의사결정자들이 한국 자본주의에 대해서 제대로 모르는 것 같아요. 무엇 때문에 이렇게 된 건지 정확하게 진단하려는 노력을 했어야 하는데, 그런 진단을 너무 이념적으로만 했던 것 같습니다. 좀더 구조적이고 내밀한 부분은 잘 몰랐던 것 같아요. 해법은 이념적으로 할 수도 있거든요. 그런데 진단은 이념적으로 하고, 문제 풀기는 기계적으로 한 것 같아요. 경제학자들이 사회과학 전면에 나서는 상태가 썩 좋은 건 아니죠.

지　그렇게 된 이유가 뭘까요?

우　정통 사회과학이 현실을 진단하는 능력 같은 게 떨어진 것 같아요. 우리는 궁금한데, 왜 이렇게 어렵냐는 것에 대해서 사회과학이 몇 년 동안 답을 주지 못한 것 같습니다. 답을 주지도 못한데다가 재미도 없는데 누가 굳이 참고 보려고 하겠어요? 그러다보면 사람들의 손에서 멀어지는 거죠. 신자유주의라는 용어 자체가 단순한 거거든요. 모든 문제가 거기에 있다고 하는 건 분석이 아니잖아요. 그런 식으로 해서 분석이랍시고 내놓으면 어디 설득이 되겠어요? 사회과학이라는 게 매력적이고, 유혹할 수 있는 요소를 가지고 있는데, 일반 대중에게는 전혀 매력적이지 않은 거죠.

지 갈등은 증폭되었는데, '누가 대통령이 되느냐'와 관계없이 쉽게 해소될 것 같지는 않습니다.

우 하버마스(독일의 사상가. 사회과학과 인간학의 다양한 원리와 관련된 이론을 정립·발전시켰다. _편집자) 식으로 표현하면 "소통이나 공론의 장이 사라진" 거죠. 버라이어티쇼가 그걸 대신해줄 수 없거든요. 인터넷 게시판도 한때 그런 역할을 했지만, 오래가지는 못했거든요. 같이 답을 찾아갈 수 있는 길을 열어야 하는데, 문제는 더 나빠진다고 생각하니까 사람들은 정치적인 일이나 사회적인 일에 관심이 없어지는 거죠. 누가 대통령이 되더라도 크게 바뀌지 않는 시스템을 만드는 게 바로 민주주의거든요. 어디선가는 반전할 수 있는 계기를 찾아야 하는데, 사람들이 지금의 20대들에게는 그런 게 오지 않을 거라고 생각하는 것 같아요. 더 불행하고 비참해질 것이라고 생각하는 거죠. 좌파나 우파나 다들 그런 것 같아요.

지 《88만원 세대》에 대한 10대들의 반응은 20대와 무슨 차이가 있던가요?

우 근본적인 차이가 있는 것 같지 않은데요. 10대는 훨씬 더 가능성이 많잖아요. 가끔 다른 흐름이 나타날 수도 있다는 느낌을 가져요. 고2, 고3 시기를 거치는 동안 한국사회가 그들을 바보로 만드는 것 같아요. 원래 총명한 아이들이 그 시기를 지나고 나면 영혼이 빠져나간 기계처럼 바뀌거든요. 그 문제를 어떻게든 풀어야 한다고 생각합니다. 10대가 가능성이 없으면 한국이라는 시스템도 희망으로 나가기 어려울 겁니다. 처절한 당위성 같은 거거든요. 여기에는 동의하는 사람들이 많은 것 같더군요. 좌파, 우파 모두 진단에는 동의하는데, 실천하기는 어렵죠.

지 한미FTA를 추진한다는 것 자체만으로 3불정책이 후퇴하는 조짐이 보이는데요.

우 패자들한테도 기회를 줘야 하는데, 그런 탈출구가 없으면 개인으로 하여금 생존전략에 몰두하게 만들죠. 한미FTA 논의가 한창이던 시기랑 《마시멜로 이야기》가 100만 부 팔린 시기가 같거든요. 사람들은 바보가 아니라서 그런 전략을 택하는 건데, 그렇게 되면 사회가 더 그렇게 가는 거죠. 그런 상황에서 한국의 사회과학을 지킨다고 하는 게 누가 봐도 턱도 없는 거거든요. 할 수 있는 것도 없고, 사회과학이나 경제적인 질문에서 빨리빨리 철수하고 편한 길을 가는 게 정답이라는 결론이 나오거든요. 저는 약간은 희생한다는 생각을 하는데요. 기분은 좋잖아요. 경제학을 전공한 사람으로서 "그 시대에 야합했다"고 기억되고 싶지는 않거든요. 그래서 할 수 있는 한 최선을 다하겠다는 거죠. 소망하는 게 있다면, 한국사회 전체가 얼마나 잘 될지 그것까지는 모르겠는데 2~3년 안에 사회과학 르네상스를 한번 만들어보고 싶거든요. 그런 순간을 만들어내면 5년 후에는 우리가 지금보다 더 나은 사회를 만들 거 아닙니까? 거창하게 정당을 만들거나 무슨 세력을 만드는 건 제 능력으로 해볼 수 있는 게 아니구요. 책을 열심히 쓰고, 논의를 만들어가는 정도는 해볼 수 있지 않나 싶은 거죠. 사람들이 싸울 때 꼭 이길 수 있다는 신념으로 싸우는 건 아니거든요. 그게 옳다고 믿으면 질 줄 알면서도 싸울 수 있는 거거든요.

지 음을 맞춰야 한다는 말씀을 자주 하시는데요. 말도 잘 맞춰야 소통이 되지 않겠습니까? 어떤 면에서는 우리 사회에서 노무현 대통령의 말 때문에 갈등이 증폭되지 않았나 싶은데요.

우 좌우파 싸움이라고 하면 어떤 사회든지 두 집단이 싸우지 않을 수가 없잖아요. 선거라는 게 어차피 대리전이지만 좀 고상했으면 좋겠어요. 함축적이고 고상한 표현을 쓰면 진흙탕 싸움은 피할 수 있잖아요. 그런 면에서 희랍에서 철인정치를 생각했던 그런 꿈을 가진 것 같아요. 토론 자체를 즐길 수도 있는 거잖아요. 정치가 아무리 치열하게 맞서더라도 말은 아름다워야 하는 건데, 한국 정치는 별로 치열하달 것도 없고 빤한 건데 말이 너무 험해요, 양아치 뺨치고도 남을 만큼. 국민들 밥그릇 챙길 생각은 않고 지들 밥그릇만 챙기느라 핏대가 올라서 그러지 않나 싶어요.

지　좌파 정치인들도 말에 여유가 없이 직선적이고 거칠지 않습니까?

우　그렇죠.

지　협박을 해도 비유적으로 한다든지 하면 한결 부드러울 텐데요.

우　은유 같은 게 많아야 하는데, 직설법이 너무 많죠. 정치라는 게 가장 시적인 클라이맥스 같은 건데, 거기서 나오는 말들이 우아하고 고상하면 지켜보기에 훨씬 더 좋잖아요.

지　김종필은 제가 좋아하는 정치인은 아니지만 말하는 것에 낭만은 좀 있었던 것 같은데요.

우　옛날엔 독재였는지는 모르겠지만 품격은 좀 있었던 것 같고, 지금은 민주주의인지는 모르겠지만 조금 천박한 면이 있죠. (웃음)

지　노무현 대통령을 정치력, 조직 관리 측면에서 어떻게 생각하세요? '정치 9단'이라고 생각될 때도 있었는데, 지금 봐서는 그렇지도 못한 것 같구요.

우　자기중심에서의 세계관이 뚜렷한 사람이죠. 사람은 누구나 잘못 생각할 수도 있고, 판단을 잘못 내릴 수도 있거든요. 노무현 대통령은 자기중심성이 강한 것 같아요. 그래서 대화하고 토론하는 과정 자체가 너무 생략되었던 게 아닌가 싶습니다.

패턴 자체를 보면 밀실 정치였던 것 같은데, 그래서 통치술 같은 것을 많이 고민했던 것 같고, 대중을 조작이나 선동의 대상으로 생각했던 것 같습니다. 국민을 사랑했느냐 하면 그런 것 같지는 않고, 사람들이 자신을 사랑하기를 많이 바랐던 것 같아요. 그런 식의 밀실주의를 벗어나는 것은 우리로서도 어려운 숙제고, 사실 선진국도 잘 못하는 부분이거든요. 하여간 밀실 정치, 밀실 행정이 5년 동안의 특징이었던 것 같습니다.

지 "사랑합니다~" 하고 닭살 돋게 하는 것도 문제지만, 너무 드라이하게 표현하는 것도 문제인 것 같은데요.

우 시대와 어떻게 호흡해야 하는지가 중요한데, 그런 면에선 성공한 대통령이 아닌 듯싶습니다.

지 정동영 후보가 "대통령은 전문가 아니어도 사람들을 잘 쓰면 된다. 경제 드림팀을 꾸미겠다"고 했는데, 사람을 어떻게 쓰느냐가 중요한 것 같은데요.

우 한국에 마피아라고 할 수 있는 집단이 몇 개 있거든요. 재경부를 중심으로 한 경제 관료 체계 전체에 대한 답을 내놓아야 하는데, 기계적으로 드림팀을 만든다고 하면 재경부의 경제 관료들에게 몽땅 넘겨준다는 거거든요. 인선의 원칙이 있어야 할 텐데, 명망가 위주로 하려는 생각 같아요. 경제는 철학인 것 같아요. 철학을 공유하는 집단을 만드는 것이 대통령이 해야 할 일 같은데요. 그런데 그런 거하고는 거리가 멀잖아요. 이를테면 정동영도 토목에서 자유롭지 못하거든요. 새만금으로 자기를 세운 거니까, 이명박이랑 다를 게 하나도 없거든요.

지 새만금은 어떻게 정리해야 할까요?

우 기술적인 검토를 더 해야 하는데요. 이대로 가면 매립이 될 거고, 그 다음 단계부터 부작용이 생기겠죠. 신당도 한나라당과 마찬가지로 개발 위에 서 있거든요. 그나마 문국현은 시민운동, 사회운동을 오래 해왔던 사람인데, 한마디도 못하잖아요. 자유롭지 못한 거죠.

지 그런데서 자유로운 세력은 한국에서 너무 세가 없구요. 정치적으로 대안이라고 생각될 수 있는 그룹들은 자유롭지 못한 것 같은데요.

우 정치가 좀더 젊어지고 자유로워져야 하는데요. 정동영은 유럽 기준으로 분류하면 중도우파로 분류될 수밖에 없거든요. 그런 지역개발 위에 서 있는 사람인데, 그런 사람이 민주주의 얘기를 하는 상황이 비극적인 거죠. 그래도 절망하는 것은 답은 아닌 것 같구요. 계속 문제를 제기할 사람이 서 있을 공간을 만들어야죠. 정답이 아니더라도 답을 많이 만들어내야 하는 거구요. 획일화의 함정을 한국 자본주의가 어떻게 피해나갈 수 있을 것인가를 생각해봐야죠. 쉽지 않은 질문입니다. 이런 면에서 학자, 지식인, 예술인 같은 사람들의 책무가 막중한데요. 이런 사람들은 그저 생활인만은 아니거든요. 이런 사람들에게 주어진 시대적 소명 같은 게 있을 텐데, 지금까지는 잘해온 것 같지가 않아요. 하지만 이런 사람들이 아예 없어져서 "이렇게 가면 안 된다"고 경고하는 사람이 아무도 없게 되면 파시즘으로 갈 수도 있거든요.

지 참, 중국 비판서 얘기가 있었는데, 다른 나라에서는 많이 나오지 않나요?

우 한국에서 하기는 어려울 것 같고, 기회가 닿으면 일본이나 미국 같은 데서 한·중·일을 놓고 특수성 같은 것들, 유럽이나 중남미, 아프리카와 비교하는 연구를 해보고 싶어요. 기회가 닿으면 그런 것을 해보고 싶은데, 우리나라에는 자료가 없어요. 저는 우리 시대의 싸움, 그런 걸 좋아하니까 그걸 할 수 있는 여건을 고민하는 거죠.

지 어떤 점이 제일 안 좋은가요?

우 학자가 교수가 되는 길 외에는 차분하게 공부할 수 있는 환경이 되어 있지 않습니다. 설령 교수가 되더라도 차분하게 공부할 수가 없어요. 자기를 지키기가 어려운 거예요. 교수가 사교 모임도 해야 하고, 프로모터 같은 것이기도 하니까요. 교수가 될 기회가 몇 번 있었는데, 저 역시 프로모터나 하면서 흥청망청 시간을 보낼 것 같아서 교수는 안 하기로 마음먹었죠. 누가 시켜주지도 않구요.

지 《왜 세계의 절반은 굶주리는가?》의 해제를 쓰셨는데요. 그런 식량문제를 해결할 수 있는 방법은 뭘까요?

우 결국은 지금 국가 단위로 움직이잖아요. 국가별로 자생적인 흐름을 만들어야 하는데, 세계화라는 큰 흐름 속에서는 어렵죠. 기아는 구조적인 문제라서 줄지 않을 겁니다. 경제발전과 민주화라는 두 가지 과제를 동시에 가지고 있는 건데요. 이런 세계화라는 체계가 영원히 가지는 않을 것 같거든요. 그 책도 좋은 책인데, 처음 해제를 부탁받았을 때 몇 천 부 이상 팔리기 어려울 거라고 생각해서 고민을 좀 했었어요. 하여간 많은 사람들이 봐줘서 한국이 그렇게 메마른 곳은 아니라는 생각을 했죠.

지 "미국에서 생산되는 농산물로만 전 세계가 먹을 수 있고, 프랑스에서 생산되는 곡물로만 유럽 전체가 굶지 않을 수 있다"고 하셨는데요.

우 지금의 세계화는 구조적인 문제를 전혀 풀 수 없는 시스템이거든요. 한국에서 인문사회과학의 잠재력은 충분하다고 생각합니다. 돌파할 수 있는 출구를 못 찾고 있을 뿐인 거죠. 장 지글러(스위스의 사회학자. 빈곤과 사회구조 관계에 관심을 쏟고 있는 기아문제 연구자. 유엔인권위원회 식량특별조사관으로 활동하면서 '불편한 진실'을 거침없이 도마 위에 올리고 있다. _편집자)의 《왜 세계의 절반은 굶주리는가?》는 정말 좋은 책이죠. 우리는 왜 그런 책을 못 쓸까? 저도 책을 쓰기는 하는데, 외국의 A급 학자와 비교해보면 지식의 분량이 차이가 큽니다. 기가 팍 죽죠. 엄청 똑똑하고 아는 것도 많고, 사람이 착하기도 하구요. 저도 제가 얼마만큼 아는지는 알잖아요. 저도 개인적으로 보면 갈등도 많았고, 10년 정도는 괴로워했었는데요. 예를 들면 이런 겁니다. 아프리카 경제학을 한국 사람이 써야 한다고 하면 쓸 사람이 없거든요. 제가 아프리카에 대해서는 좀 아는 편이지만, 어떤 특징이 있는 경제라는 것을 책으로 쓸 수는 없는데, 프랑스나 이런 데는 그런 사람이 수십 명씩 있잖아요.

갖고 있는 지식이 얕기도 하고 폭도 좁기 때문에 나라가 이 모양, 이 꼴인 거죠. 외국의 우파나 좌파를 만나서 얘기해보면 기가 팍 죽거든요. '저 놈은 뭘 어떻게 했기에 저렇게 아는 게 많은 거야?' 하는 생각이 절로 듭니다. 그러면서 한국의 우파를 보잖아요. 그러면 '아는 것도 없는데, 이것들은 왜 이렇게 게으른 거야?' 하는 생각이 드는데, 정작 그들은 "한국 좌파들의 질문이 예리하지 못하기 때문에 부지런할 필요가 없다"고 대답하더라구요. 일본이나 독일 우파들이 쓴 것을 보면 아는 게 정말 많거든요. 좌파들의 질문이 예리해서 그걸 방어하려다 보니까 그렇게 된 거거든요.

생각이 한 치만 더 깊어도
희망의 절반은 건진다

일본식 버블 공황의 유령이 우리 앞에 아른거린다

지　이명박 당선자의 인수위 구성을 보면서 대해서 어떤 생각이 드셨습니까?

우　생각했던 것보다는 합리적으로 한 것 같아요. 많은 사람들이 예상했던 것보다는 온순하게 했던 것 같습니다.

지　노무현 정권을 보면서 반면교사로 여러 가지 생각을 했을 수도 있을 텐데요.

우　그거보다는 조금 더 정책적인 활동이 가능하게 구성된 것 같아요. 어떤 정책을 할 건지에 따라 여러 가지 방향이 있을 수 있을 텐데요. 흔히 모사꾼이라고 부르는 사람들 있잖아요. 그 사람들이 생각보다는 전면에 배치되지 않은 것 같아요.

지 인수위에서 발표한 것을 보니까 부동산을 잡기 위해서 대출을 억제한다고 하던데요. 그게 실효성이 있을까요?

우 일단 건설자본이 움직이기 편한 정부가 될 텐데, 제일 크게 드러날 것이 부동산 폭등일 거거든요. 그건 자기들도 알고 있을 거구요. 노무현 때는 상당히 오랫동안 인위적으로 금리를 눌렀습니다. 저금리 기조로 5년을 했는데요. 제가 지금까지 듣고 이해한 바로는 이명박 정부는 금리를 일부러 낮춰서 경기부양을 하지 않을 것 같아요. 그런 것의 연장이라고 봐야겠죠. 결국 이명박 정부가 부딪히는 여러 가지 위기 중에서 제일 큰 게 이미 등장했던 일본식 버블 공황이 임기 내에 올 거냐는 건데요. 자기들도 그것이 실제로 정권의 성패를 가를 것으로 인식하고 있을 겁니다.

지 "참여정부의 잘못 중에서 정말 경제학 교과서에 나올 정도의 양아치 짓은, 금리 가지고 너무 오랫동안 장난친 사실이다. 금리는 무서운 것이고, 거시경제는 물론이고 경제 내의 모든 주체들의 행위를 결정짓는 가장 근본적인 요소 중의 하나이다. 환율도 무섭지만, 금리는 더 무섭다"고 하셨는데요.

우 금리를 낮추면 기업이나 개인이 돈을 빌리기가 쉬워지잖아요. 금리가 높았더라면 하지 않았을 부동산 구매 행위 등을 하게 되거든요. 돈이 풀려서 시중으로 나오게 되면 아무래도 부동산이나 펀드로 찾아가게 됩니다. 노무현 시대는 앞의 3분의 2는 부동산에 몰리고, 뒤의 3분의 1은 펀드에 몰린 시기라고

우리 이제 무엇으로 희망을 말할 것인가

볼 수 있어요. 그러다보니까 개발경제 같은 것에 한국에서 제일 영향을 준 부분이 저금리였던 것 같아요. 나중에 어느 정도나 하면 미국 금리보다 한국 금리가 더 낮아지는 역전현상 직전까지 갔거든요. 그때까지는 콜 금리를 묶어놓고 있었는데, 과도하게 금리를 누르고 있었던 거죠.

지　이명박 정부의 부동산 정책과 금리 정책의 연관성에 대해서는 어떻게 생각하십니까? 이명박 정부의 위기에 대해 "두 번째는 금리와 물가 관리라 할 수 있는데, 노무현 정부에서는 '성장률'을 끌어올리기 위해서 '한국형 뉴딜' 등 지방 건설 사업을 촉진하는 노력을 많이 했고, 이와 함께 금리를 억지로 누르고 있었다. 이것이 결국 집값 폭등을 일으켜 노무현 정권을 끌어내린 직접적 도화선이라고 본다. 금리를 인위적으로 누르거나 올리는 것은 위험한 일인데, 이명박 정부는 '자칭 좌파'들과 달리 이런 황당한 일은 하지 않을 것 같다. 전망치를 보면, 2~3년간 국제 금리는 올라갈 것 같은데, 여기에 따라서 자연스럽게 이동시키다보면, 부채가 많은 개인들은 힘들겠지만, 결국 다가구 소유자들이 주택도 매각하게 될 것이고, 거품도 줄어들 것이다. 그러나 딜레마는 이런 고금리가 최근의 국제 원자재 폭등과 만나면서 '인플레이션'을 만들어내게 된다는 점이다. 최악의 상황은 고금리와 물가 상승이 결합되면서 이른바 '복합불황'이 나타날 가능성이다. 이렇게 된다면, 쓸 만한 정책 수단이 별로 없다"고 하셨는데요.

우 　결국은 난개발을 할 건데, 금리 정책을 쓰면서 난개발을 할 거냐, 금리를 묶으면서 할 거냐에 따라 양상이 많이 다를 것 같습니다. 규제완화라든가, 정부가 직접 국책사업을 벌이는 것은 계속 할 텐데, 아마 금리 정도는 잡으려고 하지 않겠나 싶습니다. 결국 개발이익이 더 크냐, 금리가 더 크냐 하는 것이 장기적으로는 가장 중요한 변수가 되거든요.

지 　MB노믹스라는 얘기가 나오는데, 그게 레이거노믹스나 대처리즘 같이 어떤 실체가 드러난 거라고 보십니까?

우 　아직까지는 통일점이 뭔가를 보기는 어려워요. 하여간 재벌이 원했던 것을 대부분 들어주고, 그 다음에 개발업자들의 숙원 사업들을 들어주고, 그 다음에 서민들의 반발을 무마하기 위해서 포퓰리즘이라고 할 수 있는 개인적인 수요 진작책 같은 것들, 예를 들면 신용불량을 탕감해준다거나 긴급대출을 고려해본다거나, 마이크로 크레디트 같은 것을 늘린다거나 하는 정도가 특징일 거라고 생각하는데, 아직까지는 이게 어떤 유형이 될 건지, 워낙 산발적으로 되어 있기 때문에 MB노믹스라는 게 뭔지 단정하기는 어려울 것 같습니다.

지 　휴대폰 요금을 내려주겠다는 것 등이 그런 포퓰리즘 정책이라고 볼 수 있을 텐데요.

우 　단기 경기 부양책이라고 볼 수 있죠. 아무래도 집권해서 교정정책을 쓴다고 해도 그 효과가 단기에 나오지는 않으니까 가시적 성과를 보여주기 위해서는 개별 소비가 늘어날 수 있는 장치를 써야 하거든요. 그게 시민단체나 이런 데서 오랫동안 지적했던 불합리한 구조들하고 연결되어 있으니까 상당히 인기를 끌겠죠. 그 정도는 노무현 정부도 다 알고 있던 거거든요. 그런데 안 했던 거죠. 그런 면에서는 이명박 정부가 처음 해야 할 것을 잘 잡은 거라고 봐요. 사실 노무현 정부도 골프장이라든가 도시개발 같은 재정정책보다는 개인들한테 어필할 수 있는 내수 진작책을 폈어야 하는 거거든요. 게을러서 안 한 것 같아요. 이런 것은 그 전에 해도 되는 거였습니다. YMCA 같은 데서 하라고 요구했던 것이기도 하구요.

지 노무현 정부는 단기경기부양책을 안 썼다는 점을 자랑으로 삼지 않습니까?

우 안 쓰긴 뭘 안 써요? 그것은 지들 말이구요. 지금 노무현 정부가 지방개발도시를 만들겠다고 해놓은 게 100개가 넘어요. 골프장은 300개가 넘구요. 그런 것이 다 부양정책이죠. 안 쓴 게 없습니다. 금리도 낮출 대로 낮췄잖아요. 안 한 것은 긴급자금 방출 정도인데, 그것은 공황국면에서나 하는 거니까 정상적인 경제에서 할 수 있는 것은 다 했다고 봐야죠. 거기다가 둘째, 셋째 해는 재정 지출도 연간지출을 상반기에 다 조기 집행했거든요. 할 거 다 해놓고서는 안 했다고 하면 사기죠.

지 이명박 정권이 경부운하를 추진할 거라고 보십니까?

우　하죠. 안 할 이유가 없는 게 성동격서 전략 같은 효과가 있어요. 경부운하라는 게 그렇게 국민경제에서 규모가 큰 사업은 아니거든요. 상징적인 의미가 있으니까 그걸 한다고 하면 대부분의 비판이나 여론이 그쪽으로 몰릴 거 아닙니까? 그동안 교육정책이라든가, 정부기관 개편이라든가, 민영화 같은 것을 다른 데 관심이 쏠리는 동안 추진할 수 있겠죠. 경부운하는 되면 좋고, 안 되면 그만이라는 식이 될 수도 있습니다.

지　경부운하는 재앙이 될 것이라는 보고서도 있었는데요. "지금 한국 경제에는 몇 가지 불안 요소들이 있는데, 가장 큰 것은 아무래도 참여정부 때 엄청나게 올려놓은 부동산 가격이 결국은 일본식 버블 공황, 이른바 '잃어버린 10년'이라고 표현하는 바로 그 '헤이세이平成 공황' 형태가 되지 않을까 하는 우려다. 아무래도 건설회사 출신이라서, 건설자본의 전성기가 벌어진다면 이른바 '건설족' 의원들의 부패와 일명 '콘도법'으로 불리는 각 지자체의 관광 중심의 건설 경제가 결국 버블 공황으로 발생할 상황이 한국에서 재현되지 않으리라는 보장은 없다. 경부운하와 새만금 개발로 대칭되는 전국적 개발 붐을 과연 어떻게 제어할 수 있는가? 이게 가장 큰 불안감"이라고도 하셨는데요.

우　자기들 말로 정권 내에 준공한다고 하는데, 어차피 하더라도 행정절차상 그럴 수 있는 길은 거의 없어요. 사업 착공 정도가 임기 내에 되겠죠. 그러니까 이명박으로서는 정권 내에

274

추진하다가 끝나면 그만이구요. 나머지 뒷감당은 그 다음 정권에서 해야겠죠. 그러니까 이명박 정부 내에서도 다음 정권까지 생각하는 사람들은 경부운하에 대해서 조심스럽게 접근하는데요. 막상 5년 동안 뭐든지 해야 하는 이명박 정부로서는 지금 자기들이 미리 접을 이유가 없는 거죠. 생태에 영향을 미치는 사업들은 그 부정적인 효과나 평가가 아주 천천히 드러나고 늦게 나오거든요. 딱 만들었다는 그 순간에 터지는 게 아니라 "10년쯤 지나고 보니까 안 좋았다"는 식으로 나타나니까, 만드는 놈들은 일단 만들어놓고 보는 거고 당하는 사람들은 나중에 당하는 거죠.

지   예전에 평화의 댐 만든다고 해서 국민들 관심 다른 데로 돌려놓는 거랑 비슷한 건가요?

우   성동격서聲東擊西 전략의 성격이 강한 것 같아요. 지금 변화는 총체적인데, 맨 앞에 드러나는 전선 같은 것은 생태적인 문제에서 보거든요. 다들 그냥 경부운하에나 관심을 갖게 되니까요.

지   진보진영 입장에서는 '저것만 막으면 된다'고 생각하다가 다른 것을 다 내줄 수도 있겠군요. 교육인적자원부를 없애거나 기능을 대폭 축소한다는 얘기도 나오고 있는데요.

우   교육부의 존폐 또는 축소 여부는 교육철학에 관한 문제일 텐데요. 그런데 노무현 시대에 교육부가 워낙 못해서 이명박이 아니더라도 교육부를 없애자는 목소리가 많았어요. 저도 〈교육부를 차라리 없애라〉는 글을 쓴 적이 있거든요. 다른 의미 인데, 교육인적자원부는 인적자원관리로서의 교육철학이 시대 적 공감을 얻지 못한 게 사실입니다. 요는 지자체에 그 기능을 많이 넘겨주겠다는 거 아닙니까? 그런 면에서는 긍정적인 면이 나 부정적인 면이 다 있다고 봅니다. 그렇지만 이게 공교육을 정상화하는 방향은 전혀 아닐 거니까 앞으로 변화는 암울하다 고 봐야죠.

지 교육철학 문제와 관련해서 보자면 의구심도 많구요. 학원 이나 사교육이 더 활성화될 것 같은데요.

우 거의 100퍼센트죠. 그런데 기존의 노무현이 했던 정책도 학교를 없애는 과정이었잖아요. 교육합리화라는 이름으로 선 생님들 자르고 그런 게 원래 교육부의 기조였으니까요. 지금의 교육부를 좋게 생각하는 사람이 하나도 없는 거예요. 노무현 정부의 교육부가 사람을 인적자원으로만 봤지, 인간으로 본 적 이 없잖아요. 그래서 없애자는 얘기가 나와도 교육부 편들어주 는 사람이 하나도 없는 거죠.

보수가 원했던 세계관이 전면에 드러날 순간이 왔다

지 대북정책과 관련해서는 "북핵 문제가 해결되어야 경협도 할 수 있다"는 얘기도 나오는데요. 이명박 정권이 들어서면 남북간의 정치·경제적 관계는 어떻게 변화하리라고 보십니까?

우 기조 상의 큰 변화는 없을 거라고 봐요. 일단 건설자본의 이익을 대변한다고 하면, 북한은 이제 과거와 같은 위협이나 경쟁자로 보이는 것이 아니고 새로운 개발지가 하나 더 있는 차원으로 보이겠죠. 그 다음에 일본과 중국, 러시아가 북한에 들어갈 텐데, 어떻게 한국 자본이 먼저 들어가느냐 하는 것이 움직이는 원리가 될 테니까 근본적으로 방향이 바뀌거나 그러지는 않을 것 같아요. 다만 북한 정권을 무력화하는 게 도움이 되느냐, 아니면 지금의 상태로 내버려두는 게 도움이 되느냐, 이런 데서는 조금씩 생각의 차이가 나겠죠.

지 양쪽 정상의 정치 스타일이나 성격이 남북관계를 좌우한 면도 있을 것 같은데요. 그런 면에서는 어떤 변화가 있을까요?

우 지금의 북한으로서는 남한하고의 관계를 끊을 수 있는 형편이 아닙니다. 한국 건설자본으로서도 시베리아 횡단 철도나 남북간 도로 건설 같은 사업을 무시할 수 있는 위치가 아니거든요. 좋은 게 좋다는 식으로 가겠죠.

지 김정일은 김대중 정부는 좀 신뢰했던 것 같습니다. 자신들의 체제 보장 면이나 미국의 압력에 대한 완충작용을 해줄 것이라고 생각했던 것 같고, 노무현 정부는 거기에 비하면 조금은 덜 신뢰했던 것 같습니다. 그런데 두 정상의 기질적인 부분으로 인해 화끈하게 소통했던 면도 있는 것 같은데요. 아무래도 한나라당 이명박 정권에 대해서는 불신이 더 클 수밖에 없을 듯한데요.

우 그런 면에서 오히려 노무현이나 이명박이나 비슷한 특징이 있을 거라고 봅니다. 하여간 자기가 하는 것은 무조건 좋다고 생각하는 특징들이 있기 때문에……. (웃음) 이제 공은 북한 쪽으로 넘어간 셈이죠. 남한에서는 북한에 진출하려고 할 게 빤하고, 북한으로서는 문을 걸어 잠그고 고립될 건지, 아니면 변화를 받아들이고 경제적 실익을 얻을 건지 선택할 수밖에 없는 거죠. 제가 보기에는 북한도 개방 외에는 다른 길이 있을 것 같지 않아요. 속도 조절이나 조건에 대한 협상 정도는 있더라도 흐름을 반전시키지는 않을 것 같아요.

지 이명박 정부에서 고용이나 비정규직 문제는 어떻게 될 거라고 보십니까?

우 죽었다고 봐야죠.

지 이명박 정부가 조심해야 할 것에 대해 "성장 패턴의 조정에 따른 고용문제다. 이미 성장률을 아무리 높여도 고용이 늘지 않는 구조에 한국 경제가 들어가 있고, 사회적 대화에 따른

'일자리 나누기'를 도입하지 않는 이상, 20대의 비정규직화는 막기 어렵다. 이 문제가 세 번째 도전이라고 할 수 있겠다. 2~3년 내에 가시적 성과가 나오지 않는다면, 혹은 기다리고 참을 수 있는 '합의된 로드맵'이 나오지 않는다면, 결국 민심은 떠난다"고 하셨는데요.

우 떠나겠죠. 실업률이 말해주겠죠. 경제라는 게 규칙이 있거든요. 원한다고 다 되지는 않는 거구요. 그렇게 쉽게 되면 경제학이라는 게 학문으로 왜 존재하겠어요. 단기적으로 보면 경제는 심리는 아니라고 생각해요.

지 돌아가는 꼴을 보면, 결국 제일 큰 싸움은 개발주의와의 싸움이 될 것 같은데요.

우 결국 생태적인 질문들을 개인 차원에서 한 번씩 던질 때가 된 것 같아요. 지금까지는 생태적인 질문이라는 게 개인에게 던져진 게 아니고, '전체가 어떻게 좀 알아서 하고 싶은 대로 하고, 시스템이 그것을 해결해줄 수 있지 않을까' 하는 것이었는데요. 이제는 개인한테 그 질문을 해야 한다고 생각합니다. 집단적인 생태적 자각 같은 것을 싫든 좋든 부여받는 시대가 아닐까 생각합니다. 어쨌든 나만 잘살면 된다고 하는 철학이 끝까지 가면 안 되겠죠.

지 부동산 가격이 너무 올라가면 이명박 정부도 어려워질 것 같은데요.

우 큰 틀을 근본에서 바꾸기는 어려울 거라고 봅니다. 노무현 정권도 하고 싶어서 한 것이 아니고 정권이 무너질 정도로 수도권 아파트가 폭등하니까 안 죽으려고 한 거지, 지들이 좋아서 한 것은 아니라구요. 노무현은 하고 싶어서 했나요? 마지못해 한 거죠.

지 금리를 인위적으로 누르거나 올리는 것은 위험한 일인데, 결국 좌파들이 위험한 일을 했다고 지적하시지 않았습니까? 그게 왜 위험한 겁니까?

우 좌파인지 뭔지 모르겠는데, 지금 만들어낸 5퍼센트 성장이라는 게 돈 가지고 장난친 거니까요. 2만 달러 경제 신화로 조작한 시한폭탄 같은 거거든요. 그것을 이제 이명박이 되풀이할 건지가 관건이죠.

한국 경제가 2007년도에 처음에는 성장률 5퍼센트를 예측했다가 결국 4퍼센트 정도로 됐는데, 그 정도가 정상적인 거예요. 그런데 이명박이 7퍼센트 얘기했다가 나중에 4퍼센트 정도로 나오면, 그 정부 사람들이 가만히 있을 건가 하는 게 염려됩니다. 뭔가 특단의 조치를 취해야 한다는 고민을 하면 일정 정도 노무현 정부가 빠졌던 유혹에 다시 빠져들 우려가 있는 거죠. 못해도 5~6퍼센트 정도라면 낯을 세워서 국민들한테 해명할 수 있는 선일 텐데, 4퍼센트라면 공약의 절반이 좀 넘는 건데, 영혼이라도 팔고 싶겠죠. 그런 면에서 국민경제라는 게 진짜 매정한 거거든요. 사람들 마음대로 안 되잖아요.

지　정치인들이 얘기하는 국민경제를 어떻게 받아들여야 합니까?

우　두 가지 측면이 다 있는데, 지나친 국가주의라는 첫 번째 측면이 있구요. 두 번째는 조세를 중심으로 움직이는 또 다른 실체이기도 하거든요. 두 선에서 불안한 긴장 같은 것을 가지고 있는 거죠.

지　이명박 정부의 경제 전반을 어떻게 전망하십니까?

우　쉽지 않은데요. (웃음) 일본식 버블 공황의 형태가 올 가능성이 40퍼센트 정도, 저 성장과 인플레이션이 공존하는 복합 공황 형태로 갈 가능성이 30퍼센트 정도 되구요. 나머지는 성장률 5~6퍼센트 또는 4~5퍼센트 정도로 연착륙하면서 활력 있는 경제가 될 가능성인데요. 결국 균형점은 성장률 4~5퍼센트 정도에서 나오지 않을까 생각합니다.

　그런데 이것을 무리하게 밀어 올리려고 하다보면 경제 전반이 나자빠집니다. 불가능한 일이에요. 결국 한두 해 지나면 4~5퍼센트 정도의 균형 성장에서 조정이 될 것 같습니다.

지　BBK 특검이 향후 정국에 어떤 영향을 줄 거라고 생각하십니까? 대통합민주신당 입장에서는 그게 일종의 보험 같은 성격일 텐데요.

우　별 영향은 없을 것 같은데요. 하지만 진실은 나중에도 두고두고 사람들의 관심을 끌게 되겠죠. 제가 보기에는 총선 이후 개헌저지선(3분의 2)도 위험한 상태거든요. 이회창, 이명박이 합치면 3분의 2가 넘어서 개헌도 할 수 있는 상황이 된다면 BBK 아니라 BBK 할아버지라도 정치적 의미는 없어요. 오히려 개헌정국에서 어떤 식의 논의를 할 것이냐가 더 중요한 상황이 올 수도 있겠죠. 1987년 이후에 어느 쪽이든 한 번도 개헌 의석을 넘긴 적이 없었는데, 20년 만에 처음으로 단독 개헌 의석을 넘길 가능성이 높은 거죠.

업그레이드된 보수파라고 표현하면, 그들의 꿈이 뭐였냐, 그 꿈이 그대로 효과가 나올 텐데, 여과 없이 한국 사회의 보수주의자들이 원했던 세계관이나 한국의 모습 같은 것이 전면으로 드러날 순간이 온 거죠. 그 전까지는 헌법을 바꾸는 게 아니라 헌법의 틀 내에서만 논의를 했거든요. 법을 정해놓고서 문제가 되는 법을 바꾼다고 하는 것이 20년간 지속되어온 대화의 룰이 었거든요. 헌법을 바꿀 수 있는 상황이 되면 정말 제로베이스에서 논의하게 될 겁니다. 개헌 의석을 차지한다는 것은 지들 맘대로 다 할 수 있다는 거거든요. 바꾸지 못할 것은 아무것도 없다고 생각합니다. 심지어는 권력체제의 변화 곧 대통령중심제로 할 것이냐, 내각제로 할 것이냐 하는 것까지도 재고할 수 있거든요. 중임제냐 단임제냐 하는 게 문제가 아니겠죠.

지 최악의 경우에는 일본식으로 갈 수도 있을까요?

우 최악일지 모르겠는데, 여러 가지 검토가 있겠죠. 그런데 지금 우파들 입장에서는 대통령중심제가 더 편할 수도 있거든요. 지금 정도로 10년 간다고 하면 굳이 바꿀 필요가 없거든요. 조금 있다가 힘이 좀 떨어질 것 같으면 내각제 하자고 나오겠죠. 총선이 지나고 나면 진공 같은 거대한 공간이 하나 생길 거라고 봅니다.

지　정권을 가진 입장에서는 대통령중심제가 대단히 편한 상황일 텐데요. 총선에서 의회권력까지 장악할 가능성이 높으니까요.

우　이미 정권도 잡았고, 4월 총선에서 단독 개헌 가능 의석인 3분의 2 이상을 차지하게 되면 박정희 이후로 가장 강력한 정권이 등장하는 거죠. 우리나라 국민들이 화끈하기 때문에 그렇게 화끈하게 밀어줄 가능성이 더 커요. 이왕 밀어주는 거 '묻지마' 밀어주기로 가겠죠. 일단 제 관심은 보수진영에서 개헌선을 확보할 것인가 하는 건데요. 그것이 향후 3~4년 동안의 정치 지형을 결정할 겁니다.

지　그런 우려가 들 정도로 이쪽이 너무 무기력하니까요.
우　소선거구제라서 1등만 되는 구조니까 대선 때 득표율로 환산해보면 24~25퍼센트 정도의 지지밖에는 못 얻을 거라는 거죠.

지　여기서 뭔가를 만들지 못하면 70~80퍼센트 이상을 내줄 수도 있을 것 같은데요.

우　여당은 이명박, 야당은 이회창이 될 시대가 오고 있죠. 지금 민주신당이 1야당이 된다는 보장도 없잖아요.

지　지금 민노신당 움직임은 어떻습니까?

우　결국은 창당을 하려는 사람들이 있겠죠. 풍찬노숙이라고 표현을 하는데, 말 그대로 길거리에서 이슬을 맞게 되겠죠.

지　항간에는 주사파 일부를 설득하지 못해서 당이 갈라서는 게 말이 되냐고 하는 시각도 있는데요.

우　주사파 일부가 문제가 아니고, 과도한 정치주의가 문제라는 거죠. 권영길 후보에서 봤듯이 사실은 그것을 자신의 정치 지분으로 활용하려는 게 문젭니다. 주사파가 문제가 아니고, 원칙이 작동하지 않는 것과 기회주의가 문제라고 생각합니다. 만약에 그런 것이 없고, 자신의 철학이 뚜렷한 사람들이 많아지면 주사파가 있어도 문제가 안 될거라는 거죠. 어느 정당이나 정파는 있거든요. 제가 보기에는 소통하기 어렵고, 대화하기 어려운 정파가 있는 게 문제가 아니고, 그것을 활용해서 정치적인 과실만 따먹으려는 세력이 너무 커지는 그게 문제라고 생각합니다. 저는 주사파를 탓할 생각은 전혀 없어요. 본인들 소신에 따라서 움직이는 거니까요. 그것을 뭐라고 하기는 어려운데, 권영길이 문제라는 거죠. 별 이권도 없는데, 그걸 큰 이권이라고 생각하는 작은 정치가 문제라는 겁니다.

지 심상정 의원이나 이런 분들이 그런 당내 상황을 극복해주기를 바라셨던 것 같은데요.

우 저는 지금 있는 사람들 가지고는 안 된다고 생각하거든요. 다음 세대라고 할까, 새로운 흐름이 한 번 더 나와야 한다고 생각합니다. 그런 게 나오려면 많이 토론해야 하고, 참신한 노선을 내놓는 다양한 분파가 있어야 한다고 생각합니다. 그래야 그런 와중에서 다음 세력이 나올 수 있겠죠.

지 아직도 참여정부를 지지하는 사람들은 "김대중 정부로부터 시작하여 참여정부까지 평화를 유지하기 위해서 그 많은 비용들을 들일 수밖에 없었다. 따라서 참여정부는 굉장히 성공한 정부"라고 주장하는데요.

우 그건 외치外治에 관한 얘기구요. 정부라는 건 내치內治도 해야죠. 그렇게 치면 외치를 위해서 내치를 너무 안 한 거 아네요? 평화에 대한 대가가 꼭 강화된 신자유주의여야 하느냐면 그렇지는 않거든요. 그런 논리대로 한다면 "외치만 있었던 10년 정권 아니냐? 그 동안 한국 민중이 어떻게 됐는지 아느냐?"고 묻고 싶어요. 평화에 대한 대가가 신자유주의나 거의 방임주의에 가까운 형태로 나타났거든요. 그건 그 사람들이 선택한 거고, 전 그게 잘못된 거라고 보는 거죠.

경제가 성장할수록 더 획일화로 치닫는 한국사회

지　"《88만원 세대》는 현재 내가 아는 바로는 두 개의 팀이 뭔가 하기 위해서 생겨났고, 따로따로 움직이기는 하지만, 일단은 〈20대 권리선언〉을 위해서 힘을 합쳐볼 생각"이라고 하셨는데, 구체적으로 어떤 운동을 만들고 계신 건가요?

우　운동이랄 것까지는 없구요. 관심을 표명했던 20대나 저랑 관련됐던 사람들 중에서 자발적인 것 반, 뜻을 모으는 것 반 해서 모임이 몇 개 생겼어요. 모여서 할 수 있는 걸 생각하다가 제일 쉬운 것부터 하기로 한 거죠. 책도 좀 같이 보고, 쓰는 것도 연습하면서 〈20대 권리선언〉 같은 걸 하려구요. 예전의 차티스트 운동이랑 비슷하다고 생각하면 될 것 같아요.

지　대안경제 시리즈가 다 출간되고 나면 그것이 사회에 어떤 반향을 일으킬 거라고 생각하십니까?

우　특히 1권, 3권에서는 조직이나 세력 같은 게 생기는 것을 바라구요. 4권에서 제가 기대하는 것은 대개 사회경제학이라고도 하고, 소셜 이코노미라고도 하는데요. 외국에도 대부분 있는데, 경제학하고 사회학 중간에 있는 연구 과목 같은 겁니다. 그런 게 연구분과로 생기길 바라는 게 4권에서 기대하는 효과구요. 시장과 국가라는 두 가지 개념 외에 시민이라고 해야 하나, 그런 제3영역에 해당하는 것들이 서 있을 공간을 어떻게 열 것인가 하는 생각을 하고 있습니다.

지 《88만원 세대》에서 제안하셨던 다안성(다양성＋안전성)이라는 개념이 점점 더 사라지는 것 같은데요. 다양성과 안정성 모두 불안해지는 상황 아닙니까?

우 보통은 선진국 경제가 되면서 다안성(다양성＋안정성)과 안정성이 생기는데, 우리나라는 경제가 성장할수록 획일성이 더 강화되는 특징이 있는 것 같아요. 이명박 시대에 가면 굉장히 획일적인 사회가 되겠죠. 오히려 흑백 시대에 더 가까워질 것으로 봅니다.

지 혼자 글을 쓰는 것과 공저의 차이에는 어떤 게 있나요? 영화감독도 공동감독이 더 어렵다고 하던데요.

우 저로서도 공동작업이 더 힘들긴 한데요. 지배적인 작업은 힘들죠. 대화도 더 많이 해야 하구요. 어느 정도는 서로 양해를 구하고, 모르는 것은 같이 풀어야 하는 것이 어렵긴 한데요. 혼자 생각해서 옳다고 하는 것보다는 공저자 정도의 깊이에서 생각을 모아보면 깊어지고 넓어지는 것은 분명히 있겠죠.

지 여러 사람의 생각을 모아보면 더 깊어질 수도 있는데, 현실에서 그런 사람을 만나기는 쉽지 않은 것 같거든요.

우 아무나 하고는 안 되겠죠.

지 평생 진정한 친구 하나 만든다는 게 인생에서 성공한 것이라는 말도 있듯이 그런 공저자도 만나기 쉽지 않을 텐데요.

우　박권일 씨 하고는 4년 정도 여러 가지 경로로 작업을 했거든요. 그래서 사전에 조율할 게 거의 없는 상태였어요. 앞으로 또 공저를 할 수 있을지는 잘 모르겠어요. 그때 가봐야죠.

지　박권일 씨한테 가장 도움을 받은 점은 뭡니까?

우　예술성이 높아요. 직관력도 뛰어나구요. 사태의 본질을 꿰뚫어보는 눈이 있다고 할까요. 나이에 비해서는 사려도 깊구요. 그리고 《88만원 세대》는 내준다는 출판사가 없어서 어려운 때가 있었는데요. 아마 저 혼자 작업한 거라면 자존심이 상해서라도 쓰레기통에 버렸을 텐데, 박권일 씨와의 공동작업이었기 때문에 그렇게 하지 못했고, 결국 세상에 나오게 된 거죠.

지　《88만원 세대》라는 말도 박권일 씨가 만들었다고 쓰신 것 같은데요. 그 개념을 만든 게 박권일 씨인가요?

우　그 책에 사용된 개념은 두 사람이 함께 만든 건데 한 100개쯤 만들었어요. 마지막에 88만 원이라는 숫자를 계산한 것은 박권일 씨죠.

지　두 분이 부딪히는 부분은 없었나요?

우　제가 좀 양보를 많이 하는 편이예요. 그런데 박권일 씨도 많이 양보했을 거예요. 거기 나온 내용 중에서 둘이서 딱 견해가 일치하지 않는 부분도 있구요.

지　두 분이서 견해가 일치하지 않는 부분을 책으로 실을 때
는 조율이 필요했을 텐데요.

우　서로 일정하게 양보하지 않으면 결론이 안 나니까요. 3권
은 박권일 씨가 꼭 쓰고 싶어 했던 거구요. 북한 문제와 동북아
문제, 이런 것을 쓰고 싶어 했어요. 1권, 2권은 제가 쓰고 싶었
던 거구요. 그렇게 모여서 시리즈가 나오는 거죠.

지　"1권은 20대 95퍼센트의 죽음에 관한 이야기다. 2권은, 1
권에서 살았다고 생각했던 5퍼센트의 죽음에 관한 이야기다. 3
권은, 그리고 기분 좋다고 하는 386과 유신세대와 같은 한국 자
본주의의 패권세력과 이른바 '민주화 세력'과 주요 자본, 그들
이 어떻게 죽는가에 관한 이야기"라고 하셨는데요.

우　한국 자본주의가 어떻게 해서 제국주의로 전환되면서 단
순한 수출 경제에서 패권주의 경제로 바뀌는 것에 관한 얘기예
요. 한·중·일 사이에서 거대한 전쟁이 일어나는 과정이라고
보면 되겠죠.

지　3권의 가제를《촌놈들의 제국주의 : 한중일을 위한 평화경
제학》이라고 하셨는데요. 그 1장 제목을 〈세계화 시대, 촌놈들
의 제국주의 : 식민지 없는 제국주의의 울분〉으로 잠정 결정했
다고 하셨는데요.

우　가제는《전쟁 없는 한중일》정도로 해볼까 생각하는데요.

지 　방금 "한국 경제가 단순한 수출 경제에서 패권주의 경제로 바뀌는 것에 관한 얘기"라고 하셨는데요. 우리가 패권주의를 지향한다고 해도 말씀하신 대로 '식민지 없는 제국주의'가 될 가능성이 많은데요.

우 　그러니까 북한을 통일 대상으로 보는 게 아니고, 식민지가 없으니까 가까운 북한이라도 먼저 내부 식민지로 먹으려고 하는 거죠. 사실상 중국 연변지역이라든가 동남아는 이미 식민지로 간주하는 경향이 좀 있죠. 중남미는 좀 어려울 거라고 생각하면서 아프리카 쪽으로 눈을 돌리고 있고, 중동 쪽에서 뭔가 영토를 만들고 싶다는 생각을 하는 것 같습니다. 노무현 정부에서 '경제 영토'라는 표현을 썼잖아요. 정치적으로는 힘을 쓰지는 못할지라도 경제적으로 지배하는 곳을 만들고 싶어 하는 생각이 강했죠. 5년 전에는 '경제 영토'라는 말 같은 건 안 썼거든요. 노무현 홍보팀에서 만든 말이잖아요. 그게 외치나 대외경제에서 노무현 정부의 본질에 해당하는 말인 것 같아요. 결국은 경제 영토다, 하는 것이.

지 　중국도 아프리카에 신경을 많이 쓰고 있는데요. 수단이 사실상 중국의 영향력 아래 들어갔다는 말씀도 하셨는데요. 한·중·일이 아프리카에서 그런 형태의 식민지를 만들기 위해서 경쟁하고 있다고 볼 수 있습니까?

우 　아직까지 본격적이지는 않은데요. 블랙 다이아몬드로 불리는 석탄이나 석유 같은 걸 확보하기 위한 경쟁이 이미 물밑에서 진행되고 있다고 볼 수 있죠. 한국이 제일 늦은 건데, 중동에는 지금 들어가서 헤게모니를 잡을 근거지가 없거든요. 이명박도 들어오자마자 중동 지역에 포럼을 만들어야 한다고 했는데, 초반부터 안 될 거예요. 중남미는 자원민족주의로 많이 전환되어 있고, 빈 공간은 아프리카나 동남아시아, 시베리아 정도인데요. 예전에 프랑스, 독일, 이탈리아가 전쟁이 붙었잖아요. 그런 것처럼 한·중·일도 결국은 역내에서 심각한 경쟁을 벌일 것으로 생각합니다.

지　"지금 하고 있는 작업들을 끝내면 은퇴한 후 아프리카에 대해서 공부하고 싶다"는 얘기도 쓰셨던 것 같은데요.

우　원래 석사 때 지도교수가 프랑스에서 가장 유명한 아프리카 전문가였어요. 생각보다 아프리카라는 데가 매혹적인 곳입니다. 지금까지는 유럽, 미국, 일본 같은 나라가 왜 잘 사는지에 관심을 가졌다면 앞으로는 '못 사는 데가 어떻게 하면 잘살게 되겠느냐'는 데도 관심을 가지고 싶은 거죠. 개인적으로는 아프리카 친구들도 많아요. 근현대사 과정에서는 학살과 굶주림을 겪었는데, 인류가 결국 거기서 출발한 것 아닙니까?

지　"올해 내가 해제를 썼던 장 지글러의 《세상의 절반은 왜 굶주리는가?》에서 탁월한 대목은, 이런 것들을 조절하는 FAO 내부의 고민에 대해서 아주 상세하게 적어놓고 있다는 점"이라고 하셨는데요. 그 책에는 아프리카의 개혁적인 청년 장교가 가난한 나라를 굶주림에서 벗어나게 하고 있을 때 선진국이 개입해서 그 청년 장교를 제거하는 얘기도 나오는데요.

우 부르키나파소의 상카라 얘기인데요. 21세기 내내 아프리카가 우리한테 큰 질문이 될 거예요. 지금은 먹고사는 것조차 해결이 안 되고 있지만요.

지 "4권이 우리 시대의 이른바 '스테이지 클리어'를 위한 미션을 이루기 위한 이론과 방법들에 관한 이야기인데, 훨씬 추상적인 내용이 될 것이고, 경제철학에 관한 내용이 주를 이룰 것이다. 이 4권만 떼어내면, 일종의 대안경제학 교과서 비슷하게 생긴 모양일 것"이라고 하셨는데요. 어떤 대안인가요?

우 "시장도 아니고 국가도 아닌, 그런 제3의 영역이나 제도의 영역, 그런 게 왜 중요하고, 그런 게 없을 때 어떤 일이 벌어질 것인가"에 대한 이론적인 얘기가 될 것 같아요. 협동이나 신뢰 같은 게 어떻게 개념화되고 있고, 그 중요성이 왜 점점 더 강조되는가에 대한 얘기도 하구요. 소통에 관한 얘기도 본격적으로 해보려고 합니다. 경제학에서는 시장에서의 가격 정보가 커뮤니케이션의 전부라고 생각하는데요. 실제로는 그렇지 않거든요. 한국 사회에서 가령 신뢰 자본주의라든가 따뜻한 자본주의 정도는 해볼 수 있지 않나 하는 이론적 근거 같은 것을 찾아보려고 합니다.

지 김영하 씨하고는 고등학교 때 국악을 같이 하셨다면서요.

우 아주 친했죠. 한 달에 서너 번쯤 될 거예요. 그 당시에 후배들하고 술을 먹으면 차가 끊기잖아요. 그러면 차비가 없으니까 한 번은 우리 집에서 재우고 또 한 번은 영하 집에서 재우고 그랬죠. 집안 식구들끼리도 잘 알고 지내는 사이입니다.

지 김영하 씨가 낸 소설《퀴즈쇼》도 20대에 관한 얘기인데요. 그러니까 '88만원 세대' 얘긴데, 미리 서로 얘기를 하셨나요?

우 그런 건 아니고《퀴즈쇼》연재가 먼저 시작됐어요. 저는 연재되는지도 몰랐죠. 아무런 상관없이 각자 작업을 한 겁니다.

지 친구 분이라 텔레파시가 통한 건가요? (웃음)

우 2007년에 한국을 객관적으로 보려고 하는 사람들이 20대 노동 문제를 보지 않을 수 없다고 생각합니다. 워낙 두드러진 문제니까요. 그걸 안 본 사람이 오히려 이상한 거 아닌가요?

지 예전에 사회 문제를 고민했던 사람들은 지금 시점에서 20대 노동 문제에 관심을 갖게 될 수밖에 없다는 건가요?

우 그런지는 모르겠는데, 청년 문제가 2007년도에 워낙 심각하게 앞으로 나와 있는 상태였거든요. 저도 가끔 좌파, 우파 얘긴 하는데, 좌파나 우파나 어떤 이론을 쓰더라도 문제가 이번 문제로 드러날 거라고 생각하거든요.

국민들의 정치·사회 무관심이
시대를 지배하는 비극

지 언론은 어떻게 될 거라고 생각하십니까?

우 언론은 많잖아요. 종이신문 몇 개만 있는 것도 아니구요.

지 《한겨레》《오마이뉴스》《레디앙》 같은 언론이 이명박 정권에서 성장할 수 있다고 보십니까? 어려워질 거라고 보십니까?

우 그런 매체들 몇 군데는 문을 닫아야 할 정도로 운영이 심각해질 거예요. 이명박 시대에 국민들의 관심이라는 게 다 돈벌이나 밥벌이에 있을 거거든요. 그래서 정치나 사회에는 별 관심 없을 겁니다. 특정한 이슈에 관심을 갖거나 큰 변화에 대해 고민하는 사람도 적어질 거구요. 신문 같은 매체들은 운영이 어려워질 정도로 관심을 받지 못할 거예요. 그렇다고 거기에 상응할 만큼 광고시장이 커질 거냐 하면 그렇지도 않다고 봐요. 좌파 매체는 망하지 않으면 다행이겠죠.

지 《한겨레》는 김대중이나 노무현 정권에서는 비판하자니 그렇고, 안 하기도 곤란한 상황이 많았던 것 같은데요. 이명박 정권에서는 그 반대의 딜레마에 직면할 가능성이 많은데요. 이명박 정권이 제법 인기가 높은 상황에서 비판을 하면 "쟤네들은 만날 발목만 잡는다"는 얘기를 들을 가능성이 많고, 그렇다고 비판을 안 할 수도 없는 입장인데요.

우　보수 신문이나 진보 신문이나 똑같이 지닌 딜레마가 "상황을 이해하지 못한다"는 거예요. 비판하고 안 하고의 문제가 아니고, 변화의 본질을 꿰뚫어보는 통찰이 문젭니다. 지금, 외국의 사례로 봐서는 도저히 이해하기 힘든 독특한 상황이 벌어진 건데, 그 본질을 이해하지 못하는 거거든요. 찬성이냐 반대냐가 아니라 "우리가 어떤 흐름 위에 서 있는지"를 찾는 게 급선무인데, 그걸 가지고 보면 찬반만 따지는 것은 기계적인 분류거든요.

지　말씀하신 대로 그런 흐름을 찾는 게 급선무인데, 이미 5년 동안 정치적으로 양쪽으로 나뉘어서 싸워왔잖아요. 호흡이 긴 문제를 제기하기에는 포털사이트에서 가벼운 기사들만 클릭되는 상황인데요.

우　지금부터라도 해야 하는데, 한국의 지성계가 너무 얕아요. 빤한 얘기들만 하고 앉아 있구요.

지　사람들이 그런 데 대해서 "지식인들이 대중한테 다가서지 못한다. 〈무한도전〉 같은 걸 보면 일주일에 90번 이상 방송될 정도로 중독성이 있다"고 하는데, 그런 것은 괴로울 때 사람들이 잠시나마 웃고 즐길 수 있다는 면에서는 의미가 있지만, 뭔가 우리 사회의 모순을 고친다든지 하는 데에는 별 의미가 없지 않습니까? 지식인들이 대중들에게 어떻게 접근해야 한다고 보십니까?

우　재밌게 해야죠, 사람들이 재미없는 것은 안 보기 때문에. 뭐가 재밌는지는 모르겠지만, 무조건 재밌게 해야 합니다. 워낙 재미있는 데 익숙해져 있는 사람들이라서 재미없게 하면 안 봐요.

지　좌파들 중에서는 뼛속깊이 심각한 분들이 너무 많지 않습니까?

우　그 분들과는 대화가 불가능하다고 봐요. 재미라는 것은 지금 시대의 언어 같은 건데, 어쩌겠어요. 안 그러면 못 보겠다는데. (웃음) 그런데 심각한 것은 문법은 맞출 수 있는 것 아닙니까? 메시지는 갖더라도 좀 재밌게 할 수 있거든요. "나는 떠들테니까 알아서 보라"고 하면 아무도 안 보죠.

지　책을 보다가 "아이를 낳으면 오드리 헵번을 따서 '우 오드리'로 지으려고 했는데, 어감이 좀 이상해서 다시 생각해보기로 했다"는 부분을 보고 웃었는데요. 자녀 계획은 있으신가요?

우　아직 애도 안 낳았는데, 하여간 아내랑 여러 가지로 고민하고 떠드는 소재예요. 성을 안 붙였으면 좋겠다는 생각도 하고 있구요.

지　생명평화운동을 하는 장지영 씨를 두고 "힘든 선택을 할 때 믿고 상의할 수 있는 사람"이라고 하셨는데, 어떤 점에서 그렇게 신뢰하는 건가요? 공적으로 좋은 역할을 하는 것하고, 사

우리 이제 무엇으로 희망을 말할 것인가

적이든 공적이든 여러 가지 문제에서 믿고 고민을 털어놓을 수 있는 것과는 다르지 않습니까?

우　새만금 싸움을 굉장히 오래 했고, 굴곡이 많았던 사람이 거든요. 실제로 그 싸움을 만들고 전선을 꾸려온 게 장지영 씨입니다. 제가 여러 사람하고 일을 해봤는데, 충분히 믿을 만큼 사려 깊고, 생명운동이라고 했을 때 그런 본질에 가장 충실한 사람입니다.

지　예전에 강준만 교수가 조직에 관해 얘기하면서 "기록으로 남기기는 어렵지만, 그 사람만 가면 어느 조직이든 망가지는 경우가 있는데, 꼭 그 사람이 나쁜 사람은 아니지만 그렇게 되는 경우가 있다. 이럴 때 그런 것을 어떻게 기록으로 남겨야 할지 고민해봐야 하는 게 아닐까"라는 문제를 제기했는데요. 다양한 조직을 거치셨기 때문에 어떤 사람의 개성과 인간성, 인간관계가 조직에 미치는 영향을 많이 생각해보셨을 것 같은데요.

우　크죠. 그런데 결국은 지도자급에 해당하는 사람들이 사욕이 없다는 것을 구성원들한테 증명하지 못하면 깨지거든요. 또 필요할 때 결심을 못해도 깨지는 거죠. 어떻게 하면 잘되는지는 모르겠지만, 우리나라 조직들이 깨지는 전형적인 이유는 그 두 가지인 것 같아요.

지　사욕과 책임감을 구분하기 모호한 지점들이 많지 않습니까?

우　그렇죠. 개인한테 욕하기가 어렵죠. 분명히 그것 때문에 깨지긴 했는데, 그렇다고 그 사람한테 '너 때문이야' 라고 양심 상 그렇게 말하기 힘든 경우가 많습니다.

지 어떤 사람 때문에 조직이 힘들어지는 극단적인 사례 같은 것이 있습니까?

우 환경운동과 최열 대표의 관계가 대표적이죠. 본인이 운동을 만들었기 때문에 어떤 관계냐고 하면 지금도 정답이 없는 거거든요. 대표적인 개인과 운동의 관계 설정의 어려움이겠죠.

지 그것을 인신공격이나 뒷담화 수준이 아니라, 어차피 케이스 바이 케이스니까 인물과 조직간의 관계에 대해서 객관적인 기록을 많이 남겨두면 훗날 그런 것을 피해가는 데 많은 도움이 될 것 같은데요. 인간관계가 오래 되면 말을 하기도 어려운 것 같고, 상처를 헤집어서 원수가 되는 경우도 있으니까요.

우 저는 글로 직접 쓰는 편이에요.

지 어떤 분은 블로그 댓글에서 "우석훈 씨는 남을 씹거나, 자신이 친한 사람들 얘기만 하냐?"고 하기도 하던데요.

우 비판에는 두 가지 방식이 있는데요. 내가 아는 사람을 높이는 방식이 있습니다. 그 중에 다른 사람을 칭찬하면서 한 사람을 빼는 거죠. 그 사람을 빼면서 문제가 있다고 하는 것은 부드러운 방법인데요. 특정한 몇 사람을 칭찬하면서 한 사람을 칭찬하지 않는 방식이 소극적인 비판이구요. (웃음)

지　그걸 아는 사람은 오히려 더 정서적인 데미지를 입겠는데요. (웃음)

우　그것만으로 안 된다고 생각할 때는 딱 찍어서 그 사람을 비판하는데, 모르는 사람일 때는 비판하기가 더 힘들어요. 아는 사람일 때는 마음이 좀 아파도 직설적으로 비판할 수가 있어요. 모르는 사람을 어떻게 비판해요? 책을 많이 봐서 안다거나 하는 경우는 몰라도 잘 모르는 사람에 대해서는 얘기를 잘 안 하는 편이죠.

잘은 몰라도 조금은 안다고 생각할 때 비판하는 건데, 한 사람을 칭찬하는 방식으로 이 사람이 문제가 있다고 하는 방식은 칭찬을 듣는 사람을 남세스럽게 하는 면은 있지만, 누구누구는 잘한다는 방식으로 그렇지 않은 방식을 비판하는 게 좀 점잖은 것 같아요.

지　비판을 받는 사람들도 여러 가지 방식으로 반응할 것 같은데요.

우　대체로 심통을 내죠. 저도 비판하면서 마음이 편하지는 않은데요. 하여간 비판해줘서 고맙다는 사람은 못 봤어요. 강금실 전 장관은 강하게 비판했던 경우인데, 크게 마음에 안 담고 그저 "선거 준비가 부족했다"고 말하더군요. 하여간 제가 비판했던 사람들 중에서 그런대로 얼굴 계속 볼 수 있었던 강금실 전 장관 정도가 유일했던 것 같구요. 그 다음에 오세훈 시장은 제가 상당히 비판을 많이 했는데, 서울시 공무원을 통해서 자문도 구하고, 기술적인 문제에 대해서 조언도 구하더군요. 그 정도는 비판을 했어도 관계가 괜찮은 경우인데요. 다른 사람들은 대개 얼굴도 보기 힘들죠. (웃음)

지 우파들은 여유가 있어서 그런지 비판에 대해서 좀 느긋한 편이구요. 좌파들이 피해의식이 있어서 그런지 몰라도 비판에 대해서 좀 신경질적인 경우가 많은 것 같은데요.

우 꼭 그런 문제는 아닌 것 같고, 순결주의 같은 게 좀 있는 것 같아요. 비판에 익숙하지도 않구요. 험담이라고 할까요. 뒤에서 얘기하는 데는 익숙한데, 문자로 텍스트가 되어서 나오는 것에는 익숙하지 않아서 그런 것 같아요.

지 "조정래, 김지하, 백낙청을 한 절에서, '마음속의 세 개의 전선'이라는 표제어로, 이들의 현 주소와 현재의 역할에 대해서 조망하는 글을 썼다. 물론 나름대로 예의를 갖추기는 했지만, 나 같은 새까만 초짜가 이런 거인들에게 대뜸 엑조세(미사일)를 날려버린다는 것이, 스캔들은 스캔들" 이라고 쓰셨는데, 어떤 비판을 하셨나요?

우 3권에 들어가는데요. 민족주의형 우파 특성들을 조금씩 가지고 있다고 보니까요.

지 이 세 분이 워낙 영향력이 있는 분들이라 피곤해질 수도 있을 것 같은데요. (웃음)

우　워낙 조금씩 비판했어요. 제가 세 흐름에 대해서 비판적이라는 건 다 알고 있는데요. 사석은 사석이고, 비판은 비판이니까요. 그게 인격적인 얘기가 안 되고, 만날 수 있는 내적 모순이라든가 넘어야 할 어떤 벽이라고 생각하는 거죠.

지　정리하는 말씀을 해주십시오.

우　사람들이 최근에 경제나 사회라는 게 굉장히 복잡한 것이라는 사실을 깨달을 것 같아요. 단순논리로 잘 환원되는 것이 아니거든요. 세상 복잡해졌다고 다 말하잖아요. 그런데 21세기는 복잡하다고 말하면서 사회나 경제에 대해서 사유하는 것은 굉장히 단선적인 것 같습니다. 삼단논법을 못 넘어가는 것 같아요. 국민들이 좀 사려 깊어지고 지혜로워지는 게 해법인 것 같은데요. 지금처럼 잘 속아서는 민주주의나 경제나 다 힘들죠. 우리나라 국민들 다 잘 속잖아요. 황우석한테도 속고, 노무현한테도 속고, 신정아한테도 속고, 하여간 잘 속아요. 속는 것은 어쩔 수 없다고 생각해도 속고나면 단단해져서 속이기 어려운 국민이 되어야 할 텐데요. 그렇게 되면 지금 이 상태보다는 훨씬 나아질 것 같습니다.

| 우석훈의 닫는 글 |

지승호라는
사나이에 대한 단상

하나. 인터뷰라는 작업에 대한 내 생각

인터뷰라는 것이 세상에 존재한다는 것은 알고 있지만, 인터뷰에 대한 나의 평소 생각은 단순 무식하다. "안 한다." 난 누가 내 얼굴을 아는 것도, 이름을 아는 것도, 그리고 나에 대해서 생각하는 것도, 다 싫다. 원래도 대인기피증이 좀 있는데, 노무현 시절에 정부 정책 비판을 좀 강하게 했더니, 노무현을 지지한다는 사람들이 "동지의 등에 칼을 꽂는가?"라고 내 주위에서 좀 심하게 패악을 부렸다. 그래서 대인기피증이 더 심해졌다.

인터뷰에 대한 내 기본 생각은, 아이작 아시모프의 사례에서 형성되었다. 거의 인터뷰를 하지 않던 이 이미 전설이 되어버린 소설가 겸 학자가 말년에 《뉴욕타임스》의 어느 여기자와 인터뷰를 했는데, 구닥다리 넥타이가 문제가 되었다. "아주 오래

된 스타일의 넓적한 넥타이를 매고……" 인터뷰 기사는 이렇게 나갔고, 아시모프가 발끈했다. 그래서 "만약 내가 화려한 최신 유행의 양복을 입고, 말쑥하게 살았다면 우리의 기자님이 좋아하시는 스타일의 사람은 있었겠지만, 아마 독자 여러분들이 재밌게 읽고 있는 글을 쓰는 그 아시모프는 없었겠지요." 아시모프는 이렇게 반박 기고를 했다. 성질 한번 끝내주는 사람인데, 이건 아시모프쯤 되는 사람이나 해볼 수 있는 일이다.

그 정도 특A급 작가는 인터뷰도 안 하고, 팬 사인회 같은 것은 절대 안 하고, 또 기고 같은 것도 안 한다. 움베르트 에코가 언제 시시콜콜한 얘기까지 인터뷰하는 것 봤나? 그러나 불행히도 나는 아시모프도 아니고, 에코는 더더욱 아니다. 그래서 가끔 일간지나 텔레비전에서 내가 한 말들을 왜곡해서 내 뜻이 아닌 방식으로 얘기를 전하더라도 아무 소리 못하고 참는다. 나는 기껏 C급 경제학자에 불과하고, 내가 아시모프처럼 반박 기고문을 쓸 수 없다는 것은 너무 당연하지 않은가? 사람은 분수를 알아야 안분지족安分知足을 할 수 있게 된다. 내가 아시모프가 아니라는 것을 이해하는 것이, 행복한 삶의 출발이다.

우리나라에서 내가 제일 꼴불견 프로그램으로 생각하는 것이 예전의 〈파워인터뷰〉 그리고 최근의 〈단박인터뷰〉다. 도대체 PD나 작가가 무슨 생각을 하는지 모르겠지만, 교묘하게 사람을 기분 나쁘게 만들고, 나온 사람이나 보는 사람이나 은근히 불편하게 만드는 재주가 있다. 편한 프로그램은 아닌데, 차라리 소리라도 지르게 만드는 손석희의 '100분 쇼'가 그보다는 마음 편하다. 어차피 불러주지도 않을 테지만, 어떤 경우라도 나가지 않겠다고 굳게 마음먹은 게 바로 이런 종류의 인터뷰 프로그램이다. 사람, 낯 뜨거워지게 만들 것이 분명하고, 아마 나는 그런 데 갔다가는 '열 받아서' 한 달 동안 분을 삭이지 못해 술만 마시고 있을 정도로, 그 정도로는 충분히 다혈질이다.

인터뷰는 아니지만 인터뷰 형식과 유사하게 두 사람의 대담을 책으로 엮은 것도 가끔 보게 된다. 우연한 기회에 《생명과 평화의 길》이라는 책에서 고 문순홍 선생님과 김지하 선생 두 분의 대담을 본 적이 있는데, 후생가외後生可畏니 뭐니 하는 좀 낯 뜨거운 말들을 하면서, 그야말로 '덩더쿵 덩더쿵', 그런 꼴불견이 또 없었다. 이 책은, 나에게 대담 또는 인터뷰 형식의 책은 절대로 하면 안 된다는, 그런 강한 결심을 굳혀주었다. (문순홍 선생 문상을 갔는데, 빈소가 너무 조촐해서 오랫동안 마음이 아팠다. 고 문순홍, 이 꽃피어 보지 못한 여인의 삶은 '새드 스토리'다. 그녀는 생전에 우리에게 꼭 녹색당이 필요하다는 신념을 가지고 있었는데, 그 꿈이 꽃으로 피어날 가능성은 아마도 당분간은 없어 보인다.)

이런 여러 가지 결심 사항으로 볼 때 내가 텔레비전 인터뷰 프로그램에 나갈 확률은 0퍼센트이고, 게다가 대담집이나 인터뷰집을 출간하게 될 가능성 역시 사실상 0퍼센트였다고 할 수 있다. 그만큼 나는 낯가림이 심하고, 남들 앞에 공개되어 서는 것을 싫어한다. 그런 내가 인터뷰집이라는, 익숙지 않을 뿐더러 "안 한다"는 평소의 결심에도 불구하고 이렇게 모습을 보이게 된 것은, 그가 지승호였기 때문이다. 그리고 우리가 처음 인터뷰를 했던 그 매체가 《인물과 사상》이었기 때문이다. 지승호라는 이름, 그리고 강준만이라는 이름은, 그렇게 거부할 수 없는 '시대의 당위' 같은 힘을 가지고 있는 듯하다.

둘. 지승호는 누구일까

평소에 지승호에 대해서 잘 몰랐다. 이름 정도, 그리고 인터뷰로 책을 낸다는 사실 정도를 알았을 뿐이다. 그는 나에 대해서 알기 위해서 신경을 곤두세우고 있었겠지만, 나 역시 내가 어떤 사람을 만나고 있는지, 그리고 어떤 위험이 생길 수 있는지, 신경을 바짝 세우고 있었다. 《대자보》 사무실에서 진행되었던 월간 《인물과 사상》의 첫 인터뷰 이후, 나는 아내와 함께 안동 지역에 여행을 가게 될 기회가 있었고, 이 여행에 지승호와 동행하였다.

김기덕 감독이 영화 〈봄, 여름, 가을, 겨울 그리고 봄〉을 촬영했던 주산지, 최치원이 세웠다는 고운사, 류성룡의 위패를 모신 병산서당 등을 지승호와 같이 방문했다. 그리고 늘 궁금했던 의성이라는 도시를 태어나서 처음으로 그와 함께 찾아갔다. 여행은, 언제나 좋은 일이다. 정말 재미없었던 지난 대선이 아니었다면 하루 정도 더 머물 정도로 재밌는 여행이었는데, 그와 나누었던 인터뷰 내용의 절반 정도는, 그렇게 대선 열풍에 부산하게 움직이던 안동 지역에서 진행된 것이다.

　우연인지는 모르겠지만, 내 주변에는 부산 출신들이 많다. 《88만원 세대》부터 한국경제 대안 시리즈의 공저자로 벌써 세 권째 책을 같이 쓰고 있는 박권일이 바로 이 부산 출신이고, 또 그만큼 자주 만나 세상 돌아가는 얘기를 나누고는 하는 지인들 중에 부산 출신들이 많은 편이다. 내 주위에 부산 사람들은 묘한 부산 특유의 '짠내'가 나는데, 지승호 역시 이 부산 출신이다. 지승호는 짠 중에서도 특히 짰는데, 그의 생활에 배어 있는 가난함은 지난 10년 동안, 그가 어떻게 삶을 꾸려오고 있었는지, 굳이 직접 듣지 않더라도 충분히 이해가 갈 정도다. 민주노동당 근처에 있든, 아니면 열린우리당 근처에 있든, 혹은 시민단체의 활동가로 살았든, 지난 10년 동안 기존 질서에 쉽게 들어가지 않았던 내 또래의 주변 사람들은, 그 10년을 도시 빈민으로 살았다. 문화적으로 빡빡하고, 생활 속에서 흐느적거리며, 그야말로 죽지 않기 위해서 살아온 지난 10년, 그것이 지승호의 지난날의 모습이 아닐까 한다.

　인터뷰를 하거나 여행을 하면서 느낀 점인데, 그는 나를 능가할 정도로 과묵하다. 나도 얼굴을 많이 타는 편이라서, 일부러 말을 해야 한다고 결심하기 전에는, 특히 우리말로 말을 해야 할 때에는 조심스럽고, 문제가 될 말을 하기 보다는 입을 다무는 편이다. UN 회의와 같은 국제회의에서 나를 보았던 사람들은, 영어나 혹은 불어로 얘기를 할 때, 그렇게 내가 수다스러운 사람인지 처음 알았다고 가끔 얘기하기도 한다. 일종의 무의식일지도 모른다. 프랑스나, 독일이나 아니면 미국 사람들은, 좌파라고 해서 터무니없이 무시하거나 공격하지는 않는다. 그래서인지, 영어나 불어로 얘기할 때는, 난 평소의 경계심을 풀고 본래의 모습으로 돌아가 수다스러워지는 편이다.

그런 나보다 지승호는 더 과묵한 편이다. 그런데 어떻게 인터뷰를 진행할 수 있을까? 딱 해야 할 말만 하는 부산 출신의 과묵하고 수줍고, 어느 정도 생활수준이 되는 사람이 겉치레라도 몸에 붙여놓은 에티켓 같은 위선과는 조금 거리가 먼 지승호는, 딱 필요한 질문만 하는 그런 인간처럼 보였다. 대화에 '미니멀리즘' 이라는 표현이 가능하다면, 부산식 미니멀리즘이라고 하면 그게 딱 지승호다.

그러나 이런 지승호는, 다른 어떤 인터뷰어도 가지고 있지 않은 그만의 장점—그리고 그게 무기라고 생각한다—을 가지고 있는데, 그건 바로 인터뷰를 책으로 출간하는 새로운 장르의 개척자이자, 성실한 출간인이라는 점이다. 인터뷰를 주로 하고 직업적으로 했던 사람들은 우리나라에 몇 명 더 있는 것으로 아는데, '인터뷰집' 이라는 새로운 장르를 한국에서 개척한 사람, 그가 바로 지승호다. 어떤 일이든, 새로운 길을 열었던 사람에게는 그만의 강점이 있는 법이다.

셋. 사회에 대한 여성적 접근, 지승호식 수다

　부산 출신으로 가진 투박함이 지승호의 남성성이라면, 그가 가진 독특한 수다는 그의 여성성이라고 할 수 있다. 실제로는 과묵하지만, 매체 속에서의 지승호는 한국의 그 누구보다도 수다스럽다. 그만큼 많은 사람을 만나 "말 좀 해보세요"라고 말을 시키고, 수다스러운 국면을 만들어내는 사람은, 지승호 말고는 없다. 내가 경험한 바로는, 우리나라에서 뒤에서 수군거리는 말이 가장 많은 집단은 공무원 집단과 민주노동당이다. 참 말도 많은 곳인데, 이에 비하면 한나라당은 생각보다 사람들이 험담을 뒤에서 그렇게 많이 하지는 않는 편으로 기억한다.

　지승호의 수다는 번잡스럽지는 않지만, 누구나 그와 수다를 떨었던 사람은, 그 얘기가 시간이 조금 지나면 책으로 출간되어 모두가 볼 수 있게 나온다는 사실을 각오해야 한다. 그러니 그만큼 공개적으로 수다스러운 사람이 또 있겠는가? 하다못해 텔레비전의 토론 쇼에서도 패널들이 카메라 앞에서 하는 얘기와 카메라 뒤에서 서로 명함을 교환하거나 간만에 손인사를 하면서 나누는 대화의 내용이, 질적으로나 양적으로 전혀 다른데, 지승호에게는 이런 게 안 통한다. 한 마디로 앞과 뒤가 같아야 하는, 그런 무서운 수다인 셈이다.

　또 다른 식으로, 지승호의 이 수다는 일종의 뜨개질과 비슷한 건데, 날줄과 씨줄을 엮어나가는 그의 인터뷰는, 이걸 통해서 한국의 저자들이나 학자들을 하나로 연결하는, 그런 작업이 된다. 저자들이 서로 만나지 않아도, 지승호의 인터뷰집을 통해서 만나게 되고, 게다가 그는 이 작업을 한 달에 한 번씩 하기로 마음먹었다고 한다.

나의 인터뷰는, 장하준 선생과 김수행 선생의 중간에 끼어 있는, 잠시 쉬어가는 코너 정도로 알고 있는데, 그야말로 훌륭하신 경제학자들 틈에서 잠깐 양념 정도로 끼어 있는 역할을 마다하지 않은 것은, 나같이 '쉬어가는 코너'가 좀 있어야 그도 그가 마음먹은 거대한 뜨개질을 완성할 수 있지 않겠는가?

넷. 지승호와 함께라면, 우리는 지지 않을 것 같다

지승호가 위대한지는 모르겠지만, '대단한' 사람인 것은 맞는 것 같다. 아무리 인터뷰를 정리하는 일이라고 해도, 매달 책 쓰겠다고 마음먹은 사람을, 나는 동서고금 들어본 적도 없고 상상해본 적도 없다. 그의 뜨개질은 사람과 사상 그리고 생각을 연결하는 거대한 옷 한 벌이 될 텐데, 언젠가 이 옷이 완성되면 마치 천사의 날개옷이나 슈퍼맨의 망토처럼, 입기만 해도 하늘을 날 수 있는 그런 힘을 줄 것 같다. 거듭 강조하지만, 매달 책을 내겠다고 마음먹은 사람을 이길 도리는 이 세상에는 없다.

지승호와 처음 인터뷰를 시작했을 때에는 대선 후보들이 결정되지도 않았을 때였는데, 그 와중에 대선이 끝났고, 이제 인수위 최종 보고서가 준비되고 있는 시점인데, 짧은 이 기간 동안에도 변화가 많았다. 정동영의 민주신당은 손학규당이 되어 있었고, 나는 나의 가슴을 너무 아프게만 하던 민주노동당을 탈당하였다. 이 어느 구석에도 시간이 지나면 좋아질 것이라고 널널하게 마음먹고 사태를 지켜만 보고 있어도 좋을 것 같다고 생각할 수 있는 구석은 없다. 사막의 타조가 무서운 상대를 만나면 머리만을 모래 속에 묻는다고 하더니, 지금 딱 그런 심경이기는 하다. 이 상황이 안 좋은 것은, 당분간 더 나빠질 것이고, 그 속에서 서로 인간의 본모습까지를 보게 될 것이라는 점이다. 인간의 본 모습, 그게 그렇게 좋은 건 아니다. 어느 정도는 껍데기와 틀 정도만 보고 있는 게, 세상이 조금은 아름다울 수 있다고 근거 없는 낙관을 하기에 충분한 것이다.

내가 이해하는 한, 지금 지승호가 그의 인터뷰를 통한 이 뜨개질이, 당분간 꺾이지 않을 거의 유일한 깃발이라는 점이다. 물론 그래봐야, 그가 만들 인터뷰들 사이의 '네트워크'가 거대한 깃발이 되고, 진영이 되고, 그래서 파도가 된다는 보장은 전혀 없다. 그러나 한 명 한 명, 혹은 한 권 한 권은 아무것도 아닐지라도, 지승호의 뜨개질로 엮인 이 깃발은, 추위에 잠깐 몸을 녹일 군불은 된다. 그게 다냐고? 그거라도 지금 이 상황에 어디인가, 감지덕지. 매달 책을 내겠다는 이 사나이를 도대체 누가 이길 수 있겠는가? 그가 그의 뜨개질을 멈추지 않고 있는 한, 우리는 이길 수는 없더라도 최소한 지지는 않을 것이다. 버티고 버티다 보면, 좋은 흐름이 오는 날이 있을 것이다.

그런 생각으로 나는 지승호의 질문에 성실하게 답변했는데, 어떤 독자들에게는 이 대화가 자기들끼리 "덩더쿵 덩더쿵, 경사났네!"와 같은 꼴불견으로 비칠 것 같은 두려움과 창피함이 더 많다. 지지 않기 위해서 '수다'를 선택한 것인데, 역시 인터뷰가 또 할 것은 아니라는 작은 사실 하나를 새로 배웠다. 아마 앞으로 내가 이런 인터뷰집에 다시 응하게 될 일은 없을 듯하지만, 어쨌든 이번에 지승호를 만나면서 몇 가지를 배웠고, 또 너무 작아 바람에도 깜박깜박하지만, 그래도 분명히 '불빛'이라고 할 수 있는 그런 희망을 보았다.

지승호와 함께 하면서 내가 배운 것 한 가지가 있다. 나같이 대인기피 증상이 있는 사람이 인터뷰를 참고, 또 그것이 출간되는 것도 참고 있는 것은, 아무리 여행의 핑계를 대고 즐거운 것에 대해서 생각을 했지만, 괴로운 것은 사실이다. 그러나 확실한 것은, 지금 부끄러운 것은 참을 수 있지만, 언젠가 이 시대에 대해서 학자의 한 사람으로서 부끄럽지 않기 위해서는 지금 말해야 한다는 사실이다. 5년 후, 혹은 10년 후, 또 다른 학자들이 등장해서, "2008년도의 학자들, 정말 창피했어요!"라고 말할지 모를 일이다.

지승호와 함께라면, 우리는 지지 않을 것이다.

우 석 훈